**6** | 신학연구도서시리즈

# 교 리 사

차종순 지음

한국장로교출판사

## '신학연구도서 시리즈' 발간에 즈음하여

　한국교회가 기독교 2천년 역사상 유래없는 성장과 부흥을 가져온 것은 수많은 목회자를 배출하고 훌륭한 평신도 지도자들을 양성한 신학교와 성서신학원이 있었기 때문이다.
　한국교회는 이미 제1세기를 보내고 제2세기를 향하여 힘찬 발걸음을 내디딘 지 여러 해가 지났고, 1980년대 후반부터 21세기를 향한 세계속에 한국교회로서의 위상을 정립하게 되었다. 이제, 우리 교회는 위치를 더욱 굳게 하기 위하여 신학적인 기초를 튼튼히 세워서 우리 교회를 올바르게 하고, 또 성서적 바탕 위에 굳게 선 성숙한 교회가 되어야 할것이다.
　현재, 우리 총회 산하에는 7개의 신학교육기관이 있고, 30여 개 노회에 성서신학원이 설립되어 그 사명을 충실히 감당하고 있다.
　이제, 우리는 신학교육과 성서신학원의 교육수준을 한층 더 강화하기 위하여 여러 해 동안 연구, 노력해 온 결과, 기초적인 '신학연구도서 시리즈'라는 열매를 얻게 되었다. 이 신학연구도서 시리즈는 신학대학교와 성서신학원에서 정규교재로 사용할 뿐만 아니라 평신도 교육을 위하여 참고도서로도 활용하기 위한 교재로 개발하게 되었다. 따라서 신학교협의회, 성서신학협의회가 공동으로 기획, 편찬하게 되었다.

모처럼 뜻을 가지고 시작한 이 '신학연구도서 시리즈'가 많은 신학도와 목회자들, 그리고 평신도 지도자들에게 더함이 없는 좋은 교육지침서가 되기를 바라며 나아가 21세기를 여는 한국교회의 성장에 크게 기여할 수 있기를 기대해 본다.

마지막으로, 이 '신학연구도서 시리즈'가 개발되어 빛을 보기까지 오랫동안 수고한 성서신학원협의회 교재편찬위원들과 적극적으로 참여해 주신 신학교협의회 편찬위원인 각 신학대학교 총장님과 저자 여러분들에게 뜨거운 감사를 드린다.

또한 이 시리즈 개발에 적극적인 호응을 보내 주시고, 주도적으로 개발사업을 맡아 주신 한국장로교출판사 대표 박노원 목사를 비롯한 출판사 직원 여러분께 심심한 감사를 드린다.

2002년 3월 일
신학연구도서 시리즈 편찬위원회
공동대표 **황승룡**
**이상운**

# 차 례

# 교리사

차 례

'신학연구시리즈' 발간에 즈음하여 / 5
머리말 / 13

| 제1부 고대교회 | 17 |
|---|---|

제1장 성육신과 부활 ......................................... 21
   1. 부활과 영혼불멸 ..................................... 22
   2. 에비온주의와 가현설 ............................... 25

제2장 재림과 신비주의 ..................................... 29

제3장 철학과 신학의 만남 ................................. 35
   1. 플라톤 ................................................... 36
   2. 아리스토텔레스 ..................................... 38
   3. 스토아주의 ............................................ 40
   4. 철학에 대한 교회의 입장 ........................ 42

제4장 율법과 은혜의 관계 ................................. 49
   1. 바울과 율법주의자들 ............................... 50
   2. 금욕주의적인 율법주의 ........................... 52

제5장 이단들에 대한 교회의 대처 ...................... 69
   1. 신약성경의 정경화 ................................. 70
   2. 신앙의 규범화 ....................................... 74

3. 감독의 권위 ········································································ 78
제6장 박해와 교회의 대처 ······················································· 87
　　　1. 순교에 대한 가르침 ························································ 88
　　　2. 배교자들의 재입교와 교회의 분열 ······························ 90
제7장 삼위일체 논쟁 ······························································· 101
　　　1. 성경에 기록된 삼위일체적 표현들 ···························· 101
　　　2. 변증신학자들의 삼위일체적 표현들 ·························· 103
　　　3. 군주신론주의자 ···························································· 105
　　　4. 이레니우스 ···································································· 108
　　　5. 터툴리안 ········································································ 110
　　　6. 오리겐 ············································································ 113
　　　7. 아리우스와 니케아회의 ·············································· 116
　　　8. 성령의 신성확보와 세 명의 갑바도키아 교부들 ······ 119
　　　9. 어거스틴 ········································································ 126
제8장 기독론 논쟁 ··································································· 129
　　　1. 성경에 나타난 기독론 ················································ 129
　　　2. 사도 후기시대와 변증신학자 ···································· 130
　　　3. 이레니우스와 터툴리안 ·············································· 132
　　　4. 오리겐 ············································································ 135
　　　5. 라오디케아의 아폴리나리스 ······································ 136
　　　6. 네스토리우스와 시릴 ·················································· 140
　　　7. 에베소에서 칼케돈까지 ·············································· 143
　　　8. 기독론 논쟁의 계속 ···················································· 146

## 제2부 중세교회 — 151

### 제1장 중세의 시작과 어거스틴의 신학 — 155
1. 악이란 무엇인가? — 155
2. 참된 교회는 어디에 있는가? — 161
3. 해방인가, 종속인가? — 165
4. 어거스틴의 은총론 논쟁의 계속 — 179

### 제2장 그레고리 1세의 확립 — 187

### 제3장 중세 학문의 두 방향 — 190
1. 보에티우스 — 191
2. 위-디오니시우스 — 192

### 제4장 중세 초기의 신학의 발전 — 194
1. 성체성사 논쟁 — 195
2. 어거스틴의 예정론 논쟁 — 201

### 제5장 사고백제도의 확립 — 205
1. 공고백제도 — 205
2. 사고백제도 — 208
3. 연옥과 면죄부의 오용 — 210

### 제6장 보편논쟁과 교회론적 해석 — 213
1. 실재론 — 213
2. 온건한 실재론 — 214
3. 유명론 — 215

제7장 교권확보를 위한 신학의 뒷받침 ·············· 217
    1. 콘스탄틴 증여문서 ·············· 218
    2. 거짓―이시도르의 교령집 ·············· 220
    3. 7성례전 이론과 교황권 확보 ·············· 224

제8장 후기 유명론적 구원론 ·············· 228

제9장 신비주의의 등장 ·············· 233

## 제3부 종교개혁     237

제1장 마틴 루터의 사상 ·············· 241
    1. 개인적인 영적 깨달음 ·············· 242
    2. 3대 논문에 나타난 주요 사상 ·············· 244
    3. 루터와 성경 ·············· 248
    4. 십자가 신학과 영광의 신학 ·············· 250
    5. 복음과 율법 ·············· 252
    6. 인간의 타락과 구원 ·············· 253

제2장 요한 칼빈의 사상 ·············· 256
    1. 칼빈과 성경 ·············· 257
    2. 창조와 섭리 ·············· 259
    3. 인간의 타락과 구원 ·············· 260
    4. 예정론 ·············· 263

제3장 과격파 종교개혁 ·············· 265

　　　　1. 제세례파 ································································· 265
　　　　2. 여타의 과격 개혁자들 ················································· 270

## 제4부 근대교회 ···························································· 275

### 제1장 문예부흥과 근대의 시작 ·········································· 279

### 제2장 개신교 정통주의시대 ················································ 284
　　　　1. 루터파 정통주의의 신학 ············································ 285
　　　　2. 칼빈파 정통주의의 신학 ············································ 290

### 제3장 개인적 경건을 강조하는 목소리들 ····························· 296
　　　　1. 영국의 변화 ···························································· 297
　　　　2. 독일의 변화 ···························································· 303

### 제4장 가톨릭의 새로운 정립 ··············································· 308
　　　　1. 갈리칸주의 ······························································ 308
　　　　2. 얀센주의 ································································· 310
　　　　3. 마리아 무흠잉태설 ··················································· 312
　　　　4. 교황의 무오설 ························································· 313
　　　　5. 마리아 승천설 ························································· 314

### 제5장 20세기 개신교의 신앙선언 ········································ 316

### 제6장 개신교의 선교와 교회일치운동 ·································· 319

# 머 리 말

시대를 막론하고 위대한 선각자는 신앙인으로서, 경건생활의 모범으로서, 그리고 신학자로서 어느 누구도 감히 도전할 수 없는 정상이었다. 그러나 정상은 또한 분수령이었다. 높은 산 정상에는 분화구가 있고 그 분화구로부터 여러 갈래의 강이 발원하듯이 후대의 사람들은 이들 선각자들의 다양한 면 가운데에서 하나를 선택해서 열심히 뒤따르기도 감당치 못할 형편이었다. 우리는 이러한 모습을 바울에게서, 어거스틴에게서, 그리고 루터와 칼빈에게서 찾아본다. 그러므로 후대의 교회는 이들 선각자들이 이룩하였던 위대한 정신을 이어받고 계승시키기 위해서 새로운 틀을 주조하였다.

다시 말하면 이들의 신앙과 학문을 후대에 전달가능한 형태(transmissible form)로 바꾸어 주어야 했다. 이것이 교리의 첫 번째 측면이다. 사도 바울이 예수님께서 선포하신 복음을 로마서와 여타의 교리서신에서 법정 의인론(forensic justification) 형식으로 바꾼 것과, 어거스틴의 은총론이 529년의 오렌지회의에서 반-어거스틴주의(semi-augustinianism)로 확립된 것과, 루터파와 개혁교회가 개혁자들의 신앙과 신학을 이어가기 위해서 개신교 정통주의(protestant orthodoxy)를 만들어 낸 것도 이러한 유형의 사례에 속한다.

두 번째로, 교리는 시대적 상황에서 교회의 신앙적 입장을 변증하고 천명하는 기능을 감당하였다. 로마의 정권 아래에서 박해받던 교회는 신앙의 내용을 변증하는 입장에서 서신서를 작성해서 권력을 가진 자들에게 발송하였다. 누가복음과 사도행전, 기독교의 내용을 중기 플라톤의 철학과 스토아 철학의 틀을 빌어서 설명하였던 변증신학, 종교개혁시대의 아우크스부르크 신앙고백을 위시한 수많은 신앙고백들과 나치 정권 아래에서 발표된 바르멘 선언들이 이러한 유형에 속한다.

세 번째로, 교회는 자체내에서 발생하였던 여러 이단적인 사상과 움직임을 물리치기 위해서 교회와 교인들을 교육하고 보호하기 위해서 신앙을 정립하기 시작하였다. 로마교회는 세례시에 교인들에게 문답형식으로 하나님, 예수 등에 대한 질문과 대답을 체계화함으로써 교회와 교인을 보호할 수 있었다. 더 나아가서 영지주의를 맞이해서 형성된 신앙규범, 그리고 삼위일체에 관해서 결정된 니케아신조와 기독론에 관한 칼케돈신조 등이 다같이 이러한 배경을 가진 사례에 속한다.

교리는 이상과 같은 임무를 감당하기 위해서 누구나 쉽게 이해할 수 있는 보편성을 지녀야 한다. 보편성이란 합리성을 추구하기 마련이다. 그러므로 교리는 간결한 명제적 천명을 생명으로 삼는다. 이것을 신앙의 신조화라고 부른다. 이렇게 함으로써 교회는 선조들의 신앙과 학문을 이어가고, 시대적 상황에서 스스로의 입장을 천명할 수 있으며, 교회와 교인들을 보호할 수 있었다.

그러므로 교리사는 교회사와 더불어서 교회를 이끌어 가는 역사적인 두 바퀴 가운데 하나이다. 교회사는 과거에 대한 반성으로 교회의 앞길을 예측케 함으로써 나아갈 방향을 정립케 하고, 교리사는 교회의 방향이 올바르게 가고 있는가를 검증하고 정립케 한다.

본 교리사를 집필하는 과정에서 하나의 흐름이 없을 수는 없다. 본서에서는 교리사의 가장 핵심이라고 할 수 있는 이단과의 대척과정에서 형성되는 교리를 핵심으로 해서 다루려고 한다. 이러한 교리의 형성에 교회의 입장과 여타의 사상들이 어떻게 개입하였는가를 더불어서 소개하려고 한다. 본서의 편의상 각 시대별로 구분해서 고대, 중세, 종교개혁, 그리고 현대로 나누었다.

본서는 신학을 공부하는 신학생과 일반인들을 위한 교리사 입문용 교재로 편집되었기 때문에 하나의 주제를 깊이 있게 다룰 수 없는 아쉬움은 있었지만, 교리사의 흐름을 전체적으로 살펴봄으로써 윤곽을 가질 수 있게 하려고 노력하였다. 본인이 총회출판사를 통해서 출간한 교회사(신학연구도서시리즈 5)와 더불어서 본 교리사를 읽는다면 더욱 큰 도움이 되리라 확신한다.

이 책을 집필하기까지 수없이 많은 시간을 아낌없이 나누어 주었던 가족들에게 감사드리며, 한국장로교출판사의 박노원 목사님 그리고 직원들에게 감사드리며, 계속적으로 공부할 수 있도록 적극적으로 후원해 주신 광주 서남교회에 감사를 드린다.

1993년 봄에
양림동 선지동산에서
**차 종 순**

# 제1부
# 고대교회

1. 성육신과 부활
2. 재림과 신비주의
3. 철학과 신학의 만남
4. 율법과 은혜의 관계
5. 이단들에 대한 교회의 대처
6. 박해와 교회의 대처
7. 삼위일체 논쟁
8. 기독론 논쟁

# 고대교회

## 들어가는 말

초대교회는 모든 면에서 미정립의 시기였다. 첫 번째로 아직까지도 그리스도에 대한 재림의 기대는 교회 모임의 핵심이었으며, 은사가 자유롭게 표현되는 시기였다. 그러면서도 그리스도의 재림의 지연과 박해의 연속으로 인해 그리스도의 재림과 지상에서의 모습에 대해서 그릇되게 해석함으로써 교회의 발전에 커다란 장해요인으로 작용하였다. 그러므로 교회는 이 주제에 관해서 새로운 해석을 내리지 않을 수 없었다.

두 번째로 지중해 연안으로 신앙이 퍼져나가기 시작하면서부터 헬라적 사고와 전통에 따라서 교육을 받은 개종자들이 교회내에서 점점 많아졌다. 뿐만 아니라 철학적인 사고가 헬라화된 유대주의를 통해서, 그리고 헬라적 배경을 가진 개종자들의 유입으로 인해서 교회내에서 활개를 치기 시작하였다. 헬라적 사고는 그리스도의 성육신과 부활 등 제반 요소에 있어서 교회의 핵심을 흐리게 하는 위협적인 요소였다.

세 번째로 인간의 노력과 행위를 구원의 한 요소로 보려는 움직임이 있었다. 물론 유대주의적 배경을 가진 개종자들이 있었기 때문이라고 할 수 있겠지만, 이들은 단순히 구약적인 율법적 구원론을 제시한 반면에 헬라적 배경을 가진 사람들은 금욕과 절제 등을 구원의 필수적인 요소로 보면서 많은 사람들 사이에서 선행의 표상으로서 관심의 대상이 되어 갔다.

네 번째로 로마의 박해로 인해서 교회의 존립이 흔들리게 되었을 때에 교회는 순교자(martyrs), 박해를 당해서 신앙을 지킨 자(confessors), 도피하였다가 교회의 신앙을 옹호한 자(apologist), 배교자(traitors) 등으로 나뉘면서 교회내에서 각종 문제를 야기시켰다. 박해로 인해서 교회는 나뉘었으며, 이를 수습하기 위해서 또다시 교회론과 성례전론 등을 정립하였다.

이렇게 박해받는 상황 속에서 교회는 순수하게 지속되어 오다가 313년 밀란칙령에 의해서 기독교가 자유를 얻게 된 다음부터 기독교는 로마 정부와 긴밀한 연관관계에서 제도화되어 가기 시작하였으며, 각종 회의를 통해서 교리에 관한 문제를 해결하기 시작하였다. 이렇게 해서 삼위일체와 그리스도에 관한 논쟁이 매듭지어졌으며, 중세로 이행되기 시작하였다.

# 제1장
# 성육신과 부활

예수께서는 메시야 비밀을 감추셨다가 제자들과 함께 가이사랴 빌립보 지방으로 여행가셨을 때에 처음으로 자신의 정체에 관해서 제자들에게 물으셨다. 그때에 베드로는 "주는 그리스도시요 살아 계신 하나님의 아들이시니이다."(마 16 : 16) 라고 고백함으로써 최초의 교리적 선언을 하였다. 이로써 예수는 기름부음 받은 종 메시야로서 인류의 구세주가 되시며, 하나님의 아들이시므로 사람들의 죄를 사하여 주는 권세(막 2 : 10)를 가지시며, 동시에 하나님과 동등이시다(요 5 : 18)라고 인정되었다.

그리스도께서 3년의 공생애를 마감하시고 십자가에서 죽으시자, 심지어는 제자들마저도 모든 것이 끝이라고 생각하였다. 그러나 시작은 언제나 끝으로부터 왔다. 그리스도께서는 부활하시기 위해서 먼저 죽음의 관문을 통과하셔야 했다. 오순절 다락방에 모여 성령의 충만함을 받고서 제자들은 비로소 예수님의 성육신과 부활과 재림에 대해 확신하게 되었으며, 곧바로 부활하신 주를 그리스도라 증거하기 시작하였다. 이렇듯이 그리스도의 부활은 기독교의 핵심이었으며, 초대교회에 있어서 에너지의 원동력이었다.

초대교회는 부활을 확신하는 만큼 재림을 기다렸다. 그렇지만 가시적인 재림이 지연되자 공동체는 무너지기 시작하였다. 이러한 상황에서 그리스도의 성육신, 부활, 재림에 대해서 지금까지의 교회가 가졌던 확신과 전혀 다르게 말하는 사람들이 나타나기 시작하였다. 교회는 이 사항들에 대해서 올바른 해석을 내림으로써 그릇된 견해를 정정하고 축출시키려고 하였다.

초대교회에는 예수의 성육신을 부인하려는 무리들이 있었다. 이들은 요한 일서 4:2~3에서 말하는 대로 "예수께서 육체로 오심을 부인하는 자"들이었다. 예수의 성육신을 부인한다면 동시에 예수의 부활까지도 부인할 수밖에 없었다. 그렇기 때문에 바울은 "어찌하여 죽은 자 가운데서 부활이 없다 하느냐. 만일 죽은자의 부활이 없으면 그리스도도 다시 살지 못하였으리라. …… 우리의 전파하는 것도 헛것이요."(고전 15:12-14)라고 하였다. 따라서 그리스도의 성육신과 부활은 기독교의 핵심이며 이것을 부인하는 것은 기독교 자체를 부정하는 것과 같았다.

초대교회로부터 성경에 대해서는 여러 가지 해석이 가능하였으나 성육신, 수난, 죽으심과 부활, 그리고 재림에 대해서는 문자적 해석만 있을 뿐 다른 어떠한 해석도 있을 수 없었다. 따라서 성육신과 부활을 문자적으로 인정하는 것은 곧바로 교회의 기초를 다지는 일이었다. 그렇다면 기독교의 부활을 반대하고서 이들이 내놓은 대안이 무엇이었는가? 그것은 영혼의 불멸이었다. 영혼불멸이란 본래 희랍의 철학에서 나온 사상으로써 이러한 사상을 대표하는 사람이 소크라테스였다. 플라톤의 대화편 크리토(Crito)와 파이돈(Phaedo)에서 영혼불멸의 사상을 엿볼 수 있다.

## 1. 부활과 영혼불멸

소크라테스로부터 시작해서 그의 제자들에 의해서 형성된 소-소크라테스 학파들까지 고대사회에서 가장 큰 관심은 죽음의 문제였다. 중간기 시대 이후로 예수님 시대에 이르기까지 끊임없이 이어지는 전쟁과[1] 현실세계에서의 불안을 내세에서의 평안으로 해결하려고 하였으며, 이들이 추구한 대안들이 죽음, 현실세계에서의 쾌락, 그리고 금욕 등이었다. 그러나 어느 것 하나도 빈 마음을 채워 주지 못하였다. 이러한 즈음에 예수님은 영혼의 불멸이 아닌 부활을 실제적으로 보여 주셨다.

부활이란 상상조차 할 수 없는 일이었다. 예수님께서도 자신의 죽으심과 부활에 대해서 제자들에게 몇 차례 언급하셨지만 아무런 반응도 얻지 못하였다. 그리고 제자들은 예수님께서 너무나도 무참히 십자가에 죽으심으로써 부활하시리라는 생각을 전혀 하지 못했으며, 예전의 생업으로 복귀하는 길을 택하였다. 엠마오로 가던 제자들도 의심하였으며[2], 도마(Thomas)도 의심하면서 믿으려 하지 않았다.[3]

부활은 신앙의 대상이며 영혼의 불멸은 지식의 대상이다. 그렇다면 이 두 가지는 어떠한 차이가 있는가? 오스카 쿨만(Oscar Cullmann)은[4] 이 주제를 다루면서 소크라테스의 죽음과 예수님의 죽음을 비교함으로써 시작하였다. 소크라테스는 죽음을 맞이해서 초연한 자세로 독약을 마시는데 반해서 예수님은 피와 땀을 흘리면서 기도하심으로써 죽음을 준비하시는데, 과연 이러한 차이는 무엇을 말하는 것일까?

소크라테스는 플라톤의 대화편 '파이돈'(Phaedo)에서 영과 육의 관계, 그리고 죽음을 이렇게 보았다. "육체는 갖가지의 욕정과 욕망, 공포로써 그리고 잦은 환상과 어리석음으로써 우리를 아무런 생각조차 못하게 만든다." 그러므로 "우리가 무엇인가를 순수하게 인식하려고 한다면 자신을 육체로부터 자유롭게 해서 대상을 혼에 의해서 관조할 수 있어야 한다."고 말하였다. 그리고 이러한 상태는 혼이 육체로부터 벗어나서 자유를 얻

---

1. 앗시리아, 바벨론, 페르시아의 영토확장 전쟁 뿐만 아니라, 희랍역사에 등장하는 마라톤 전쟁, 살라미스 전쟁, 이스스 전쟁, 펠로폰네수스 전쟁과 희랍과 로마의 전쟁, 중간기 시대를 거치면서 끊임없이 이어져 왔던 전쟁 등을 열거할 수 있다.
2. 눅 24 : 13-35.
3. 요 20 : 25.
4. Oscar Cullmann, 전경연 편집, 「영혼불멸과 죽은 자의 부활」, 복음주의 신학 총서, 제5권, 서울 : 한국신학대학출판부, 1965, pp. 6-47.

는 죽음을 통해서 이루어진다는 결론에 도달하였다.[5] 이러한 유형의 죽음 이해는 죽음을 끝으로 보지 않고 영혼이 육체의 감옥으로부터 해방되어서 영혼의 본연의 세계로 복귀하는 것으로 보았다. 지금까지 이러한 죽음 이해는 영혼불멸사상과 연결되어서 교회의 부활 이해를 어지럽혀 왔었다.

그러나 부활은 예수님 자신과 바울이 설명하였던 대로 육의 끝이며 완전한 죽음을 의미한다. 한 알의 밀알이 땅에 떨어져 죽음같이 완전히 없어졌다가 하나님의 능력으로 새롭게 다시 일어나는 것이다. 그러므로 이것은 신비이며, 믿음의 대상이다. 인간의 이성적 이해력의 한계를 넘어서 있으며 오로지 체험적인 신앙고백일 뿐이다. 더불어서 역사적으로 이루어진 사건이며, 지금도 이루어지고 있으며, 앞으로도 계속적으로 이루어질 것이다. 터툴리안은 이 사실에 대해서 이렇게 말하였다.

> 하나님의 아들은 십자가에 처형받았다. 나는 이 사실을 부끄럽게 생각하지 않는다. 그리고 하나님의 아들은 죽었다. 이 사실은 모순되기 때문에 더욱더 믿어져야 한다. 그리고 그는 묻히시고, 다시 일어나셨다. 이 사실은 모순되기 때문에 확실하다.[6]

소크라테스적인 영혼의 선재설과 연결된 기독교내의 오류는 오리겐, 영지주의…… 등에서 찾아 볼 수 있었다. 그러나 부활은 기독교내에서만 주장하여 왔으며, 영혼불멸은 영혼에 대해서 해석할 수 있으나 부활은 문자적 고백만 있을 뿐이다. 그래서 지금도 부활하신 예수님에 대해서 '주는 그리스도시요 살아계신 하나님의 아들이시니이다.' 라고 고백하는 것이다.

---

5. Plato, *Phaedo*, 박종현 역, 「파이돈」, 세계의 대사상, 제1권, 서울 : 휘문출판사, 1972, pp. 427-434.
6. Alexander Roberts and James Donaldson, ed., *Ante-Nicene Fathers*, Vol. Ⅲ, Tertullian, *On the Flesh of Christ*, Grand Rapids: Eerdmans, 1979 reprint, p. 525.

## 2. 에비온주의와 가현설

교회내에는 예수님의 지상에서의 삶을 크게 두 가지로 해석하는 견해가 있었다. 그것은 예수를 단순한 인간으로 해석해서 위대한 스승으로 보는 견해와 신적인 영체로 생각해서 인간의 몸을 입은 것처럼 보였으나 사실에 있어서는 신이었다고 생각하는 견해였다. 첫 번째는 유대적 개종자 사이에서, 두 번째는 헬라적 개종자 사이에서 크게 유행하였다.

### a. 에비온주의 (Ebionism)

에비온주의자(ebionites)란 '가난한 자'라는 의미의 히브리어이다. 이들은 유대적 배경을 고수하던 초기 기독교 이단에 속하는 무리들로서 4세기경까지 존속하였던 것으로 보인다. 이들에 대한 교부들의 글로는 이그나티우스(Ignatius of Antioch)가 "필라델피아 교인들에게 보내는 편지"(*Epistle of Ignatius to the Philadelphians*)[7]와 이레니우스(Irenaeus)의 「이단논박」(*Against Heresies*)[8]에서 찾아볼 수 있다.

이그나티우스는 유대적 배경을 가진 이단들을 열거하면서 에비온주의는 "율법과 선지자의 하나님을 말하면서도 그리스도가 하나님의 아들이심을 부인하는 거짓말쟁이며 육체적인 할례를 가진 거짓 유대인이다."라고 하였다. 또한 "한 분 하나님과 예수 그리스도를 고백하면서도 주님을 단순한 인간으로 볼 뿐, 하나님의 독생자로, 지혜로, 하나님의 말씀으로 보지 않았으며, 혼과 몸을 가진 단순한 인간으로 보는 자들이다."[9]라고 하였다.

이레니우스에 의하면 "에비온주의자들은 한 분 창조주 하나님을 믿으

---

7. Alexander Roberts and james Donaldson, ed., *Ante-Nicene Fathers*, Vol. 1. Ignatius, *Epistle to the Philadelphians*, Grand Rapids: Eerdmans, 1979 reprint, pp. 82-83.
8. 위의 책, ANF. Vol. I, Irenaeus, *Against Heresies*, pp. 351-352.
9. 위의 책, ANF. Vol. I, Ignatius, *Epistle to the Philadelphians*, pp. 82-83.

면서 예수는 동정녀의 아들이 아니라 요셉과 마리아 사이에서 인간적인 성관계에 의해서 태어난 아들로, 일반인들보다는 훨씬 더 의롭고 지혜로웠다. 더욱이 세례받을 때에 그리스도가 비둘기 형태로 지고의 통치자로부터 임하였으므로, 그는 알 수 없는 아버지에 대해서 선포하였으며 또한 기적을 행하였다."[10]고 가르치는 자들이었다.

이들은 주로 마태복음만 사용하였으며 사도 바울을 유대교의 배교자로 간주하였다. 왜냐하면 바울은 단순한 인간에 불과한 예수를 하나님의 지위로 격상시켰기 때문이었다. 이들은 할례를 행하고, 동물을 희생으로 바치고, 율법의 여러 가지 제도를 지키고, 채식을 원칙으로 하였고, 거룩한 가난을 고수하였으며, 의식적인 목욕을 자주 행하였다.

또한 선과 악의 원리를 구별하였다는 점에서 에센파와 긴밀한 연결이 있는 것으로 보인다. 악의 원리는 가인, 이스마엘, 세례 요한 등에 의해서 이 세상에 계시된 반면에 선의 원리는 저 세상을 다스리며 아담, 아벨, 이삭, 예수 등에 의해서 이 세상에서 계시되었다고 하였다.[11]

한마디로 말해서, 에비온주의자들은 주후 70년 예루살렘의 멸망과 함께 유대주의 국수주의자들에 의해서 조작된 이단적 기독교의 한 형태이다. 이들은 예수를 율법의 완성자가 아닌 수행자로, 도덕적 스승으로 간주하였을 뿐이다. 그러므로 예수를 기독교적인 메시야로 승격시키는 것을 반대하였으며, 동일한 맥락에서 바울을 유대주의의 배교자로 보면서 배척하였다. 그러면서도 포괄성을 유지하기 위해서 당시의 혼합주의적인 제반 요소들을 포용해서 이원론적으로 성경을 해석하였으며, 금욕주의적인 생활지침을 마련하였다고 말할 수 있다.

---

10. 위의 책, ANF. Vol. I, Irenaeus, *Aginst Heresies*, Book I, Ch. 26, pp. 351-352.
11. Justo L. Gonzales, *A History of Christian Thought*, 이형기, 차종순 역, 「기독교 사상사」, 제1권, 서울 : 대한예수교장로회총회출판국, 1988, pp. 154-159.

b. 가현설(Docetism)

가현설의 최초의 모습은 요한 일서 4:1~3에서 "사랑하는 자들아 영들을 다 믿지 말고……, 하나님의 영은 이것으로 알찌니 곧 예수 그리스도께서 육체로 오신 것을 시인하는 영마다 하나님께 속한 것이요." 그리고 요한 이서 1:7에서 "미혹하는 자가 많이 세상에 나왔나니 이는 예수 그리스도께서 육체로 임하심을 부인하는 자라." 그리고 골로새서와 디모데 전서 등 여러 곳에서 찾아볼 수 있다. 이들은 헬라 철학적 배경을 가진 자들로서 헬라의 신화와 철학을 기독교의 핵심적인 교리와 혼합시킨 이론을 발전시켰다. 그러나 가현설에 대한 반대는 요한서신의 저자로부터 안디옥의 감독이었던 이그나티우스, 이레니우스, 히폴리투스, 그리고 터툴리안에 이르기까지 교회의 감독을 맡았던 거의 모든 교부들의 공통적인 관심사였다.

가현설 혹은 가현설주의자란 후대의 교부들이 이렇게 주장하는 사람들에게 붙여 준 명칭이다. 가현설도 고대교회의 특징인 혼합주의적 성격을 지니고 있다. 이들의 혼합주의는 이원론적 우주관에 바탕을 두고 있기 때문에 영적 세계의 선재적 창조와 선재적 타락, 그리고 인간의 구원을 골격으로 하고 있다. 이들은 인간도 물질이기 때문에 경멸의 대상으로 보았다. 인간의 육체는 영혼의 감옥으로서 혼자의 힘으로는 도저히 구원할 수 없는 절망의 상태에 있다. 그렇기 때문에 인간은 외적인 구원자로서 영적 에온(*aeon*)이 전해 주는 신비한 지식(*gnosis*)을 획득함으로써 죄악의 사슬에서 벗어나서 영혼 본래의 세계로 복귀할 수 있다. 여기에서 가현설은 구세주로서의 메시야의 역할을 말한다.

메시야는 영적 에온이기 때문에 인간의 육체로 태어날 수 없다. 그러므로 당연히 동정녀에게서 태어난다는 성육신을 부인한다. 동시에 수난과 십자가의 죽으심도 부인하고 부활도 부인한다. 예수는 하늘에서 장성한 모습으로 이 땅에 내려왔든지, 아니면 인간 예수가 세례를 받을 때에 그리스도(남성)가 성령(여성)과 함께 임했다고 보았다. 메시야로서의 그리스도는 사람을 십자가의 보혈로써 죄의 사슬에서 풀어 해방시켜 주고 동시에 새로운 사람으로 변화시켜 주는 것이 아니라, 영혼이 육체의 감옥을 벗어날 수 있는 신비한 지식을 전해 주었다. 이 지식을 획득한 영혼은 육체를 벗어나서 영혼 본래의 세계로 되돌아가는 데 필요한 각종 신비스러운 비밀을 깨닫게 되며, 일곱 하늘을 지키고 있는 천사들에게 이 비밀을 통과암호로써 제시할 수 있게 하였다.

이들은 교회론에 있어서도 신비한 지식을 가진 영적인 사람(pneu-matikos)과, 도덕적인 단계에 머물고 있는 혼적인 사람(psychikos)과, 구원의 가능성이 없는 육적인 사람(sarkikos)으로 구별하였다. 더 나아가서 이들은 일반 교회의 예배를 육적인 단계에 국한시킴으로써 신비한 지식을 가진 영적인 사람들이 모여서 드리는 별도의 예배를 강조하였다.

이들은 신비한 영적인 지식을 가진 사람들이 지상에서 사는 동안에 철저하게 금욕, 금식 등을 통해서 구원을 얻을 수 있다고 주장하는 금욕주의(asceticism)와 다른 한쪽에서는 구원을 영적인 면에 국한시킴으로써 육적인 행위를 구원과 무관한 것으로 보는 자유방임주의(libertinism)로 나뉘었다.

한마디로 말해서 가현설은 희랍의 신화와 철학에 근거해서 기독교의 메시지를 해석한 것이라고 말할 수 있다. 이것은 기독교가 유대라는 한계를 넘어서 세계적인 종교로 확장되기 위해서 넘어야 할 산이었으며, 지성인들에게 신비와 지성을 동시적으로 제공하는 체계적인 도전이었다. 가현설에 대해서는 영지주의를 언급하는 부분에서 자세하게 설명하기로 한다.

# 제2장
## 재림과 신비주의

　초대교회가 예수님의 부활을 목격하고 그리스도의 증인이 되어서 사도행전 2장~4장에 의하면 하루에도 3000명, 또는 5000명이 새롭게 참여하는 대규모 집단으로 성장하였다. 이들은 매일같이 모여서 떡을 떼고, 사도들의 가르침에 따라서 기도와 찬송으로 공동체를 형성해 갔는데, 그 핵심은 그리스도의 부활을 증언하는 것과 재림을 선포하는 것이었다. 그리고 최소한 일정기간 동안에는 그리스도의 재림을 의심하는 사람이 없었다. 왜냐하면 불가능한 부활이 현실로 나타났었기 때문이었다.
　그렇다면 초대교회의 재림공동체가 왜 그렇게도 많은 사람들을 끌어들였으며 관심의 대상이었는가? 거기에는 충분한 요인이 있었다. 이 당시의 사람들에게는 헬라화된 유대주의를 겪는 동안에 메시야에 대한 대망사상과 더불어서 묵시적인 종말사상이 짙게 흐르고 있었다. 다르게 말하자면 이 당시 사람들의 최대의 관심사는 죽음의 문제였다. 이 죽음의 문제는 재림공동체나 비재림공동체를 막론하고 동일한 관심의 대상이었다.
　이것은 소크라테스 이후로 이어지는 소-소크라테스 학파가 보여 준 죽음 이해에서 더욱 뚜렷하게 나타나 있었다. 그리고 견유학파에 속하는 디오게네스가 보여 준 삶의 태도 또한 죽음 이해를 말해 주기에 충분하였다. 더 나아가서 쾌락을 철학적 추구의 목표로 하였던 쾌락주의자(hedonist)들도 모든 생각을 중지하고 오로지 쾌락을 얻기 위해서 노력하였으며, 이들이 추구하는 이러한 쾌락은 감각적 차원을 넘어서 죽음에서 찾으려 하였다. 이러한 상황에서 재림공동체가 보여 주었던 공동체생활과 종말사상은 죽음을 건너뛰는 아름다운 돌파구였다.

이상과 같은 시대적인 요인 이외에도 재림공동체는 많은 장점을 가지고 있었다. 첫째는 당시의 사회에서 사도들을 중심으로 한 강력한 조직력을 가졌다. 이것은 당시의 무정부적이며 무조직적인 유대사회에서 많은 사람들에게 새로운 돌파구를 마련해 주는 좋은 장점이었다. 둘째는 빈부귀천의 격차가 없어지고 유무상통하는 이상향적인 공동체를 형성하였다는 점이다. 셋째는 각종 은사의 시전으로 자신들을 활홀경으로 몰아넣었던 것과 더불어서 다른 일반인들과는 전혀 다른 차원으로 상승시켜 주는 듯한 자부심을 갖게 하였다. 넷째는 성령의 인도하심에 따라서 나타나는 각종 은사는 유대교에서 경험하지 못하였던 신령한 체험을 갖게 함으로써 내세에 대한 확실한 보장을 갖게 하였다. 다섯째는 재림공동체에 속한 사람들의 윤리적이며 도덕적인 삶의 모범이 당시 사회에서 많은 사람들로부터 칭찬과 관심의 대상이었다. 마지막으로 이들은 예수님의 부활과 재림을 믿는 자들로서 구원의 확실한 신념을 지닌 자들이었기 때문에 현실생활에서 자신감을 가질 수 있었다.

이러한 초대교회는 예수님의 재림지연으로 자연히 많은 문제점을 갖게 되었다. 재림을 기다리는 공동체는 자연적으로 소위 말하는 기독교 원시공산사회(primitive christian communistic society)를 건설하기 마련이었다. 서로의 재산을 헌납해서 유무상통하고, 남녀노소, 빈부귀천을 떠난 평등의 사회를 이룩하였다. 이러한 사회의 모습은 순전히 재림을 기다리는 고대 속에서 가능하였다.

그렇지만 재림의 지연으로 인해서 재림을 고대하면서 생업을 끝까지 포기하려는 무리들과 재림을 고대하면서도 생업을 지속하자는 절충파가 등장하였다. 이러한 모습이 데살로니가 전·후서의 중심적인 문제이며,

교회의 전체적인 흐름은 절충파 쪽으로 기울어졌다. 그래서 바울은 데살로니가 후서에서 '종말이 가까웠다고 말하는 사람들이 영으로나, 말로나, 편지로나 동요케 하더라도 현혹되지 말라'고 권고하였다(살후 2 : 3). 계속해서 '이러한 말에 현혹되는 사람은 불의를 좋아하는 사람들이기 때문에 심판을 받아 마땅하다.'고 포기해 버렸다(살후 2 : 12). 그렇기 때문에 결국 '믿음은 모든 사람의 것이 아니라.'고 말할 수밖에 없었다(살후 3 : 3).

이러한 사람들은 교회내에서 임박한 종말을 강조함으로써 동료 신앙인들에게 경각심을 준 것이 아니라 오히려 신앙을 흔들리게 하였으며, 뿐만 아니라 교회의 분열을 초래하였다. 이러한 상황에서 바울이 제시한 종말의 태도가 있다. 그것은 흔히 무천년설이라고 부르는 이론으로써 그리스도의 재림은 오순절 다락방에서 이미 영적으로 이루어졌으므로 (already has come) 우리는 그리스도께서 최후적으로 임재해서 하나님 나라가 이루어질 때까지(not yet fulfilled) 맡은 현실에 충실해야 한다는 이론이었다.

그런데 한 가지 문제가 되는 것은 이러한 종말론적인 공동체가 각종 신비스러운 은사의 시전을 자주 실시함으로써, 종말론적인 기대와 함께 추종자들을 탈아적-탈속적인 현실부정을 초래케 하였다. 그렇지만 이들은 교회내에서 언제나 신앙이 좋다는 무리들에 속하며 교회의 각종 사업에 적극적으로 참여하는 특징을 가지고 있었다. 특히 이들은 재림이 지연됨에 따라서 은사를 신비적으로 해석함으로써 많은 문제점을 안겨다 주었다.

첫째는 은사를 가진 자로서 독선적인 행동을 하기에 이르렀다. 본래 성령의 은사는 로마서 12 : 3~13, 고린도 전서 12 : 4~31 사이를 보더라도 그리스도의 몸인 교회를 더불어서 섬기고, 하나의 온전한 몸을 이루기 위해서 주어진 것이었다. 그럼에도 불구하고 은사를 가진 자들이 독선적으로 자기가 받은 은사의 우위성을 주장함으로써 교회내의 통일을 깨뜨리고 평화를 깨뜨리는 잘못을 범하였다. 더 나아가서 교직자들에게 은사의 징표가 나타나지 않으면 배척하는 잘못을 범하기도 하였다. 이러한 사례는 영지주의자들 가운데에서 많이 찾아볼 수 있었다. 둘째는 은사를 지닌 자들이 시간이 지남에 따라서 은사를 재정적 수입의 수단으로 사용하였다. 은사는 더 이상 하나님의 교회를 섬기는 하나님의 도구가 아니라 자신의 생계수단이 되어 버렸다. 셋째는 은사를 강조함으로써 기록된 말씀을 무시해 버리는 오류를 범하기 시작하였다. 이러한 사례는 초대교회로부터 중세의 각종 신비주의자들과 근대의 신령주의자들(spiritualist), 그리고 오늘날에 이르기까지 끊임없이 지속되고 있다. 넷째는 하나님과 신비적으로 하나가 되는 것을 추구하여 자아를 잃어버리고 몰아적인 황홀경에 빠지게 됨으로써 현실세계를 도피하게 만들었다. 그리고 더 나아가서 신비에 속한 하나님의 세계를 나름대로 노출시킴으로써 교회를 어지럽게 하였다. 다섯째는 이러한 일 가운데에서 두드러진 행위가 예수님의 재림을 예언하는 행위였다.

초대교회의 지도자들은 사도행전 2 : 42과 6 : 5~6에 의하면 사도와 집사였다. 그리고 이 두 직급의 구별은 사도행전 6 : 4에서 사도는 기도하는 일과 복음전하는 일이었으며, 집사는 교회내의 행정과 구제에 관한 것이었다. 이상의 직급의 구별은 에베소서 4 : 11~12에 의하면 사도, 선지자, 복음전하는 자, 목사, 교사 등으로 정리되었다. 그러나 이상과 같은 직급의 구별에서 사도가 차지하는 비중은 절대적이었다. 사도의 자격으로는 주님께서 선택해 주신 12사도와 바울로 국한시켰으며, 나중에 가룟 유다의 자리를 보충시킬 때에는 사도는 아니었으나 항상 사도들과 함께 예수님의 공생애 사역에 동참하였으며 동시에 부활을 목격한 자로서 부활을 전하기에 부족함이 없는 사람을 택하였다.

사도의 시대가 끝나자, 그 다음부터는 사도의 계승자 그리고 은사가 많은 자들이 교회의 지도자가 되었다. 이렇게 됨으로써 사도의 자격에 대한 논란이 끊임없이 일어났으며, 사도 후기시대에는 자칭 사도라 칭하는 자들이 나타났다. 이들 자칭 사도들은 사도의 자격으로서의 사도의 계승자는 무시해 버리고 자신들이 가진 은사와 체험을 과시하였다. 이러한 사례의 대표자가 바로 몬타누스(Montanus)라고 말할 수 있다.

그는 신비주의 종교인 시벨레(Cybele)의 제사장으로 있다가 출교당한 자로서 자신의 새로운 입지를 기독교에서 찾은 사람이었다. 그는 사도 후기시대에 이르러서 교회가 체제지향적으로 흐름으로써 자유로운 은사를 반대하게 되었을 때에 은사를 강조하였다. 그는 특히 예수님의 재림에 관해서 예언하였으며 이러한 그의 은사활동에 많은 추종자들이 모여들었다. 이렇게 해서 몬타누스는 예루살렘의 재림공동체를 다시 한번 재현할 수 있었다. 그는 성령시대의 도래를 선포하면서 156년에 피리지아의 소도시 페푸자(Pepuza)에 새로운 예루살렘이 도래할 것이라고 선포하였다.

뿐만 아니라 성령의 은사가 충만하다고 소문나 있던 두 사람의 여인이 가담하였다. 프리스길라(Priscilla)와 막시밀라(Maximilla)는 성령의 입이라고 자처하면서 각종 예언활동을 그치지 않았다. 이들의 열광적인 운동은 로마, 북아프리카에 급속히 퍼져 나갔으나 156년이 지난 다음부터는 윤리적인 엄격주의를 고수함으로써 일반 사회로부터 인정받기에 이르렀다.

몬타누스운동은 교회가 갖추어야 할 제반 요소들을 골고루 갖추었다. 성령의 역할 강조, 기독교인의 도덕적 엄정성, 그리고 내세에 대한 동경 등이었다. 그러나 이들은 무엇보다도 사회의 도덕적 문란성에 경각심을 불어넣어 줌으로써 그 당시 사회에서 인정받았던 무리들이었다. 이들은 금욕적인 엄격한 천년주의자들로서의 특징을 그대로 보여 주었다.

몬타누스운동은 첫째로 정통 가톨릭 교리에서 그렇게 벗어나 있지 않았다. 그들은 유대주의자들처럼 에비온주의에 빠지지도 않았으며, 동시에 헬라주의자들처럼 영지주의에 빠지지도 않았다. 그들은 가톨릭 정통 신앙규범을 그대로 인정하였다. 이들은 다만 하나님의 나라가 천년왕국을 이루면서 이 지상에 도래한다고 주장하였다는 점에서 정통교회의 가르침과 달랐다. 둘째로 몬타누스운동은 실제적인 신앙생활에 있어서 신비적인 은사를 지나치게 강조하였다. 또 당시 교회의 조직이 남성 중심으로 굳어져 갈 무렵에 여성의 역할을 인정하였다. 이렇게 함으로써 기성 교회로부터 배격당하였다. 셋째로 몬타누스운동은 세기말적인 묵시적 종말공동체를 강조함으로써 탈교회적인 집단운동으로 발전하였다. 이러한 모습은 기독교 2000년의 역사에서 지금까지 지속적으로 진행되어 오는 하나의 이단운동이었다. 넷째로 몬타누스운동은 종말예언이 실패로 끝나자 엄격한 금욕주의와 교회훈련을 강조하는 윤리적 종교집단으로 탈바꿈하였다. 이것은 당시 사회의 도덕적 타락성을 감안할 때에 종교적 집단으로서 생존할 수 있는 지름길이었다.

　몬타누스운동은 신비주의적 은사운동이 종말적인 천년왕국 예언운동으로 끝난다는 것을 보여 주는 좋은 예이다. 우리는 이러한 사례를 교회역사 속에서 거의 모든 시기에 걸쳐서 끊임없이 보아 왔으며, 지금도 보고 있으며, 앞으로도 볼 것으로 예상한다. 주님 오시는 그날까지는……

## 제 3 장
## 철학과 신학의 만남

　기독교가 초기 재림공동체의 단계를 벗어나서 나름대로 체제를 유지하기 위해서는 주님의 재림을 고대하는 초기 원시 기독교 공산사회 시절의 들뜬 분위기를 차분하게 가라앉혀야 했다. 그렇게 하기 위해서는 기독교의 신앙을 정리하고 체계화시켜야 했다. 여기에 동원된 이론이 철학이었다. 이러한 정리작업의 첫 번째 삶의 자리는 박해받는 상황이었다. 기독교를 박해하는 권력층들에게 기독교를 논리적―철학적으로 설명하기 위해서 기독교의 철학적 재해석이 시도되었던 것이다. 그리고 두 번째는 소위 말하는 기독교의 핵심 메시지에 대한 재해석이었다. 지연된 종말, 성육신과 고난, 그리고 구원에 관한 메시지 등을 누구나 이해할 수 있는 형식으로 재해석하였다. 즉, 보편성있는 전달가능한 형태로 바꾸었다.
　이렇게 해서 동원된 철학이 플라톤, 아리스토텔레스 그리고 스토아 철학 등이었다. 이상 3가지의 철학은 상호 복합적으로 이용되기도 하였으며, 동시에 독자적으로 이용되기도 하였다. 그러므로 먼저 이들이 이용하였던 철학을 간단하게 살펴보려고 한다.

## 1. 플라톤

소크라테스의 제자였던 플라톤(Platon : B.C.428/9-B.C.348/7)은 아테네에서 귀족가문의 자녀로 태어나서 페리클레스의 전통에 따른 교육을 받고 자랐다. 그는 일찍이 소크라테스의 재판에 참관하였다가, 소크라테스가 죽은 다음에 이탈리아와 시실리 등을 여행하였으며, 아테네로 돌아와서 B.C. 388/7년경에 제자들을 가르치기 위한 아카데메이아 (Academeia)를 세웠다. 플라톤은 스승으로서 그리고 정치적 자문관으로서 널리 명성을 날리기 시작하였으며, B.C.367년에는 시라쿠스의 정치 자문관으로 초청을 받아서 떠났다가 B.C.360년에 다시금 아테네로 되돌아와서 죽을 때까지 아카데메이아의 교육에 전념하였다. 플라톤의 사상은 시간이 지남에 따라서 3단계로 변천하였으며 기독교의 체계화와 깊은 관련을 가지고 있다.

### a. 초기 플라톤 사상

초기 플라톤 사상은 다분히 이원론적 체계를 지니고 있다. 먼저 만물의 원형으로서 이데아(Idea), 일자의 세계를 말한다. 이데아는 모든 선한 것들의 이데아가 모여 있는 참의 세계이며, 선의 세계로서 하나뿐이다. 이데아의 세계에 반하는 세계가 현상계(Phenomena)이다. 현상계는 원형인 이데아의 모형으로서 물질적인 악의 세계이며, 다(multitude)의 세계이다. 이러한 다의 세계는 언제나 원형인 이데아에 대한 그리움을 가지고 있는데, 이것을 에로스(eros)라고 부른다. 현상계는 에로스에 의해서 이데아의 세계로 향하여 상향적으로 움직여 가는데, 이렇게 위를 향해서 움직여 감으로써 현상계에서 가졌던 망각(lethe)이 사라지게 된다. 이것이 바로 진리(aletheia : 없다는 a와 망각이라는 lethe의 합성어이다.)이다.

이렇게 진리를 찾아서 가면 기억이 되살아나는데, 이것을 회상 혹은 상기(anamnesis : 새롭다는 ana와 기억이라는 mnesis의 복합어이다.)라고 한다. 망각이 점점 사라지고 이데아의 기억이 되살아나서 이데아의 세계에 접근함으로써 진리를 찾는다는 것이다. 이러한 생각에는 다분히 이원론적인 세계관이 뿌리 깊게 자리잡고 있음으로써 물질세계를 부정하고 영적인 세계만을 추구하게 한다. 초대교회의 이단들에 속한 교파들의 이원론은 이러한 사고를 이용해서 체계화하였다고 말할 수 있다. 물질적인 현실세계를 부정하고 영적인 세계만을 추구하게 하였을 뿐만 아니라 물질적인 것들을 떨쳐 버리기 위해서 금욕과 절제를 해야 한다는 금욕주의적인 윤리관을 갖게 하는 데 크게 기여하였다. 우리는 이러한 초기 플라톤 사상에 입각한 오류를 영지주의에서 찾아볼 수 있으며, 오리겐의 세계관과 창조론에서도 찾아볼 수 있다.

### b. 중기 플라톤 사상

중기 플라톤 사상은 예수님 시대와 병행하여 발전하였다. 초기 플라톤 사상이 이원론적으로 흘렀다고 한다면, 중기 플라톤 사상은 이데아와 현상계를 연결시켜 주는 중간적 고리를 말한다. 이 개념은 벌써 스토아적인 요소를 많이 내포하고 있지만 기독교의 사상과 쉽게 융합될 수 있었다.

특히 중기 플라톤 사상은 동·서양의 융합으로 모든 것을 통일시키려는 알렉산더의 범세계주의(cosmopolitanism)에 의해서 생겨난 논리적 귀결이라고 말할 수 있다. 중기 플라톤 사상을 도입해서 기독교에 적용시키면 로고스 개념을 설명하는 데 유용하게 사용할 수 있다. 즉, 인간으로서는 도저히 넘나 볼 수 없는 이데아가 로고스라는 개념을 빌어서 현상계의 인간 혹은 물질세계와 연결을 갖는다. 이 과정에서 인간에게는 로고스의 씨앗(*logos spermatikos*)이 남아 있어서 로고스와 접촉점을 갖는다고 말할 수 있다.

이상과 같은 중기 플라톤 사상을 도입해서 설명한 신학적 이론이 로고스 기독론(*Logos Christology*)이며, 이 이론에 의해서 신과 인간을 하나로 묶을 수 있는 터전이 마련되었다고 말할 수 있다.

### c. 후기 플라톤 사상

후기 플라톤 사상은 예수님 이후로 나타난 사상으로서 플로티누스(Plotinus)에 의해서 가장 크게 성행하게 되었다. 플로티누스의 사상은 그의 주저서 「에네아데스」(*Enneades*)에 집약되어 있다. 그에 의하면 만물은 근원으로서 선한 존재인 일자(*to hen*)가 있는데, 이 일자의 속성은 충만(*pleroma*)이다. 충만한 일자는 넘쳐 흐르는데, 이것을 유출(*emaneo* : 밖을 의미하는 *e*와 머무르다를 의미하는 *maneo*의 합성어이다.)이라고 부른다. 그러므로 일자의 속성인 선이 밖에 머무르므로 지금까지 악하다고 보았던 물질도 선하다고 말할 수 있으며, 이원론적인 생각도 일원론적으로 좁혀질 수 있었다.

플로티누스는 이러한 물질의 유출의 순서를 일자(*to hen*)로부터 정신(*nous*)으로, 정신으로부터 영(*psyche*)으로, 영으로부터 물질(*hyle*)이 나왔다고 보았다. 이렇게 해서 후기 플라톤 사상은 물질을 악하게 보았던 이원론을 극복할 수 있었다. 그렇다면 실제 세계에서 보는 악은 어떻게 설명할 것인가? 그것은 선의 결핍(*privatio boni*)이라는 대명제로 설명하였다. 악은 선으로부터 멀어져 있기 때문에 생기는 것이지 악은 자체적으로 존재하지 않는다는 것이다.

이렇게 해서 우리는 후기 플라톤 사상인 신플라톤주의가 어거스틴에게 커다란 영향력을 주었으며, 그로 하여금 마니교적인 이원론을 버리고 기독교적인 일원론으로 돌아설 수 있는 길잡이가 되었다고 말할 수 있다.

## 2. 아리스토텔레스

아리스토텔레스(Aristotle : B.C.384/3-B.C.322/1)는 마케도니아의 왕의 주치의의 아들로 태어나서 어릴 때부터 왕가와 깊은 관계 속에서 성장하였다. 그는 B.C.368/7년경에 플라톤이 세운 아카데메이아에 입학해서 공부했으며, B.C.343/2년경에는 다시금 마케도니아의 왕 필립(Phillip)을 찾아가서 왕자 알렉산더(Alexander)의 스승이 되었다. B.C. 324/3년에 알렉산더가 죽자 아리스토텔레스는 돌아가신 어머니의 거처가 있는 칼키스(Chalcis)에 은거하면서 철학에 몰두하다가 죽은 것으로 전해진다.

a. 논리학

아리스토텔레스의 학문은 무엇보다도 논리학적인 체계위에 세워져 있다. 그의 논리학은 제자이며 황제였던 알렉산더의 도움으로 각 점령지에서 보내왔던 각종 동물과 식물을 분류 및 관찰함으로부터 시작하였다. 그는 모든 사물에 대한 분류를 개념정리로 시작하였다. 사물에 대한 관찰, 분석, 비교를 통해서 특수한 요소(particular)는 제외시키고 보편적인 요소 (universal)는 택해서 명사를 부여한다. 이것을 그 사물의 개념이라고 한다.

한 개념의 본질적 속성의 총화를 내포(intention)라고 부르며, 그 개념을 적용시킬 수 있는 범위를 외연(extension)이라고 부른다. 그러므로 개념의 내포가 많아지면 그 개념이 구체화되어서 한정되며(determinization), 반대로 내포는 줄어들고 외연이 넓어지면 일반화(generalization)되었다고 한다.

개념은 크게 다른 것을 포섭하는 개념으로서 유개념(genus)과 다른 것에 포섭되는 종개념(species)이 있다. 예를 들어서 동물과 식물, 무생물과 유생물의 두 개념에서 동물과 식물은 유생물에 포섭되므로 종개념이고 무생물과 유생물을 유개념이라고 말한다. 그리고 동물과 식물은 다같이 유생물에 포섭되는 등위개념이며, 등위개념 상호간에는 다만 종차(specific difference)가 있다. 이러한 도식에서 볼 때에 가장 높은 곳에는 모든 것을 포섭만 하는 최상류 혹은 최고 유개념이 있으며 가장 낮은 곳에는 포섭만 되는 최하종 혹은 최하 종개념이 있다.

아리스토텔레스는 이상의 개념분석도에서 하나의 가장 밀접하게 있는 유개념과 종개념은 상호 최근류와 최근종이라는 관계를 형성한다고 보았다. 그러므로 하나의 종개념은 최근류에 대해서는 최근종이지만, 최근종에 대해서는 또다시 최근류가 된다. 예를 들어서 동물이라는 개념은 유생물이라는 개념에 대해서는 최근종이지만, 사람이라는 개념에 대해서는 최근류가 된다. 그러므로 아리스토텔레스는 정의(definition)는 종차+최근류라고 하였다. 즉, 사람이란 이성적(종차) 동물(최근류)이라고 하였다.

## b. 형이상학

이상의 논리적 체계는 곧바로 그의 형이상학에서도 찾아볼 수 있다. 아리스토텔레스는 개념을 질료와 형상으로 대치시켰다. 즉, 하나의 개념이 최근류(형상)도 되고 최근종(질료)도 되듯이 질료와 형상이 될 수 있다. 그래서 질료는 형상을 찾아서 위로 상승운동을 하면서 꾸준히 올라가면 최상류에 해당하는 순수 형상을 만나게 된다. 이 순수 형상은 움직이지 않으면서 다른 하위의 질료들이 상승운동을 하게 만드는 운동의 제일원리(first principle)이며, 스스로 움직이지 않으면서 다른 것들을 움직이게 만드는 부동의 동자(mobile in immobitum : unmoved mover)이다. 이와 같은 운동을 목적론적 운동이라고 부르며, 기독교의 목적론적 운동을 설명할 수 있는 좋은 이론이 되었다. 더 나아가서 이 부동의 동자는 순수 운동(actus purus)으로서 신을 말하지만, 이 신은 다분히 형이상학적인 신에 불과하다.

이상과 같은 아리스토텔레스의 논리학적인 신개념은 중세 초기에는 보에티우스(Boethius)를 통해서 전달되다가, 십자군 전쟁을 위시한 기독교권의 스페인 재탈환으로 유럽에 소개되었던 형이상학과 더불어서 토마스 아퀴나스(Thomas Aquinas)에 이르러서 절정을 이루었다. 종교개혁은 이러한 아리스토텔레스에 기초한 신학을 몰아내고 성경 중심적인 신학으로 되돌아 가려는 운동이었다고 말할 수 있다.

## 3. 스토아주의

스토아주의(stoicism)는 세겜 출신의 제노(Zeno : B.C.320-B.C.250)에 의해서 창설되었다. 스토아주의는 우주관으로부터 시작한다. 고대로부터 내려온 4원소설에 의해서 우주는 물, 불, 흙, 공기로 이루어져 있으며, 이상의 4원소가 서로 결집하게 되면 열이 나고, 열이 나면 대화재를 일으켜서 소멸되었다가 다시금 결집하게 된다고 보았다. 이렇게 우주가 생성되고 소멸되고 다시금 생성되는 우주의 변화의 원리를 로고스(logos)라고 하였다. 우주는 로고스에 의해서 다스려지는 무한히 넓은 대우주

(*macro-cosmos*)와 로고스의 씨앗을 가진 소우주(*micro-cosmos*)로서의 인간으로 이루어져 있다.

소우주로서의 인간은 로고스의 씨앗을 가지고 있기 때문에 로고스의 원리에 따라서 덕(*arete* : virtue)스럽게 살면 육체를 벗어나서 대우주와 하나가 될 수 있다. 이러한 덕목을 스토아주의에서는 4개의 주된 덕(four cardinal virtues)이라고 하였으며, 지혜(wisdom), 용기(fortitude), 절제(temperance), 정의(justice)를 언급하였다. 인간이 이상의 4가지의 덕목에 따라서 살면 마음의 동요가 없어지는 무격정(*apathos* : 없다는 *a*와 격정이라는 *pathos*의 합성어이다.)의 상태에 이르게 되며, 이렇게 될 때에 행복(*eudaimonia* : 좋다는 의미의 *eu*와 신이라는 의미의 *daimon*의 합성어이다.)을 얻는다고 하였다. 그러므로 스토아주의에서 말하는 행복이란 인간이 가진 기본적인 4개의 덕목에 따라서 살면 신을 즐겁게 할 수 있으며, 이것이 곧바로 행복이라고 결론지었다.

이상과 같은 스토아주의는 후기에 이르러서 다분히 종교적인 색채를 띠면서 사람들에게 내세적인 구원을 안겨다 주었다. 특히 상류층 사람들에게 많은 영향력을 끼친 것으로 보인다. 그렇지만 스토아주의에서 말하는 사상은 기독교와 판이하게 다른 점이 많다. 신을 가리켜서 무한(infinite), 절대(absolute), 이해할 수 없는 존재(incomprehensible), 말로 표현할 수 없는 존재(ineffable) 등으로 말하는 스토아주의의 신관은 다분히 관념론적이며 형이상학적 개념에 불과하다. 그리고 인간 안에 로고스의 씨앗이 내재되어 있다고 말하는 것은 인간의 본래적인 능력을 긍정하는 자연법 이론의 대전제에 불과하다. 또한 덕을 쌓음으로써 육체를 벗어날 수 있다고 말하는 그들로부터 금욕주의인 절제가 고무되고 찬양되기도 함으로써 후대 기독교의 수도원적 금욕주의의 길을 터놓았다고 말할 수 있다. 어찌되었든 이들이 주장하는 행복론은 인간의 행위를 대전제로 하는 상향식 구원론의 대발판을 마련해 주었으며, 후대 중세에 이르러서 스토아 철학에서 말하는 4개의 덕목에다가 믿음, 소망, 사랑을 덧붙임으로써 기독교의 7덕을 이루었다.

## 4. 철학에 대한 교회의 입장

철학을 보는 교회의 입장은 두 가지이다. 하나는 고대교회로부터 중세를 거쳐서 현재에 이르기까지 철학을 이용해서 기독교의 신학을 정립하는 길이다. 이러한 길을 걸었던 사람으로는 초대교회의 변증신학자들, 오리겐, 중세의 스콜라 신학자들, 그리고 현대의 불트만, 틸리히 등을 말할 수 있다. 이들은 철학을 부정하지 않으면서 기독교 신학의 도구로 사용하려고 하였다.

반대로 철학을 철저하게 배격하는 입장이 있었다. 철학은 신학에 도움을 주지 못한다는 입장에서 오로지 신앙만 고집하는 입장이다. 이러한 견해를 택한 사람은 터툴리안, 종교개혁 시대의 루터와 칼빈, 청교도와 경건주의 운동 그리고 근래의 복음주의 운동이라고 말할 수 있다.

### a. 철학을 옹호하는 입장

철학을 옹호하는 입장은 지역적으로는 알렉산드리아를 중심으로 한 전승과 학문적으로는 변증신학을 말할 수 있다. 이들은 다같이 헬라철학의 전통을 기독교적으로 해석하거나 혹은 이용함으로써 당시대의 사람들이 알아들을 수 있는 용어(contemporary term)로 기독교를 재해석하는 데 공헌하였다. 이들은 이러한 입장에서 기독교 최초의 조직적 체계를 갖춘 신학자라고 말할 수 있으나, 이들로 인해서 기독교의 본질이 여러 점에서 왜곡되었음을 또한 간과해서는 안 될 것이다.

#### ㄱ. 변증신학자

네로 황제로부터 기독교는 공식적으로 금지된 종교였다. 그렇다고 해서 로마정부는 언제나 조직적으로 박해를 가하였던 것은 아니고, 정권교체 시기나 민심수습의 차원에서 필요에 따라서 기독교를 박해하였다. 이로 인해서 일단의 기독교 지성인들 사이에서는 기독교를 로마의 통치자들이나 지성인들이 알아들을 수 있는 언어로 재해석해야 한다는 인식이 있었다. 이러한 운동의 대표적인 인물이 순교자 저스틴(Justin Martyr)이다.[1]

저스틴의 이론은 이렇게 정리할 수 있다. 하나님은 이름을 붙일 수 없으나, 인간들에게 유익을 끼치고 활동하시는 모습에 따라서 아버지, 하나님, 창조자, 주, 선생이라는 칭호를 부여할 수 있다. 아들에 대해서도 이름을 붙일 수 없으나 그리스도라는 칭호를 붙일 수 있다. 이것은 아들의 표현할 수 없는 실체를 말하는 것은 아니지만, 인간적 본성으로 오신 원래적인 속성이다.[2] 저스틴은 여기에서 그의 철학적인 기지를 발휘한다. 즉, 하나님은 인간들과 절대적으로 동떨어져 계시지만 동시에 인간들을 위해서 창조하시고 섭리하시는 하나님이시기 때문에 인간들과 만나기 위해서 창조 이전부터 선재적 상태에서 이성적 기관으로써 아들이시며, 말씀이신 로고스를 낳으셨다. 저스틴은 하나님을 아들보다도 훨씬 더 상위에 있는 우월한 신으로 본 반면에, 아들은 저급한 신으로 보았다. 그는 "우리는 낳으시지 않으시고, 말로 표현할 수 없는 하나님으로부터 나오신 로고스, 하나님 다음으로 계신 그분을 사랑하고 경배한다."[3]고 하였다. 이렇게 아들을 하나님보다 저급하게 말하는 것을 우리는 종속론(subordinationalism)이라고 부른다.

로고스로서 아들은 인간과 접촉점을 갖고서 만날 수 있다. 모든 인간들에게는 신적인 로고스의 씨앗(*logos spermatikos*)이 있다. 구약성경의

---

1. 순교자 저스틴은 팔레스타인의 세겜 출신으로서 스토아 철학, 아리스토텔레스 철학, 피타고라스 철학, 그리고 플라톤 철학까지 두루 섭렵하였다. 약 130년경에 기독교를 받아들였으며 에베소에서 가르칠 때에 유대인 트리포와 논쟁하였다(이 기간은 유대의 *Bar Cochbar*전쟁으로 인해서 모든 유대인들이 예루살렘을 출입할 수 없었던 시기였다). 그리고 로마에 가서 학교를 개설하였으며, 그의 제자로는 타티안(Tatian)도 있었다. 155년경에 황제 안토니우스 피우스(Antonius Pius)에게 보내는 제1변명서를 작성하였으며, 마르쿠스 아우렐리우스가 황제로 취임한 직후에 로마의 원로원에게 보내는 제2변명서를 작성한 것으로 보인다.
2. Justin Martyr, *The Second Apology of Justin*, 제5장, 제6장, ANF, Vol I, p. 190.
3. 위의 책, 제8장, ANF, Vol. I, p. 191.

예언자, 희랍의 철학자, 시인, 문장가 등은 다같이 보이지 않는 지식과 반박할 수 없는 지혜를 가지고서 기독교와 유사한 것을 가르쳤으나 불완전하였다. 다만 신약성경의 아들 예수 안에서 이 모든 것이 완전하게 계시되었다. 저스틴은 소크라테스, 플라톤, 그리고 스토아 철학자들도 로고스의 전달자로 인정하였으며 시인과 문장가마저도 동일한 전달자로 인정함으로써 기독교와 문화와의 만남을 찾으려 하였으나, 이로 인해서 아들의 구세주로서의 유일성을 무너뜨리는 잘못을 범하고 말았다.

사람들은 아들이 계시해 주시는 로고스에 따라서 경건하고 도덕적으로 바르게 살면 불멸을 선물로 받지만, 악하게 살면 사단의 유혹에 빠져서 영벌을 받는다.

저스틴의 변증신학은 당시의 철학적 지식을 가진 로마의 지배계층에서 기독교를 이론적으로 이해할 수 있는 접촉점을 마련해 주었다는 점에서는 높이 평가할 수 있다. 그렇지만 그는 첫째로 하나님을 아들보다도 더 높은 우월의 신으로 말함으로써 아들을 종속론에 빠뜨렸다. 후대에 이들의 종속론과 이신(two Gods)사상을 무너뜨리기 위해서 군주신론이 등장하였다. 둘째로 그리스도의 성육신 이전에도 소크라테스, 헤라클레이토스, 아브라함, 아나니아, 미사엘, 엘리야 등이 다같이 로고스를 가진 기독교인이라고 함으로써 성육신의 유일성을 부정하였다. 셋째로 이렇게 말한다면 누구든지 자신 안에 본래적으로 있는 로고스에 따라서 도덕적으로 살면 구원을 얻을 수 있다는 결론에 이르게 된다. 이것은 또한 그리스도의 성육신의 필요성을 부인하는 것이며 동시에 기독교 이외에도 구원이 있을 수 있다는 종교다원주의를 인정하는 것이다. 넷째로 박해받는 상황에서는 기독교인들의 도덕적 엄정성을 말하지 않을 수 없다. 이것은 기독교가 뿌리를 내릴 때까지 거쳐야 할 단계이다.

저스틴은 기독교인들의 신앙의 합리성을 말하려 하였으며, 동시에 기독교인들은 합리적인 신앙생활을 한다는 것을 말하려 하였다. 그래서 하나님과 예수님에 대해서 다같이 합리적으로 설명하였다. 이러한 신학적 유형은 종교개혁 이후의 영국의 경험주의 철학의 바탕에서 일어난 이신론(Deism)의 내용과 일치한다. 인간에게 합리적인 이성을 주신 하나님은 자신의 존재, 예배의 의무, 도덕적 생활, 죄에 대한 회개, 내세의 보상과 처벌 등의 기독교의 근본적인 진리를 신비적으로 특별한 계시에 의해서 몇 사람에게만 말씀하시는 것이 아니라, 모든 자연종교에서도 알 수 있도록 보편적인 합리성을 가지고 이해할 수 있게 하셨다는 주장이다.[4] 그러므로 기독교는 여타의 자연종교와 다른 점이 없는 보편성을 갖는다는 결론에 이르렀다.

저스틴의 신학과 이신론의 신학은 다같이 합리성에 근거하고 있다. 초대교회가 철학을 인정함으로써 나타난 현상이 변증신학적 합리성이었다고 한다면, 종교개혁 이후로 철학을 인정함으로써 나타난 현상이 이신론적 합리성이었다. 그러므로 이 합리성이 무너지면 이러한 이론은 존재할 수 없다. 실제로 저스틴의 이론은 군주신론(Monarchianism) 같은 새로운 이론의 배척을 받았으며, 이신론은 데이빗 흄(David Hume)의 회의주의에 부딪쳐서 무너지고 말았다.(물론 합리성을 무너뜨리기 위한 이 두 가지 이론도 또한 합리성에 근거하였다고 할지라도.)

ㄴ. 알렉산드리아 학파

변증신학적 입장이 단순히 이론적인 면에서 철학을 수용하였다고 한다면, 알렉산드리아의 철학의 수용은 성서해석적인 면에서 그러하였으며, 그리고 생활 속에 헬라적 철학화가 깊숙히 파고들었다고 말할 수 있다. 예를 들어서 오리겐이 자신을 가리켜서 철학자라고 부르면서 철학자의 복장을 착용했다는 점을 감안해 볼 때 알렉산드리아는 생활 전반에 걸쳐서 깊숙이 헬라적인 모습을 지녔다고 말할 수 있다. 그러므로 알렉산드리아의 헬라적 철학화는 생활 전반에 걸친 성경적인 것이었으며, 그것도 우의적인 것이었다.

알렉산드리아는 B.C. 320년 알렉산더를 기념하기 위해서 세워진 도시이지만, 또 다른 면에서는 마케도니아 출신인 알렉산더 대왕(Alexander the Great)이 아테네 사람들로부터 받았던 수모를 갚기 위해서 아테네의

---

4. Henry Bettenson, *Documents of the Christian Church*, New York and London:Oxford University Press, 1943, pp. 427–433.

모든 문화적 유산을 옮겨서 세운 도시이기도 하였다. 이러한 입장에서 알렉산더는 아테네의 개인주의적 폐쇄성을 벗어버리고 처음부터 범세계적인 문호개방을 허용하였으며, 이것이 혼합주의라는 이름으로 나타났다. 그러므로 알렉산드리아의 기독교도 자연히 혼합주의적인 색채를 가질 수밖에 없었으며, 기독교와 철학, 기독교와 이방종교 사이의 분리선을 긋기가 때때로 어려웠다. 이러한 좋은 예로서 하드리안(Hadrian) 황제가 보낸 한 편지를 통해서 알 수 있다.

> 친애하는 세르비아누스여, 당신이 그처럼 찬양하던 애굽은 불안정하고, 동요에 처한, 최근의 유행을 좇아 달려가는 도시로 변하였습니다. 거기서 세라피스를 숭배하는 자들은 기독교인이고, 스스로 기독교인 감독이라고 자처하는 자들은 실제로 세라피스의 숭배자들이요, 유대교 회당장, 기독교 장로 및 사마리아인 치고서 동시에 수학자, 점술가 및 운동선수, 안마사가 아닌 사람은 없습니다.[5]

우리는 이러한 예를 알렉산드리아에서 절정을 이루었던 기독교 영지주의에서, 그리고 교회의 정통 신학자로서, 초대교회의 최대의 교부로서 존경을 받았던 오리겐(Origen)에게서 찾아볼 수 있다.

오리겐은 신플라톤주의가 내포하고 있는 모든 요소를 그의 신학에 반영시켰다. 신플라톤 철학의 혼합주의적 성격, 계층구조적 성격, 신과의 초월적인 합일에서 구원을 찾는 신비성까지 모두 포함하였다. 따라서 오리겐의 신학은 철학을 그대로 받아들인 좋은 예라고 말할 수 있다.

오리겐의 철학적 수용은 그의 우주관에서 먼저 두드러지게 나타난다. 그는 물질적 창조 이전의 선재적 영적 세계의 창조를 말하면서 이 영적 세계에서의 영들의 타락으로 물질세계가 창조되었다고 하였다. 이러한 구도는 신플라톤주의의 유출설적인 창조론을 반영한 영지주의의 우주관과 흡사한 점을 가지고 있으므로, 자연히 영적인 원래의 세계로의 복귀를

---

5. Justo L. Gonzales, *Christian Thought Revisited : Three Types of Theology*, 이후정 역, 「기독교 사상사」, 서울 : 컨콜디아사, 1991, p. 35.

구원으로 간주하는 신화(deification)를 구원으로 보는 경향이 있다. 이러한 점에서 그 당시 철학에 젖어 있는 사람들로부터 거부감을 느끼지 않게 할 수 있었다. 또한 이러한 구도는 인간의 행위를 구원의 한 요소로 보는 경향을 가지고 있다.

이러한 구도는 인간의 전적인 타락이나 메시야의 대속적 죽으심에 의한 구원보다는 중기 플라톤 철학에서 볼 수 있는 중재자로서의 기능을 강조함으로써 로고스 기독론에 흐르고 있다.

b. 철학을 반대하는 입장

철학을 반대하는 입장은 일찍이 사도 바울에게서부터 찾아볼 수 있었다. 그는 특히 영지주의자들이 철학적인 틀에서 기독교의 구원론을 해석한 것인데 격분한 나머지 골로새 교인들에게 편지를 보내면서 "누가 철학과 헛된 속임수로 너희를 노략할까 주의하라. 이것이 사람의 유전과 세상의 초등학문을 좇음이요 그리스도를 좇음이 아니니라."(골 2:8)고 규정한 후, 세상의 초등학문에 불과한 철학은 이제는 붙잡지도 말고, 맛보지도 말고, 만지지도 말라(골 2:20-21)고 하였다. 그렇다면 왜 이렇게 철학을 반대하였는가? 바울에 의하면 철학은 사람을 부패케 하기 때문이었다(골 2:22).

기독교에서 철학의 사용을 반대한 대표적인 인물이 터툴리안이라고 말할 수 있다. 그는 로마의 법률적 용어를 동원해서 기독교의 신학적 용어를 정립한 다음에 기독교로부터 철학적인 요소를 배격할 것을 선언하였다. 왜냐하면 철학은 이단의 조상이기 때문이었다. 터툴리안은 특히 이단들이 철학자들의 이론을 받아들여서 기독교의 진리를 왜곡시키고 있다고 보면서, 이러한 이단들을 산출해 내는 철학은 플라톤, 에피쿠로스, 제노, 헬라클레이토스, 아리스토텔레스 등이라고 하였다.

> 철학은 이 세상의 지혜로써 영혼의 귀를 가렵게 하는 사람과 마귀의 '이론'이다. 참으로 이단은 철학의 충동을 받는다. 어디로부터 이와 같은 '우화와 끊임없는 탄생설화'와 '무익한 질문들'과 '암과 같이 퍼져나가는 말들'이

나오는가? 사도께서는 이것들이 철학으로부터 나온다고 지적하면서 우리들에게 경계할 것을 말하였다. 사도께서는 친히 아테네에 가셨으며, 그들과 대화를 나누셨으며 진리를 아는 것처럼 자처하는 인간적 지혜를 알게 되었다. 참으로 아테네와 예루살렘이 무슨 상관이 있는가? 아카데미와 교회 사이에 무슨 조화가 있는가? 이단과 기독교인 사이에 무슨 조화가 있는가? 우리들의 교훈은 솔로몬의 현관에서 나오는데 솔로몬 자신은 우리들이 마음의 단순함 안에서 주를 찾아야 한다고 가르쳤다. 스토아, 플라톤, 변증법을 뒤섞어서 혼합된 기독교를 만들려는 모든 시도로부터 떠나라! 우리는 그리스도 예수를 모신 다음부터는 호기심에 따른 아무런 논쟁을 원하지 않으며, 복음을 받아들인 다음부터는 아무런 질문도 원하지 않는다! 우리는 신앙이 있으므로 다른 어떠한 신념도 원하지 않는다. 왜냐하면 우리들의 신앙을 떠나서 그 이상 우리가 당연히 믿어야 할 것이 없다는 것이 너무나도 명백하기 때문이다.[6]

이상과 같은 터툴리안의 반-철학적 입장은 종교개혁자들에 의해서 다시금 반복되었으며, 루터는 신학에서 아리스토텔레스를 몰아내는 데 앞장섰다. 루터는 철학을 이성이라는 개념으로 해석하면서, 이성은 하나님께서 인간들에게 주신 결혼지참금이라고 하였다. 이성은 하나님이 주신 가장 좋은 선물이며 어떠한 면에서는 신적이기도 하다고 하였다. 그러나 타락 이후로 이성은 이 세상을 다스리고, 이해하고, 형성할 수 있는 합리적인 능력을 상실하였다. 이성은 하나님이 존재하신다는 것은 알 수 있지만, 그러나 말씀 안에서 계시하시는 참되신 하나님은 알지 못한다. 이성은 이 세상적인 것에 국한되어 있기 때문에 하나님의 말씀과 신앙으로부터 우리를 차단시킬 뿐이다. 그렇기 때문에 이성은 창녀이며, 매춘부로서 '훌다 부인'이라고 하였다. 이러한 의미에서 루터는 이성을 '마담 이성'이라고 부르기도 하였다.[7]

---

6. Tertullian, *On Prescription against Heretics*, ANF. Vol. Ⅲ. p. 246.

7. Paul Althaus, *The Theology of Luther*, Philadelphia : Fortress Press, 1963, pp. 69-70.

# 제4장

## 율법과 은혜의 관계

사도시대로부터 교회내에는 두 가지 형태로 인간의 행위를 강조하는 흐름이 있었다. 첫째는 유대교적 전통을 가진 사람들이 기독교로 개종하면서 유대교적 각종 율법을 지켜야 한다고 주장하는 사람들이다. 이러한 무리들을 흔히 유대적 복음주의자, 혹은 복음주의적 율법주의자라고 부른다. 두 번째는 기독교가 헬라적 배경을 가진 도시로 확장되면서부터 많은 헬라적 배경을 가진 개종자들을 받아들였다. 이들은 기독교인이 되었으면서도 인간의 노력을 구원을 얻기 위한 예비적 단계로 보았으므로 기독교적 윤리주의자라고 부를 수 있다. 이상 두 가지 경우에는 구원이라는 은총이 인간의 행위에 따른 보상에 불과하였다.

인간의 행위를 강조하는 사람들에게는 첫째로 심리적 보상작용이 강하게 작용한다. 사람이 구원이라는 은총을 값없이 받는다는 것이 너무나도 큰 심리적 부담을 주기 때문에 일단 무엇인가를 사람이 행함으로써 나중에 얻게 될 구원에서 인간의 책임을 어느 정도 면할 수 있을 것으로 생각하는 것이다. 둘째로 이러한 생각은 금욕주의적인 인간의 성화 혹은 신격화와 관련이 있는 것으로서 하나님의 은총을 약화시키는 경향이 있다. 셋째로 죄의 해결에 있어서 인간의 능력의 기여도를 강조함으로써 인간의 원래적인 기능을 주장하는 결과를 가져왔다.

이러한 생각은 초대교회에서 사도 바울과 유대적 복음주의자, 마르시온 이단과 몬타누스 이단, 그리고 변증신학자들에게까지 골고루 퍼져 있는 공통적인 문제점이었다. 더 나아가서 이것은 고대교회의 마지막 즈음에 어거스틴과 펠라기우스 사이에서 야기된 중대한 논쟁의 핵심이기도 하였다. 교회는 언제나 은총의 우위성을 놓치지 않고 선포함으로써 끝을 맺었지만, 실제적인 목회현장이나 사람들의 삶의 현장에서는 행위를 말하지 않을 수 없는 모순을 안고 있다.

그리고 이 문제는 카롤링 문예부흥 시대에 힝크마르와 고트샬크의 만남에서 재현되었으며, 종교개혁과 중세 후기 유명론 신학의 논쟁에서 재현되었으며, 아르미니우스주의와 칼빈주의가 만났던 도르트회의의 주된 주제이기도 하였다.

## 1. 바울과 율법주의자들

복음주의적 율법주의자들은 기독교인들이라고 할지라도 구약성경의 제반 율법과 전통을 지켜야 한다고 주장하였다. 예를 찾아본다면 구약적 전통에 따라서 유대인들은 이방인과 함께 식사하지 않았다. 바울과 게바가 안디옥에 있을 때에 게바는 현지 안디옥에서 개종한 기독교인들과 함께 식사를 나누고 있었다. 그런데 예루살렘에서 야고보로부터 보냄을 받은 사람들이 도착하자 게바는 식사자리를 슬그머니 떠나고 말았다(갈 2:11~13). 이상과 같은 율법주의적 태도는 성경에서 지적하는 대로 첫째는 사람을 외식하게 만들고(갈 2:13), 둘째는 급속한 전염성을 가지며(갈 2:13), 셋째는 율법을 모두 다 지켜야 한다는 구약의 율법의 굴레에 사람을 다시금 묶는 것이 된다(갈 2:14).

그러므로 게바의 태도는 복음과 더불어서 구약의 율법을 행함으로써 구원을 얻을 수 있다는 사상을 은연 중에 가르치는 것이었다. 여기에 대해서 바울은 "사람이 의롭게 되는 것은 율법의 행위에서 난 것이 아니요 오직 예수 그리스도를 믿음으로 말미암는 줄 아는고로 우리도 그리스도 예수를 믿나니 이는 우리가 율법의 행위에서 아니고 그리스도를 믿음으로서 의롭다 함을 얻으려 함이라. 율법의 행위로서는 의롭다 함을 얻을 육체가 없느니라."(갈 2 : 16)고 대답하였다.

기독교의 복음은 구약의 율법을 행함으로 의롭게 된 사람을 구원하시기 위한 것이 아니라, 율법을 행할 수 없어서 아직 죄인으로 있는 사람을 불러서 그리스도의 의를 힘입어서 의롭다고 인정해 주시는 데 있다. 그러므로 그리스도는 병없는 온전한 사람을 부르러 이 세상에 오신 것이 아니라, 병이 있는 환자를 불러서 치료하시기 위해서 오셨다(마 9 : 12-13).

예수님께서도 구약을 인정하셨다. 구약의 율법은 하나님께서 이스라엘 백성을 가나안의 무율법적인 사람과 구별하심으로써 이들로 하여금 하나님을 경외케 하고, 생명을 장구케 하고, 복을 누리며 살게 하기 위해서 제정해 주신 하나님의 사랑의 표현이었다(신 6 : 1-2). 그렇기 때문에 율법도 거룩하고, 계명도 거룩하며, 의로우며, 선한 것이었다(롬 7 : 12). 그러나 율법을 통한 의는 그 율법을 온전하게 지키는 데 있었다(신 6 : 25). 그렇다면 이 율법은 지킬 수 없는 것이었는가? 그렇지 않았다. 율법은 하나님을 사랑하는 마음만 있으면 누구든지 쉽게 지킬 수 있었다(신 30 : 11-14). 문제는 사람들이 하나님을 사랑하지 않고 율법의 조항을 지킴으로써 율법을 온전히 이루었다고 착각하는 데 있었다.

이것은 불가능하였다. 왜냐하면 율법의 온 조항을 다 지키다가 한 조항만 어겨도 전체를 어기는 것이 되기 때문이었다(약 2 : 10). 그래서 의인은 없나니, 하나도 없으며, 다 치우쳐 한가지로 무익하게 되고 하나님을 부르지 않았던 것이다(시 14 : 2-4, 롬 3 : 10-12). 그런데도 과연 구약의 율법은 필요한 것인가? 그렇다. 율법은 인간으로 하여금 죄인임을 깨닫게 해 준다(롬 7 : 7). 율법은 인간의 이중적 구조와 무능함을 깨닫게 함으로써 예수 그리스도의 구원을 요청하게 만들어 준다(롬 7 : 22-24).

예수님은 율법의 조항을 완성시킴으로써 율법을 온전하게 하신 것이 아니라, 하나님께서 율법을 주신 본래적인 목적, 즉 사랑을 만족시키셨다. 예수님은 친히 "사람이 친구를 위해서 목숨을 버리면 이에서 더 큰 사랑이 없나니"(요 15 : 13) 라고 말씀하신 것처럼 죄인들을 친구로 맞이해 주셔서 십자가에 죽으심으로써 율법을 완성하셨으며, 또한 율법의 일점 일획이라도 버리지 않으셨다. 이상의 내용이 율법과 은혜의 상관관계이다. 바울이 말하는 복음도 바로 이것이다.

## 2. 금욕주의적인 율법주의

기독교가 유대의 경계를 넘어서 지중해 연안으로 확장되어 가는 과정에서 사도 바울을 통해서 주로 헬라적 배경을 가진 도시로 진출하였으며, 많은 개종자들을 받아들였다. 그러나 이들이 하루아침에 헬라적 신화와 철학을 떨쳐 버리고서 복음으로 성장한 기독교인이 되지는 못하였다. 이들은 기독교를 헬라적으로 이해하였으며, 특히 기독교적인 윤리 실천에 있어서 금욕주의적인 율법을 강조하였다. 그리고 또 박해받는 상황에 있었던 기독교인들은 사회적 제반 요구에 부응함으로써 뿌리를 내려야 했다. 그러기 위해서는 기독교인들은 윤리적으로 칭찬을 받아야 했다.

이러한 모습은 맨 먼저 예루살렘의 재림공동체가 온 백성에게 칭찬을 받았다(행 2 : 47)고 기록하였던 모습에서 찾아볼 수 있다. 또한 변증신학자들이 금욕적인 절제와 수행을 통해서 인간 안에 있는 로고스의 씨앗이 성장해서 로고스를 만날 수 있다고 가르친 것도 이러한 예에 속한다. 이러한 유형의 본격적인 가르침은 스토아 철학에서 찾을 수 있다. 스토아 철학은 대우주의 운행원리로서 로고스라는 개념을 가지고 있다. 이 로고스는 첫 번째로 자연법칙 혹은 자연법(Natural Law)이다. 두 번째로 로고스는 도덕적 법칙이다. 그러므로 사람이 자연법칙에 따라서 도덕적으로 살면 인간의 실존적인 실재를 깨닫고서 인간을 극복할 수 있다. 이렇게 사는 것이 덕스러운 삶이며, 덕스러운 삶은 인간의 능력을 근본적으로 인정하는 데 있다. 그러므로 인간에 대한 긍정적인 이해는 인간으로 하여금 스스로 무지로부터 벗어날 수 있다는 자신감을 가지게 하였던 것이다.

그렇지만 자연법사상은 기독교에서 윤리라는 이름으로 스스로를 감싸고서 인간의 윤리적인 실천 혹은 수행을 통해서 죄를 극복하고 구원을 얻을 수 있을 것처럼 생각케 하였다. 이러한 좋은 예가 마르시온(Marcion)이며, 영지주의(Gnosticism)이며, 조금 각도가 다른 펠라기우스(Pelagius)였다. 윤리적인 자연법사상이 이단종파 사이에서 자신들의 이단성을 감추기 위한 수단으로 사용되어 왔다는 점을 간과해서는 안 될 것이다.

a. 마르시온주의

마르시온(Marcion)은 소아시아의 폰투스(Pontus) 지방의 시노페(Sinope)에서 많은 배를 소유한 부유한 사람이었다. 히폴리투스(Hyppolytus)에 의하면 그는 감독의 아들로 태어났으나, 부도덕성으로 인해서 출교를 당하였던 것으로 보인다. 그는 로마에 가서 정통교회에 속하였다가 나름대로의 새로운 성서해석과 체계로 인해서 144년에 공식적으로 출교당하였다. 히폴리투스는 그가 엠페도클레스(Empedocles)의 철학을 끌어들여서 그의 체계를 완성시켰다고 하였다.[1] 마르시온의 문제점은 그가 당시 교회의 참회제도를 거부하고서 로마로 도망하였다는 데 있지 않고, 은혜와 율법의 **상관관계를 상반관계로** 잘못 해석한 점과 구약은 전체적으로 율법이라고 규정함으로써 구약을 배제해 버리는 잘못을 범한 데 있다.

그는 이원론에 의한 선의 신과 악의 신의 구별로부터 출발하였다. 구약의 하나님은 악한 물질세계를 창조한 악한 신이며, 신약의 예수님은 인간을 율법과 물질로부터 해방시켜 주는 선한 신이다. 이러한 마르시온의 주장으로 인해서 히폴리투스와 터툴리안은 다같이 그가 영지주의의 그늘 아래 있다고 말하였다. 터툴리안에 의하면 마르시온은 예수가 티베리우스 황제 제위 15년에 하늘로부터 이 땅에 내려왔다고 한다.[2] 왜냐하면

---

1. Hippolytus, *The Refutation of all Heresies*, Alexander Roberts adn jam Donaldson, ed., *The Ante-Nicene Fathers*, Vol. Ⅴ, Book Ⅶ, Chaps. ⅩⅧ-ⅩⅨ, Grand Rapids:Eerdmans, pp. 110-113.

그리스도는 구세주로서 악한 물질을 입고 이 땅에 태어날 수 없기 때문이다. 이러한 면에서 마르시온은 율법과 복음을 구별하였으며, 또한 율법의 하나님과 복음의 하나님을 구별하였다. 복음이란 사도 바울의 복음이다.

여기에서 마르시온은 구약의 하나님과 신약의 그리스도를 구별해서 말한다.

1. 창조주는 아담과 그의 후손들에게 알려지신 분이지만, 그리스도의 아버지는 "아들과 또 아들의 소원대로 계시를 받는자 외에는 아버지가 누군지 아는 자가 없나이다."(눅 10 : 22)라고 말씀하신 것처럼 알 수 없는 분이시다.
2. 창조주는 아담이 어디에 있는지조차 알지 못하였으므로 "네가 어디에 있느냐?"고 큰소리를 지르고 다녔지만, 그리스도는 사람들의 생각까지 다 아신다(눅 5 : 22, 8, 9 : 47).
3. 여호수아는 가나안 땅을 폭력과 공포로써 점령하였지만 그리스도는 모든 폭력을 금하시고 자비와 평화를 선포하셨다.
4. 창조주 하나님은 이삭의 시력을 회복시키지 못하였지만, 우리 주님은 선하시기 때문에 많은 눈먼 자의 눈을 뜨게 하셨다(눅 7 : 21).
5. 율법에서는 "눈은 눈으로, 이는 이로"(출 21 : 24, 신 19 : 21)라고 말하였지만, 주님께서는 선하시기 때문에 복음서에서 "네 이 뺨을 치는 자에게 저 뺨도 돌려대며"(눅 6 : 29)라고 말씀하셨다.
6. 창조주는 엘리야의 요구에 따라서 불의 재앙을 보내셨지만(왕하 1 : 9-12) 그리스도는 제자들이 하늘로부터 불을 내려달라고 요구하는 것조차 못하게 하셨다(눅 9 : 51 이하).
7. 창조주는 "나무에 달린 자는 하나님께 저주를 받았음이니라."(신 21 : 23)고 하였지만 그리스도는 이와는 반대로 "십자가라는 나무에서 죽임을 당하셨다."

---

2. Tertullian, *Against Marcion*, ANF. Vol. Ⅲ, Book Ⅰ, Ch. ⅩⅨ, pp. 284-285.

제4장 율법과 은혜의 관계 55

8. 율법의 특성은 저주이지만 복음은 축복이다.
9. 율법에서 창조주는 "빈부가 섞여 살거니와 무릇 그들을 지으신 이는 여호와시니라."(잠 22 : 2)고 말씀하지만, 예수님은 가난한 자들을 불러서 축복하셨다(눅 6 : 20).
10. 창조주는 율법과 선지자들에게 복종하는 여부에 따라서 처벌과 축복의 장소를 지하에 마련해 두셨지만, 그리스도는 창조주가 전혀 말하지 않은 하늘에 있는 휴식의 장소와 하늘나라를 만드셨다.[3]

마르시온이 이렇게 구별한 것은 터툴리안이 지적한 대로 고향에서 범한 부도덕한 범죄와 연결이 있다고 볼 수 있다. 고대교회는 용서받을 수 없는 죄, 즉 죽음으로써 속죄하는 죄를 7가지로 규정하였는데, 터툴리안에 의하면 우상숭배, 신성모독, 살인, 간음, 간통, 거짓증언, 그리고 사기였다.[4] 따라서 마르시온은 자신이 범한 간음죄를 죽음으로써 속죄하기보다는 소위 말하는 자신이 발견한 바울의 복음에 의해서 쉽게 속죄를 얻으려 하였으며, 이러한 의미에서 고대교회의 참회제도를 율법이라는 테두리 안에 몰아넣어서 자신의 정당성을 입증하려 하였다고 말할 수 있다.

이러한 마르시온의 주장은 곧바로 로마에서 수많은 추종자들을 불러모았으며, 그것도 대부분 지성인들이었다. 그 당시 로마인들의 도덕적 수준을 감안할 때에 마르시온이 이해하였던 복음은 죄로부터 해방시켜 주기보다는 도덕적 죄책감을 경감시켜 주는 것이었다고 말할 수 있다. 아무튼 그의 조직은 교회로 발전하였으며, 목회서신을 제외한 바울서신 10개와 누가복음을 개정해서 하나의 정경을 만들었는데, 이것이 마르시온 정경(Marcionite canon)이다.

마르시온의 교회는 율법을 배격하고 복음을 강조하였기 때문에 운영면에서 자유로워야 함에도 불구하고, 근본적으로 이원론에 바탕을 두고 있기 때문에 금욕적이며 율법적인 수행과 고행을 실천요강으로 내세울 수

---

3. 위의 책.
4. Tertullian, 위의 책, Book Ⅳ, Ch. Ⅸ, p. 356.

밖에 없었다. 또한 이러한 강조점이 그 당시 부도덕하였던 로마사회에서 살아 남을 수 있는 유일한 탈출구이기도 하였을 것으로 보인다. 이러한 면에서 마르시온주의는 한 세기 뒤에 나타났던 마니교와 매우 흡사한 유사점을 가지고 있었으며, 교회로부터 축출당한 마르시온의 공동체는 대다수 마니교운동에 흡수되었던 것으로 보인다. 또한 이들은 4복음서 가운데에서 누가복음만 인정하고 다른 3개의 복음서를 배격하며 쉽사리 정통교회와 구별되었기 때문에 배척받았던 것으로 보인다.

### b. 영지주의

영지주의(gnosticism)란 고대교회의 이단들의 다양한 사상을 총체적으로 집결시킨 그릇된 가르침이라고 말할 수 있다. 지금까지 영지주의에 대한 연구방법은 반(anti)-영지주의 신학자들의 글들을 통해서 이루어져 왔다.[5] 본서에서도 전통적인 연구방법에 의해서 영지주의를 소개하려고 한다.

---

5) 영지주의의 연구는 지금까지 이레니우스, 히폴리투스, 그리고 터툴리안의 저서들을 통해서 이루어져 왔으나, 1934년을 기점으로 해서 새로운 돌파구를 열었다. 그것은 Hans Jonas가 쓴 *The Gnostic Religion*이라는 책이었다. 이 책에서 한스 요나스는 영지주의는 그 당시 사람들의 실존적인 삶의 자리에서 나온 돌파구였다고 보았다. 영지주의는 염세적인 세계관으로부터 현실적인 실존을 초월하기 위한 시도였다고 보았다. 동시에 같은 해에 독일의 Walter Bauer가 쓴 *Orthodoxy and Heresy in Earliest Christianity*책이다. 이 책에서 그는 영지주의는 이단이라기보다는 기독교 세력권에서 동떨어진 사람들이 기독교의 원래적인 형태를 유지시킨 것이라고 주장하였다. 그는 자신의 주장을 증명하기 위해서 에뎃사에 내려온 전통적인 형태의 기독교를 조사하였던 것이다. 그런데 세력권에 있는 사람들이 이들을 이단으로 몰아세웠을 뿐이라고 주장하였다. 이렇게 진행되어 오다가 1945년에 *Nag Hammadi*문서가 발견되었다. 이 문서 가운데에서 제일 먼저 번역되어서 1959년에 소개된 것이 도마 복음서(The Gospel of Thomas)이다. 그후로 전세계적으로 학자들이 모여서 고대 콥틱어를 연구함으로써 이제는 완역되었다. 이 *Nag Hammadi*문서에는 47개의 문서

ㄱ. 개괄적 설명

영지주의는 무엇보다도 혼합주의(syncretism)의 산물이다. 알렉산더 대왕은 B.C.334년 제3차 이시스 해전에서 페르시아를 물리치고 동·서양을 통일하고서 첫째로, 각 지역에 총독을 임명하고 주둔군을 배치하였다. 이들은 점령지의 문화, 생활양식, 동·식물에 이르기까지 자세하게 보고함으로써 사람들은 다른 문화에 대한 객관적인 지식을 가질 수 있었다. 둘째로, 알렉산더는 주둔군을 일정 주기에 따라서 이동시킴으로써 군대의 이동과 군대 상호간의 연락업무를 위해서 고속도로망을 더욱 보강하였다. 이렇게 해서 신설된 도로는 한 지역의 토착성을 무너뜨렸다. 셋째로, 알렉산더는 헬라어 보급운동을 가속화시킴으로써 점령지역이 하나의 언어로 통일되면서부터 한 지역의 문화가 다른 지역으로 신속하게 전달되기 시작하였다. 넷째로, 동양은 종교적이며 신비적인 문화를 비-언어적인 구전전승에 의해서 비밀전승으로 이어가고 있었다. 그런데 이러한 요소들이 헬라철학의 논리성과 헬라어라는 언어로 재구성되기 시작함으로써 토속성과 비밀성을 상실하고서 전달가능한 형태로 바뀌었다. 이렇게 함으로써 문화적인 혼합주의는 이루어졌다. 그러므로 알렉산더의 통치 이후로는 한 지역의 고유한 문화가 다른 문화와 뒤섞여서 여러 지역으로 떠돌아다님으로써 새로운 가치관이 창출되기도 하였다. 우리는 이러한 문화를 알렉산더 이전의 고전적인 헬레니즘(classical hellenism)에 반해서 헬라화된 문화(hellenistic culture)라고 부른다.

혼합화된 헬라화 문화는 골격으로서 **희랍의 철학**을 사용하였으며, 그 당시 사람들의 구원론적인 요소를 만족시키기 위해서는 **기독교의 구원론**을 사용하였으며, 여기에다가 **페르시아의 이원론**을 가입함으로써 물질을

---

가 수록되어 있으며 정경과 다른 외경에 속하는 문서들이다. 이 문서와 관계해서 영지주의를 연구하는 학자들은 3가지의 견해를 가진다. **첫째**는 영지주의와 헬라철학과의 연관성을 보는 견해이다. **둘째**는 영지주의 문서들을 문서비평-양식비평의 입장에서 보는 견해이다. **셋째**는 영지주의를 그 당시의 종교적 환경에서 하나의 종교로 보는 견해이다. 그렇게 함으로써 영지주의적 입장에서 기독교의 근원을 파고 들어가려고 한다.

경멸하고 영적인 도약을 위한 윤리적인 훈련을 정당화시켰으며, **바벨론의 점성술과 천문학적인 신비성**을 곁들여서 사람들에게 초월성을 갖게 하였으며, **페르시아와 이집트의 마술**을 사용해서 현혹케 하는 요소를 갖추었다.

영지주의는 구원에 관한 신비한 지식을 갖는 종교이다. 영지주의는 당시 사람들의 구원론적인 욕구를 충족시키기 위해서 기독교의 구원론을 도입하였지만, 이것을 그대로 수용하게 되면 당시의 철학적 배경을 가진 지성인들에게 호소력을 상실할 수밖에 없었다. 그래서 예수 그리스도의 대속적 죽으심을 통한 값싼(?) 구원보다는 금욕주의적인 노력으로 힘들여서 얻은 지식으로써 구원을 얻으려 하였다. 그런데 이 지식이란 인간이 어디에서 왔으며, 어떠한 상태에 있으며, 어디로 가야 하는가에 관한 지식이었다. 그리고 이 지식은 누구나 갖는 것이 아니라 신의 특별한 섭리에 의해서 택함받은 사람만 아는 것이라고 함으로써 신비성과 비밀전승을 가능케 하였다.

영지주의는 신비주의다. 영지주의는 구원을 인간 외적인 어떠한 힘에 인간이 전적으로 의존한다고 말하지 않았다. 인간이라는 육체의 감옥 안에 영혼이 감금되어 있으므로, 이 영혼이 육체의 감옥을 벗어나서 영혼 본래의 세계로 복귀하는 것을 구원이라고 보았다. 따라서 영혼이 물질세계로부터 영적인 세계로 상승하며, 신과 신비적인 합일을 함으로써 행복을 누린다고 말하는 점에 있어서 인간의 신격화(deification)라는 신비주의의 기본적인 구조를 가지고 있다.

영지주의는 이원론이다. 영지주의는 극단적인 이원론을 받아들여서 물질세계는 악하고, 영적이며 신비적인 것만을 선한 것으로 간주하였다. 따라서 물질세계를 창조한 기독교의 하나님을 부인하였으며, 물질로 이루어진 인간도 악하다고 보았다. 그러나 이원론은 언제나 두 가지 방향으로 나타나기 마련이다. 하나는 물질을 멀리하기 위해서 철저하게 혼인을 금하고, 음식을 금하는 등등의 금욕주의적인 태도를 보인 반면에 또 다른 하나는 물질적인 것은 영혼의 구원과 무관하기 때문에 육체로 범하는 성적인 문란까지도 정당화시키는 자유방임주의를 인정하였다. 이 두 가지는 다같이 교회내에서 많은 문제점을 일으켰으며, 특히 자유방임주의는 교회의 윤리성을 무너뜨리는 장본인이었다.

영지주의의 성경해석은 우의적이다. 영지주의는 성경에 대해서 극단적인 우의적 해석을 지향했으며, 특히 성경의 숫자에 대해서는 용납할 수 없는 우의를 인정하였다. 에온의 숫자를 30으로 규정하는 데 있어서 마태복음 20 : 1~16 사이에 나오는 포도원과 일꾼 비유를 사용하였다. 일꾼들이 포도원에 들어간 시간이 제1시, 제3시, 제6시, 제9시, 제11시이므로 이를 합하면 30이고, 따라서 에온의 숫자도 30이라는 것이다. 그리고 예수님의 공생애 이전의 생활이 30년이었기 때문에 30에온이라고 한다. 그리고 에온의 숫자가 12로 증진된 것은 예수님께서 12세 때에 예루살렘 성전에서 선생들과 말씀을 논쟁하였기 때문이며, 이 때문에 제자들도 12명만 선택하였다는 것이다. 또한 예수님께서 부활 이후에 18개월 동안 제자들에게 보이셨다고 주장하면서, 그 이유는 예수님의 헬라어 이름이 *Iesus*이므로 첫글자 *iota*와 둘째 글자 *eta*가 헬라어에서 숫자적으로는 각각 10과 8을 말하기 때문에 18개월이라고 하였다.[6]

i. 창조론

영지주의는 창조론으로부터 시작한다. 이들의 창조는 이중적이며 언제나 음·양의 복합적인 창조를 말한다. 이들에 의하면 완전하고, 말로 표현할 수 없는 에온(Aeon : 이 단어는 헬라어 영원히 〈*aei*〉, 존재한다 〈*won*〉, 뜻을 가진다.)의 존재를 인정한다. 이 에온을 부토스(*Bythos* : 깊음)라고 부른다. 부토스는 불가시적이며, 이해할 수 없는 존재이며, 비출생적이며, 영원한 존재로서 만물의 시작(*proarche*)이다. 이 에온은 시간의 굴레로부터 벗어나 있으며 언제나 근엄하게 말이 없는 조용한 상태로 지낸다.[7]

그러나 에온은 언제나 음·양으로 존재하기 때문에 부토스도 짝으로서 여성 에온인 시게(*Sige* : 잠잠함)를 가진다. 이 두 에온이 결합함으로써 누스(*Nous* : 정신)와 알레데이아(*Aletheia* : 진리)가 나왔다. 이것을 4조

---

6. Irenaeus, *Against Heresies*, ANF. Vol. Ⅰ, Book Ⅰ, Ch. Ⅲ, pp. 319-320.
7. Irenaeus, 위의 책, ANF. Vol. Ⅰ, Ch. Ⅰ, pp. 316-317.

(*Tetrad* : 4개의 완성이며 또한 다른 에온들을 출산한다.)라고 부른다. 이 네 개의 에온으로부터 또 다시 네 개의 에온이 산출되었는데, 로고스(Logos)와 조에(Zoe), 안트로포스(Anthropos)와 에클레시아(Ecclesia)가 나왔다. 이렇게 해서 8개의 에온이 완성되었기 때문에 8조(*Ogdoad*)라고 부른다.[8]

그리고 나서 또 다시 10개의 에온을 산출하였다. 비티우스(Bythius)와 믹시스(Mixis), 아게라토스(Ageratos)와 헤노시스(Henosis), 아우토페에스(Autophyes)와 헤도네(Hedone), 아키네토스(Acinetos)와 신크라시스(Syncrasis), 모노게네스(Monogenes)와 마카리아(Macaria)이다. 이상의 열 개의 에온은 로고스와 조에로부터 나왔다.[9]

그리고 나서 안트로포스와 에클레시아가 결합해서 12개의 에온을 또 다시 산출하였다. 파라클레투스(Paracletus)와 피스티스(Pistis), 파트리코스(Patricos)와 엘피스(Elpis), 메트리코스(Metricos)와 아가페(Agape), 아이노스(Ainos)와 시네시스(Synesis), 에클레시아스티쿠스(Ecclesiasticus)와 마카리오테스(Macariotes), 셀레토스(Theletos)와 소피아(Sophia)이다. 이상과 같은 에온들의 출산은 결합에 의한 유출을 원칙으로 삼고 있다.[10]

이렇게 해서 15쌍 30에온이 완성되었으며, 이러한 완성을 플레로마(*Pleroma* : 충만)라고 부른다. 이렇게 짝을 이룬 에온들은 상대편 에온과 더불어서만 결합을 즐길 수 있을 뿐 다른 에온과 더불어서 즐길 수는 없다. 이처럼 에온들 상호간의 질서를 유지시켜 주는 힘을 호로스(*Horos* : 한계)라고 부른다.

그런데 플레로마 가운데에서 맨 마지막 여성 에온인 소피아가 시작이 없는 부토스의 위대함, 넓음과 깊음을 알고 싶은 욕망으로 가득 차게 되었다. 소피아는 상대편 짝인 셀레토스의 품으로는 만족하지 못하고서 부토스의 품을 그리워하는 욕망에 사로잡혔다. 그래서 부토스에게 뛰어들

---

8. 위의 책.
9. 위의 책.
10. 위의 책.

었으나 그 깊이를 헤아릴 수 없었다. 이것을 유산(Abortion)이라고 부른다. 소피아로부터 욕정을 분리시켜서 새로운 개체적 존재 혹은 저급한 소피아를 만들어 내는데, 이것을 아카모트(Achamoth)라고 부른다. 아카모트는 유산에 따르는 고뇌, 두려움, 당황함, 충격, 회개의 감정을 가지게 되었다. 고뇌는 부토스를 붙잡을 수 없기 때문에 두려움은 부토스가 영원히 떠나버릴까 하는 염려에서 이상의 감정에다 당황함이 첨가되었는데, 이상의 감정들은 무지라는 감정으로 종합되었다. 그러나 다른 한편으로는 생명의 수여자에게로 되돌아가려는 회개의 마음이 남아 있었다.

이 과정에서 조금 애매한 점이 있지만 이들의 설명에 따르면 고뇌, 두려움 등등의 감정은 안개와 같이 농도가 짙어졌으며, 공허해지면서 물질을 만들어 냈다고 설명하였다. 악한 물질은 소피아의 욕정(passion)으로부터, 혹은 소피아의 회개(turning back)로부터, 그리고 소피아가 정화된 다음에 구세주의 빛을 보게 된 데서(receiving the light of the Savior) 영이 나왔다고 하였다.

물질적 세계의 창조에 대해서는 이렇게 말하였다. 혼적인 본질로부터 아카모트는 혼적이며 물질적인 만물의 아버지와 왕을 조성하였다. 오른쪽 사물, 즉 혼적인 사물에 대해서는 '아버지'(father)라고 불렀으며, 왼쪽 사물, 즉 물질적인 사물에 대해서는 '조성자 혹은 데미우르지'(artificer or Demiurge)라고 불렀다. 그러므로 물질세계는 바로 이 데미우르지로부터 나온 것이다.

결론적으로 창조는 영적 세계의 선재적 창조와 선재적 상태의 타락의 결과로서 물질세계가 창조되었다고 보았다. 그러므로 구원이란 이러한 물질세계에 속한 인간 안에 갇혀 있는 영을 영적 세계로 복귀시키는 것이다.

ii. 구원론

인간은 물질에 쌓여 있는 영혼의 감옥이다. 그리고 인간은 자신이 어디로부터 왔으며, 현재적으로 어디에 있으며, 앞으로 어디로 갈 것인가를 알지 못하는 무지의 상태에 있다. 인간은 또한 혼적이며, 영적인 요소를 알지 못하고서 다만 물질적인 요소에 휩싸여서 살아갈 뿐이다. 그러므로 구원이란 아버지를 알지 못하는 데서 오는 무지의 상태에 있는 인간들에게 아버지에 대해서 가르쳐 줌으로써 무지가 점점 없어지게 된다. 이것을 복음이라고 부르며 예수가 완전한 자에게 보여 준 것이다. 그러므로 구원이란 순전히 인간의 내적인 본래적 상태를 아는 것이며 아버지에 대한 지식을 가짐으로써 인간의 무지 혹은 망각이 없어지는 것이다.

여기에서 지식(gnosis)이란 용어가 등장한다. 우리가 영지주의라고 부르는 것도 바로 이 용어에서 나온 것이다. 그런데 이 지식이란 인간의 현재적 무지의 상태에 대한 지식만을 단순하게 말하는 것이 아니다. 여기에서 영지주의는 바벨론의 점성술적인 천문학을 도입하였다. 즉, 하늘은 7층천으로 만들어져 있는데, 각 하늘에는 그곳을 지키는 천사가 있으며, 인간의 육체를 벗어난 영이 각 하늘을 지날 때마다 통과암호를 아는 것도 신비한 지식이라고 한다.

이렇게 7층천을 통과해서 에온의 세계에 있던 본래적인 짝과 결합하게 되는 것을 신비적 연합이라고 부르며, 여기에서 또다시 천문학적인 개념을 빌어온다. 즉, 해와 달과 별이 일직선 상태에 놓이는 것을 *sigyzy* 라고 부르며, 신비적 연합을 이러한 상태와 같다고 하였다. 이것을 결혼식 합일(congugal oneness)이라고 부른다. 모든 신비주의의 최종적인 목적은 바로 이와 같은 결혼식 합일을 이루는 것으로서 인간이 신의 경지에까지 상승해서 신과 하나가 되는 데 있다.

iii. 그리스도

그러나 인간에게 이러한 신비스러운 지식을 전달해 줄 에온 그리스도와 성령은 영적인 존재이기 때문에 이원론적 구조에 의해서 물질로 이루어진 동정녀 마리아에게서 태어날 수 없다. 여기에 대해서는 영지주의자들 상호간에도 상당히 많은 의견의 차이가 있으나, 가장 대표적인 견해로는 인간 예수가 요단강에서 세례 요한에게 세례를 받을 때에 그리스도가 성령을 대동하고서 인간에게 임했다는 주장이다. 따라서 이러한 주장은 성육신을 정면으로 부정한다. 일단 성육신이 부정되면 예수의 일생 동안의 삶도 또한 부정된다. 예수는 인간을 입고서 태어날 수 없다.

예수는 물질로 이루어진 인간이 아니기 때문에 동시에 십자가의 고난도 받을 수 없다.[11] 그러므로 죽음도 없고 부활도 없다. 그렇다면 33년 동안 우리에게 보여 준 역사적 예수는 누구란 말인가? 영지주의자들은 이 것은 예수가 아니라 예수를 입은 에온이었다고 말한다. 이것을 가현설 (docetism)이라고 부른다. 그러므로 가현설은 예수의 역사적 실존을 부정 하며, 동시에 수난과 부활마저 부인하는 결과를 빚는다. 여기에 반해서 교회는 항상 역사적 예수의 탄생과 고난과 죽으심과 부활을 고백하였던 것이다.

iv. 윤 리

영지주의자들의 윤리에도 이원론이 작용한다. 구원을 철저하게 영적인 면에 두기 때문에 물질적인 것을 멀리해야 한다는 금욕주의(asceticism) 가 있는가 하면, 물질로부터 자유롭다고 보는 자유방임주의(libertinism) 가 있다. 금욕주의는 결혼과 음식을 금하면서 세상으로부터 동떨어진 생 활을 영위하려고 하는 반면에, 자유방임주의는 가장 세속적인 면을 지향 하는 사람들이다. 이들은 교회내에서 성적인 유희를 구원받은 자들의 징 표로 보았던 것이다.

또한 이들은 구원받은 영적인 자들과, 구원의 가능성을 가진 혼적인 자들과, 구원의 가능성이 없는 육적인 자들을 구별하면서 기성 체제적 교 회는 모두 다 육적인 자들의 모임이라고 규정하였다. 그러므로 교회의 예 배가 끝난 다음에 영적인 자들이 별도의 집회를 가졌던 것이다. 이들의 예배는 인도자에 의해서 말씀읽기와 설교가 있는 것이 아니라, 영의 인도 함을 받은 자가 무작위적으로 말하였다. 그리고 나서 각종 은사의 시전이 이루어지다가, 심지어는 성적인 혼음주의로까지 발전하는 경향이 있었 다. 교회는 이들이 반-교회적으로 나가는 것과 성적 문란으로 흐르는 것 을 가장 큰 이단성으로 보았던 것이다. 이러한 두 가지 유형 가운데에서 사람들의 관심거리가 되었던 것은 자유방임주의였다. 이들이 숫자적으로 많아서라기보다는 이들이 일으킨 문제의 심각성이 금욕주의를 부르짖는

---

11. 여기에 대해서는 여러 가지 의견이 있다. 인간 예수는 십자가에서 죽었으나, 에 온 그리스도는 예수의 몸을 떠나서 하늘에서 웃고 있었다고 말한다. 또 다른 의 견은 구레네 시몬이 십자가에서 죽었다고 말하기도 한다.

사람들의 문제점보다도 교회 안과 밖에서 더 크게 작용하였기 때문일 것
으로 본다.

ㄴ. 지역별로 구별해 본 영지주의운동

영지주의운동은 수많은 사람들에 의해서 갖가지 모습으로 전개되었기 때문에 다양성을 가지고 있다. 그러나 이들의 운동을 지역적으로 구별함으로써 전체적인 윤곽을 그리려고 한다.

i. 팔레스타인 계열의 영지주의

사도행전 8장에 나오는 시몬(Simon magnus)이 영지주의의 최초의 인물이었다. 이러한 의미에서 시몬에게는 대(*magnus*)라는 칭호를 붙여 준다. 그는 사마리아 출생으로서 스스로 신성의 유출로 충만한 사람이라고 하였다. 자신이 익힌 마술과 기독교의 복음을 혼합시켜서 많은 추종자를 불러모았던 인물이다. 그는 여성 동반자 헬레나(Helena)와 함께 사도 베드로를 추종하였으나, 로마에서 자신은 불 속에 들어가도 죽지 않는다고 큰소리 치면서 불 속에 들어갔다가 죽었다고 전해온다.[12]

시몬의 제자로서 메난더(Menander)도 마술로써 많은 사람을 현혹하였으며, 자신은 구세주로서 하늘로부터 보내심을 받은 진리의 사자라고 하였다.

그러나 이 계열의 영지주의자로서 교회를 가장 어지럽게 하였던 인물은 케린더스(Cerinthus)이다. 그는 사도 요한의 대적을 받은 사람으로서 사도 요한이 에베소의 한 목욕탕에서 그를 만나자 "진리의 원수가 여기 있으니 목욕탕이 더러워지기 전에 따나자."라고 하면서 떠났다는 이야기가 전해올 정도이다.[13]

케린더스는 애굽계 유대인으로서 필로에게서 배웠으며, 바울을 반대해서 할례를 주장했으며, 천사의 계시를 받았다고 주장하였다. 그는 요셉과

---

12. Phillip Schaff, *History of the Christian Church*, Vol. Ⅱ, Ante-Nicene Christianity, Grand Rapids:Eerdmans Publishing Company, 1910, pp. 461-463.
13. Phillip Schaff, 위의 책, p. 465.

마리아의 아들 예수와 하늘의 그리스도를 구별해서 그리스도가 세례시에 임재해서 참된 지식과 기적을 베풀 수 있는 능력을 부여했다고 하였다. 그러므로 예수는 십자가에서 죽었으나 그리스도는 하늘로 올라갔다고 하였다. 종말론에 관해서는 예루살렘이 천년왕국의 중심지라고 주장하였다. 이러한 가르침에 반대해서 쓰여진 성경책이 바로 사도 요한이 쓴 요한 일서, 이서, 삼서일 것으로 본다

ii. 알렉산드리아 계열의 영지주의자

알렉산드리아는 혼합주의의 온상이었다. 알렉산더 대왕 이래로 지중해 연안의 모든 문화와 종교가 몰려든 곳으로써 다양하게 뒤섞이기에 좋은 조건을 모두 구비하였다. 이 지역에서 활동하였던 최초의 영지주의자는 사투르니누스 혹은 사토닐루스(Saturninus or Satornilus)이다.[14] 그는 메난더의 제자로서 극단적인 이원론에 빠져 있으며, 엄격한 금욕주의를 부르짖었다. 절대 불가지의 신과 이보다 저급한 7개의 우주정신이 있다고 보았는데, 그 가운데에 구약성경의 하나님을 포함시켰다.

그러나 구약성경의 하나님은 이 세상의 사단을 지배하지 못함으로써 선한 하나님께서 정신(nous)에온을 이 지상의 구원으로서 내려보냈다. 그는 영적인 사람들에게 지식(gnosis)과 결혼금지, 음식금지의 내용을 가르쳐 줌으로써 구약성경의 하나님의 속박으로부터 사람들을 벗어나서 빛의 세계로 회복시켜 주었다고 가르쳤다.

반면에 카르포크라테스(Carpocrates)는 자유방임주의를 극단적으로 주장하였다. 그는 신플라톤주의 흐름과 기독교의 구원론을 접합시켜서 상당한 호응을 얻었다.[15] 물질세계는 저급한 천사가 창조하였으며, 예수는 요셉과 마리아의 아들이었으나 다만 그는 굳세었기 때문에 하나님과 함께 천상계의 일들을 다 기억하고 있었다. 그렇기 때문에 아버지로부터 능력이 임하였고, 그 능력을 힘입어 세계 창조자로부터 도망나올 수 있었

---

14. Philip Schaff, 위의 책, pp. 491-492.
15. Justo L. Gonzales, *A History of Christian Thought*, Vol. Ⅰ, Nashville : Abingdon Press, 1970. p. 136.

다. 그는 마술, 둔갑술, 영통, 꿈꾸게 하는 사단술, 최음술 등 갖가지 음탕한 일을 서슴치 않았다. 더불어서 그는 그리스도의 화상을 처음으로 그렸다고 전해진다.[16]

그러나 알렉산드리아에서 가장 조직적으로 활동하였던 영지주의자는 바실리데스(Basilides)이다.[17] 그는 사도 맛디아(Matthias)의 제자로 자처하면서 베드로의 통역자였다고 주장한다. 그는 바벨론적인 천문학과 점성술학, 피타고라스적인 수적 상징론, 그리고 아리스토텔레스적인 이론을 기초로 해서 최초로 가장 잘 발달된 이론을 제시하였다.

그의 신론은 아리스토텔레스의 형이상학적인 부동의 동자적인 개념을 도입해서 이 신은 절대적인 추상의 개념이며, 무엇이라고 말할 수조차 없는 무한한 존재로서 자신은 움직이지 않으면서 만물이 자신을 향해서 움직이게 하는 존재이다. 이 세상의 씨앗은 자신과 동일한 본질의 3아들이 있었는데 영적인 아들, 혼적인 아들, 육적인 아들이다. 이 가운데에서 영적인 아들은 세상의 씨앗으로부터 빠져나와서 플레로마(*pleroma* : 완성)가 되었으며, 둘째 아들은 궁창만을 겨우 획득하였으며, 셋째 아들은 세계의 씨앗에 갇혀 있으므로 구속과 정결이 필요하다.

우주는 365세계가 있으며, 이것을 벗어나야 한다. 구약성경의 하나님은 이것을 이루지 못하였으므로 아버지는 독생자를 보냈다. 이 아들도 영적인 부분, 혼적인 부분, 육적인 부분으로 이루어졌는데, 아들의 영은 완전히 정결되어서 신의 비존재 혹은 초존재의 축복된 상태에 들어가서 신과 합일의 기쁨을 누린다. 그리고 십자가에서 죽은 것은 아들이 아니라 구레네 시몬이었다.

바실리데스는 그런대로 체계적으로 설명하려고 하였으나, 너무나도 추상적인 부분이 많아서 일반의 호응을 크게 얻지는 못하였다.

iii. 로마 계열의 영지주의자

---

16. Phillip Schaff, 위의 책, pp. 492–493.
17. Phillip Schaff, 위의 책, pp. 492–472. Irenaeus, 위의 책, pp. 348–351.

이집트 계열의 유대인으로서 알렉산드리아에서 교육을 받았으며, 나중에 로마에서 활동하였던 영지주의자 가운데에서 가장 조직력이 있으며, 이론적으로 가장 잘 무장된 사람은 발렌티누스(Valentinus)였다.[18] 그는 지금까지의 영지주의의 각종 이론을 종합적으로 정리한 대표자라고 말할 수 있다. 그는 자신의 상상력, 희랍철학적인 체계, 그리고 요한복음의 서문, 에베소서와 골로새서 등을 이용해서 자신의 정당성을 주장하였다. 발렌티누스의 이론은 영지주의를 개괄하는 과정에서 소개하였기 때문에 생략하기로 한다.

iv. 발렌티누스 계열의 영지주의자

발렌티누스의 직제자로서 이탈리아에서 크게 유행하였던 인물이 헤라클레온(Heracleon)이다.[19] 그는 요한복음을 최초로 주석한 사람으로서 특히 요한복음의 서문을 좋아하였다. 그는 성경에 대한 우의적 해석을 특히 좋아하였으며, 요한복음 4장의 사마리아 수가성 우물가의 여인은 소피아의 구속, 야곱의 우물은 유대주의, 여인의 남편은 플레로마인 영적 신랑, 그녀의 전남편들은 사단의 왕국 등으로 해석하였다. 가버나움의 왕의 신하는 데미우르지로서 근시안적인 무지한 자라고 하였다.

그리고 2세기 후반에 소아시아의 고울(Gaul) 지역에서 교회를 크게 괴롭혔던 마르쿠스(Marcus)가 있다. 이들은 영지주의 교회론에서 보았듯이 기성 조직교회의 예배를 육적인 자들의 타락한 것으로 간주하면서 자기네들끼리 별도의 예배를 드렸다. 먼저는 성령의 인도하심에 따라서 아무라도 예배를 인도하다가, 시간이 지남에 따라서 주사위를 던져서 예배를 인도하였다. 이들은 자유로운 은사를 강조하였다가 음란한 혼음집단으로 흘렀다.[20]

---

18. Phillip Schaff, 위의 책, pp. 472-478. Irenaeus, 위의 책, pp. 332-334.
19. 헤라클레온의 요한복음 주석에 관해서는 프린스톤대학교 종교학과 교수인 Elaine H. Pagels, *The Johannine Gospel in Gnostic Exegesis: Heracleon's Commentary on John*, Nashville : Abingdon Press, 1973이 있다. 특히 p. 335의 제5항을 읽어 보기 바란다.

v. 여타의 영지주의자

뱀을 숭배하는 자들이 있었다. 이들을 히브리어로는 나세네스(*Nassenes*)라고 부르며, 일반적으로 오르파이테스(*Orphites*)라고 부른다. 이들은 뱀을 지혜(*gnosis*)로 보았다. 그 근거로는 타락의 역사, 모세의 지팡이, 모세의 구리뱀 등을 들어서 뱀을 부적으로 사용하였다. 뱀은 인류를 유혹한 것이 아니라 선과 악의 차이를 가르쳐 준 최초의 선생이라고 보았다. 뱀은 또한 로고스로서 천상세계를 아래 세계로 가져오고, 아래 세계를 천상세계로 복귀하도록 인도해 준다고 보았다.[21]

이외에도 아담의 셋째 아들인 셋을 숭배하는 셋주의자(Sethites), 가인을 숭배하는 가인주의자(Cainites) 등이 있었으며, 영지주의자 타티안(Tatian)이 있었다.

영지주의자들은 성경에 대한 지나친 우의적 해석, 예수 그리스도의 성육신과 대속적인 죽으심의 부정, 신비한 마술 등 비기독교적인 신지학(Theosophy)과 연결되어 있는 영지의 획득에 의한 구원, 구원을 영혼에만 국한시킨 이원론적 사고, 교회의 조직과 체제를 부정하는 무교회적인 운동, 그러면서도 교회내의 열성신자들을 포섭하는 신비성, 그리고 비밀 전승에 의한 비밀스러운 전파 등으로 교회를 문란시켰으며, 신앙을 무효케 하였다.

이러한 영지주의적인 가르침은 대부분 금욕주의적인 가르침을 옹호하였지만, 일부 자유방임주의자들의 음란으로 인해서 교회에 미치는 폐해가 너무나도 컸기 때문에 사회적인 문제까지 야기시켰던 것으로 보인다. 이러한 사이비 신비성은 지금도 은사를 강조하다가 이단으로 흘러버린 각종 이단운동에서 찾아볼 수 있다.

---

20. Irenaeus, 위의 책, pp. 334-342.
21. Irenaeus, 위의 책, pp. 354-358.

# 제 5 장
이단들에 대한 교회의 대처

교리사의 핵심적 기능은 이단들과 대처하는 데서 발휘된다. 이단의 속출은 교회내에서 여러 가지 기능을 하는데, 첫째는 교회 내부의 자체적 반성을 꾀하게 한다. 그러므로 신앙의 부흥이 일어난다. 둘째는 교회로 하여금 자신들의 신앙을 정립케 하는 고백운동을 일으키게 한다. 그러므로 교리적인 선언이 채택되고 교회의 통일성을 이룬다. 따라서 신학이 발전하게 된다. 셋째는 교회내부의 결속력을 강화시켜서 자신들의 정체감을 확립시켜 준다. 그러므로 목회자 중심의 구심점이 확고히 된다.

이상과 같은 교회의 새로운 각성으로 인해서 교회는 감독의 권위를 더욱더 인정하게 된다. 감독을 중심으로 한 강력한 교권제도를 형성하며, 감독은 사도적 전승에 선 계승자(apostolic succession)라야 한다고 확정짓는다. 그리고 사도적 계승이란 그리스도적 계승이라는 뜻을 가진다.

이러한 맥락에서 초대교회가 이룩한 감독 중심의 교권제도를 군주적 감독제도(monarchical episcopacy)라고 부른다. 감독의 교권적 권위는 은사에 호소하면서 무법적이며, 무질서한 평등주의(antinomian equality)를 주장하는 이단들을 무너뜨리고, 하나의 권위적 전통을 수립해 간다.

그러므로 일반 교리사에서 다같이 말하는 이단대책의 3대 무기로써 신약성경의 정경화, 신앙의 신조화, 그리고 감독의 권위는 일정한 기간을 거쳐서 단계적으로 발전한 것이라기보다는 동시대적으로 한꺼번에 일어난 것이라고 보는 것이 옳을 것이다. 그렇지만 기록의 편의상 3단계로 나누어서 생각해 보고자 한다.

## 1. 신약성경의 정경화

초대교회가 제일 먼저 해결해야 할 과제는 신약과 구약의 상호관계로 지금까지 회당에서만 읽던 구약성경을 교회내에서도 계속적으로 읽을 것인가 하는 문제였다. 점차적으로 안식일에서 주일로 예배가 이행되어 가고, 회당이 아닌 별도의 장소에서 예수 그리스도의 구주되심을 찬양하고 전하는 과정에서 초대교회 기독교인들에게 최초의 전도의 대상자는 유대인들이었다. 예루살렘 공동체나 바울을 중심으로 한 이방 개종자 공동체도 마찬가지로 유대인들의 회당을 찾아가서 먼저 복음을 전하였다. 이러한 과정에서 자연히 구약성경과 예수님의 말씀과의 차이, 그리고 상호관계성을 말하게 되었다.

이 문제는 초대교회가 구약성경의 예언이 예수님 안에서 성취되었음을 깨닫는 데서 해결되었다. 즉, 구약성경의 예언을 따라서 기다리던 메시야는 다른 사람이 아닌 예수님이라는 사실을 깨닫고서 구약과 예수님과의 관련성을 이해하였다. 그러므로 후대의 교회도 자연히 구약성경의 예수님의 말씀을 기록한 신약성경의 상호관계성을 약속과 성취라는 도식으로 이해하였다. 그러한 예를 복음서에서 쉽사리 찾아볼 수 있다. 마태복음서에서 강조하였던 부분이 바로 그것이다. 예수님의 탄생에서 공생애의 활동과 수난과 죽으심과 부활이 모두 다 구약의 예언에 대한 성취라는 각도에서 편집하였던 것이다. 그리고 바울서신에서도 "성경대로 그리스도께서 우리 죄를 위하여 죽으시고, 장사 지낸 바 되었다가 성경대로 사흘만에 다시 살아나셨다."(고전 15:3-4)고 기록하였다. 동시에 유월절 어린 양은 곧 예수 그리스도라고 해석하였으며(고전 5:7), 대제사장이시며(히

4:15-16), 내가 백성들을 긍휼히 여기고 저희의 죄를 다시는 기억치 아니하리라는 예언의 말씀이 예수님 안에서 성취되었다고 해석하는 데서(히 8:8-13)도 찾아볼 수 있다.

이렇게 함으로써 구약성경은 예수님을 구주로 믿는 데 있어서 걸림돌이 아니라, 확고한 증거가 되었으므로 초대교회는 구약성경을 정경으로 쉽사리 받아들였다. 그러므로 이러한 전승에 서서 초대교회의 교부들은 예수님을 구약의 전승에서 해석하였다. 예를 들어서 바나바의 서신(The Epistle of Barnabas)은 구약성경의 예언이 예수님 안에서 성취되었으며, 예수님은 새로운 계약(new testament)이라는 사실을 밝히려고 하였다. 바나바의 서신은

> 예언자들은 그분(예수님)으로부터 은총을 받아서 그분(예수님)에 관하여 예언하였다. 그리고 그분은(자신이 육체로 나타나셔야 할 것을 내다보시고서) 사망을 폐하시고, 죽음으로부터 부활하셔야 했기 때문에 참고 인내하셨으며, 그렇게 함으로써 조상들에게 맺었던 약속을 성취시키셨다.[1]

이렇게 신·구약의 상호 연관성은 파헤쳐지고 성립되었는데, 문제는 교회내에서 전혀 다른 신약을 말하는 자들이었다. 이러한 모습을 베드로후서 3:15~16에서 찾아볼 수 있다. 즉, 새하늘과 새땅을 기다리는 종말에 관하여서(벧후 3:8-13) 바울도 편지를 쓰고 베드로 자신도 쓰고 있지만, 어떤 사람들은 알기 어려운 부분에 관하여서 다른 성경과 같이 그것을 억지로 풀려다가 스스로 멸망에 빠지고 만다고 하였다. 여기에서 다른 성경이라고 기록하였는데, 다른 성경이란 교회가 받아들이고 있는 성경 가운데서 나머지 성경이라는 의미의 *tas allas graphas*가 아니고, 교회가 받아들이고 있는 한 묶음의 성경이 아닌 또 다른 묶음의 성경이라는

---

1. *The Epistle of Barnabas*, ANF. Vol. 1, ch. Ⅴ, p. 139. 이 서신의 저자는 로마의 트라얀 황제와 하드리안 황제 때에 알렉산드리아에 살았던 유대인이라고 본다. 그는 평신도였을 것으로 보이나, 믿음과 전도의 능력으로 인해 바나바라는 특별한 별칭을 얻었을 것이다.

의미의 *tas loipas graphas*라는 단어를 사용하였다.

이 다른 성경들이란 무엇을 말하는 것일까? 본문의 해석상으로 이것은 바울의 편지들을[2] 말한다. 그렇지만 저자는 베드로의 권위를 빌어서 바울의 편지들을 약간 경멸하는 태도에서 말하는 것이었다. 왜냐하면 베드로적 전승에서는 바울의 사도권에 대한 논란이 있었으며, 동시에 이방 개종자들이 신비주의적 경향에 흘러서 끊임없이 종말에 관해서 그릇되게 말하였을 뿐만 아니라, 바울의 영적 부활체험을 빌어서 자신들의 사도권까지 주장하는 사례가 있었기 때문일 것이다.[3] 그러므로 여기에서 말하는 다른 성경이란 저자 스스로가 약간 낮은 등급으로 간주하는 바울의 서신들을 말한다. 이러한 구별은 초대교회내에서도 성경 상호간의 등급상의 구별을 두었다는 말이다.

교회가 다른 서신으로 크게 구별하기 시작한 자극제는 마르시온의 정경(marcionite canon)이었다. 마르시온으로 인해서 교회는 신약성경의 정

---

2. 이것은 *corpus paulus*라고 부르는 바울서신 10개가 하나의 전집으로 묶여서 초대교회에 회람되었던 것을 의미한다. 골로새서 4 : 16에 의하면 이 "편지를 너희에게서 읽은 후에 라오디게아인의 교회에서도 읽게 하고 또 라오디게아에서 오는 편지를 너희도 읽으라."고 하였다. 이러한 점으로 미루어서 초대교회는 바울의 서신을 예배용으로 더욱 많이 사용하였던 것으로 보인다.
3. 초대교회의 사도권 논쟁에는 예수님의 부활체험이 중요한 핵심이었다. 그런데 바울의 부활체험은 직접체험이 아니라, 영적체험 혹은 간접체험이었다. 그리고 바울은 이러한 간접체험도 직접체험과 동일한 효과를 갖는다고 주장하였다. 이렇게 됨으로써 초대교회내의 각종 은사적 신비주의자들은 바울의 권위를 빌어서 자신들의 영적체험을 강조하면서 체제적 감독권에 도전하는 일이 종종 있었다. 이러한 도전은 특히 영지주의자들 사이에서 많이 있었다. 그렇기 때문에 예루살렘적 전통에서는 바울의 사도권에 대한 의혹을 제기하면서 경멸하는 태도를 가지고 있었다. 이 부분에 관해서는 Hans Von Campenhausen, *Ecclesiastical Authority and Spiritual Power in the Church of the First Three Centuries*, trans. J. A. Baker, Stanford : Stanford University Press, 1969, 제4장 : Spirit and Authority in the Pauline Congregation을 참조하기 바란다.

경화를 확정짓게 되었지만, 또한 동시에 구약성경을 더욱 정경으로 받아들였으며, 마르시온이 제외시켰던 서신들을 정경에 기필코 포함시킴으로써 정경으로서의 위치를 확고히 하였다.

신약성경의 정경화 작업을 촉진시킨 사람은 성경학자 오리겐이었다. 그는 로마, 아테네, 안디옥, 아라비아, 갑바도키아, 팔레스타인 등 각 지역을 순방해서 문헌을 정밀하게 조사하였다. 그는 각 지방에서 사용되는 문서의 등급에 따라서 '동의의 문서'(homologumena)에 4복음서, 바울서신 13개, 베드로 전서, 요한 1서, 사도행전, 요한 계시록을 포함시켰다. '의심의 문서'(amphibalomena)에는 베드로 후서, 요한 2서, 요한 3서, 히브리서, 야고보서, 유다서를 포함시켰다. '배격의 문서', 즉 가짜 문서(psyeude)에는 애굽복음서, 도마복음서, 바실리데스복음서, 맛디아복음서 등을 포함시켰다.

유세비우스에 이르러서는 초대교회로부터 통용되어 온 바울의 서신 묶음 10개와 나머지 3개의 서신, 4개의 복음서, 사도행전, 베드로의 첫 번째 편지, 요한의 첫 번째 편지, 그리고 바울의 나머지 3개의 편지들이 일반적으로 널리 통용되었으며, 유세비우스도 오리겐의 전통에 서서 '동의의 문서'(homolugumena)라고 분류하였다. 이 책들은 사도적 전승에 의한 것이며, 성령의 감화를 받았으므로 권위가 있고, 정경으로 분류할 수 있는 책들이다.

유세비우스는 '문제의 문서'(antilogomena)로 분류하는 두 종류의 묶음을 말하였다. 첫 번째 묶음은 어느 정도 문제가 있는 것으로서 히브리서, 계시서, 베드로 후서, 요한 2서와 요한 3서, 야고보서, 그리고 유다서였다. 유세비우스 당시까지만 하더라도 이상의 편지들에 대해서 수용과 배척 사이에서 어느 쪽으로 결단을 내리지 못하였던 것으로 보인다. 이외에도 유세비우스는 두 번째의 문제의 문서 가운데에서 전적으로 부정해야 할 문서로서 사도 후기의 글들에 속하는 바나바의 서신, 로마의 클레멘트가 고린도인들에게 보내는 첫 번째 편지, 폴리캅이 빌립보인들에게 보내는 편지, 헤르마스의 목자, 그리고 잃어버린 베드로의 묵시서, 히브리복음서 등을 구별하였다. 이 책들은 교회내에서 읽기도 하였으나 점차적으로 교회로부터 배척을 받았었다.

이렇게 의견이 여럿으로 나뉘어져 전해져 오다가 397년 어거스틴이 참석한 카르타고 회의에서 27권을 신약성경의 정경으로 최종적으로 확정시켰지만, 동방교회는 계시록을 거부하였다.

이상과 같은 정경화는 무엇을 뜻하는가? 첫째는 구약성경의 하나님과 신약성경의 하나님 사이의 통일성을 말하는 것이다. 마르시온적이며 영지주의적인 하나님에 대한 부정은 사라졌으며, 하나님과 예수 그리스도 사이의 연속성도 재확인하였다. 따라서 천지를 창조하신 하나님도 선하신 하나님이며, 물질을 악하게 규정해서는 안 된다고 선포하는 것이었다. 둘째는 정경에 속하는 책들만 이상과 같은 확실한 지식을 선포하는 것이며, 정경에 속하지 않는 책들이 말하는 내용은 아무리 옳다고 하더라도 그 권위를 받아들일 수 없게 되었다. 셋째는 정경화로 인해서 모든 기독교 공동체가 신약성경의 정경성을 일치하게 주장하지는 않았지만, 최소한 이단에 속하는 무리들이 좋아하는 외경과 정통에 속하는 교회가 선호하는 성경의 구별이 확연해짐으로써 쉽사리 구별을 지을 수 있었다. 넷째는 신약성경의 정경에 속하는 책들에 대해서는 사도적 저작성에 의문을 제기하지 않게 되었지만, 외경에 속하는 문서로서 사도적 저작성을 인정받을 만한 책은 없음을 확정지었다.

## 2. 신앙의 규범화

구약시대로부터 초대교회시대에 이르기까지 전승이란 단순하게 구전전승과 기록전승으로 나뉘어져 있었으나, 이러한 전승은 말씀에 관한 것 뿐만 아니라, 기독교인의 생활 전반에 걸친 것이었다. 이것은 다른 말로 해서 어느 정도 비밀성을 가진 전승, 즉 비전적 전승(esoteric tradition)도 인정하는 것이었다. 그러다가 신약성경을 정경으로 확정짓게 되자, 비전적 전승에 속한 문서 혹은 신앙행습은 모조리 이단시되었으며, 교회가 인정하는 체제적인 성경, 신앙행습만 인정하게 되었던 것이다.

비전적인 비밀전승을 몰아내고 공개전승(exoteric tradition)만 올바른 전승으로 인정하게 됨으로써 큰 변화를 가져왔다. 즉, 교회는 지금까지의 희미한 경계선을 명백하게 그어야 했다. 이것은 신약성경의 내용을 체계화하고, 간소화해서 누구든지 쉽게 이해하고 구별할 수 있게 하는 데 있었다. 성경 전체를 다 외울 수 없고, 성경을 신학적으로 체계화시키지 못하였던 일반 평신도들까지 이단들의 속임수를 즉각적으로 구별해 낼 수 있게 도와 주었다.

이렇게 해서 신앙의 요약화(summary of faith) 혹은 신앙의 규범화(rule of faith)가 이루어졌다. 이러한 신조화가 가장 먼저 이루어진 곳이 로마였다. 교리사에서는 이것을 흔히 'R'이라고 쓰지만, 이것은 로마의 신조(symbolum Romanum)의 첫 글자를 따온 것에 불과하다. 이러한 신조의 삶의 자리는 세례문답이었으므로 세례문답 형식(baptismal formula)이라고도 부르며 크게 3구분되어 있다. 첫 번째로 구약성경의 하나님이 창조주 하나님이심을 강조하면서, 그분이 신앙의 대상이라고 선포한다. 두 번째로 아들 예수의 독생자이심과 그리스도이심을 고백한다. 세 번째로 부활을 강조하였다. 한스 릿츠만(Hans Litzmann)이 정리한 내용은 다음과 같다.

> 나는 한 분 전능하시고, 아버지이신 하나님을 믿는다.
> 그리고, 하나님의 독생자이시고 우리 주이신 예수 그리스도를 믿는다.
> 그리고 성령과, 거룩한 교회와 육체의 부활을 믿는다.[4]

이상의 내용을 볼 때에 삼위일체적인 생각까지는 아직 발전하지 못했으나, 후대의 사도신조의 골격을 이루는 기본사상은 다 언급하였다.

사도신조(symbolum apostolicum)는 앞에서 설명한 로마신조를 보다 더 확대시켜서 세례문답으로 사용하였다고 보는 것이 옳을 것이다. 215년경의 로마의 감독이었던 히폴리투스(Hippolytus)는 이러한 문답형식을 잘 정리하였다.[5]

---

4. Barnhard Lohse, *A Short History of Christian Doctrine*, 차종순 역, 「기독교 교리의 역사」, 서울 : 목양사, 1986, p. 56.

당신은 하나님의 아들이시고,
동정녀 마리아에게서 성령으로 나시고,
본디오 빌라도 아래에서 십자가에 달리시고,
그리고 죽으시고(묻히시고),
제 삼일에 죽은 자로부터 살아나셔서 일어나시고,
그리고 하늘에 오르시고,
그리고 아버지의 오른편에 앉으시고,
산자와 죽은 자를 심판하러 오실 것을 믿습니까?
당신은 성령과 거룩한 교회(몸의 부활)를 믿습니까?

의문문 형식의 문답용 신조는 340년의 마르켈리누스(Marcellinus) 신조에서 긍정문 형식으로 바뀌었으며, 404년경의 루피누스(Rufinus) 신조에서도 긍정으로 바뀌었다. 이러한 세례문답용 형식을 '사도신조'라고 공식적으로 명칭을 붙인 사람은 390년 암브로스(Ambrose)였다.[6] 서방교회에서 오늘날과 같은 형식으로 개정되고 널리 사용된 것은 700년경에 *textus receptus*로 확정한 다음부터였으며, 샤를마뉴(*Charlemagne*) 때에 이르러서 범교회적으로, 범국가적으로 사용하게 되었다.

사도신조는 지금까지 교회내에서 문제를 일으켰던 각종 이단들의 그릇된 가르침을 종합적으로 반박하는 내용을 수록하고 있다. 유대교적 유일신론, 영지주의적 하나님 부정과 가현설, 마르시온주의, 몬타누스주의, 그리고 군주신론 등을 배척하는 내용이 수록되어 있다.[7]

교회의 지도자들이 신앙을 요약해서 사도신조로 확정시키기까지는 신

---

5. John H. Leith, ed., *Creeds of the Churches*, Atlanta : John Knox Press, 1973, p. 23.
6. 전설에 의하면 주님께서 승천하신 다음 열흘째 되던 날에 성령의 인도하심에 따라서 사도들이 작성하였다고 한다.(이것이 전설이라고 밝힌 사람은 중세후기의 문서비평가 Lorenzo Valla였다.) 그러나 이 신조가 사도신조라고 할지라도 타당성을 가진 것은 100년경부터 사도들에 의해서 전수되어 왔다고 하는 신조의 내용과 다를 것이 없기 때문이다.
7. 사도신조는 출처에 따라서 사흘만에 부활하시고라는 문장 앞에 지옥에 내려가

앙의 규범(the rule of faith)이라는 보다 더 구체적이고 내용이 풍부한 가르침이 있었다. 이것은 그당시로는 값비싼 성경을 소유할 수 없고, 또한 소유하였다고 할지라도 항상 휴대할 수 없는 성경의 내용을 간추린 것이었다. 이렇게 볼 때에 의문문 형태의 세례문답 형식이 긍정문 형태의 사도신조로 바뀌는 과정에서 교부들의 신앙요약 혹은 신앙규범이 크게 작용하였을 것으로 본다. 여기에 크게 공헌한 사람이 이레니우스와 터툴리안이다. 여기에서는 이레니우스의 신앙요약을 소개하려고 한다.[8]

    교회는 비록 온세계에 두루 퍼져서 땅끝까지 이르렀다고 할지라도, 사도들과 그들의 제자들으로부터 다음과 같은 신앙을 물려받았다. 〔교회는〕 전능하신 아버지이시며, 하늘과 땅과 바다와 거기에 있는 만물의 조성자이신 한 분 하나님을 믿는다. 그리고 하나님의 아들이시며, 우리의 구원을 위해서 성육신하셨고, 성령 안에서 선지자들로 말미암아 하나님의 경륜을 선포하셨으며, 강림하셨으며, 동정녀에게서 나셨으며, 고난받으셨으며, 죽은 자 가운데서 부활하셨으며, 사랑스러운 그리스도 예수의 육체로 하늘에 오르셨으며, 우리의 주이심을 믿는다. 그분은 〔미래적으로〕 하늘로부터 아버지의 영광 가운데에서 나타나셔서 '만물을 하나같이 모으실 것이며' 인류 전체를 육체대로 새롭게 일으키셔서 보이지 않는 아버지의 뜻에 따라서 그리스도 예수이시며, 우리의 구주이시며, 하나님이시며, 구세주이신 그리스도 예수께, "하늘에 있는 자들과, 땅에 있는 자들과, 땅 아래 있는 자들이 다같이 무릎을 꿇게 하시고 모든 입으로 예수 그리스도를 주라 시인케 하실 것이며", 그분께서 모두에게 의로운 심판을 내리실 것을 믿는다. 즉, 그분께서는 영적으로 사악한 자들과 대적하고서 배반자가 된 천사들을 사람들 사이에서 경건치 못한 자들과, 의롭지 못한 자들과, 사악한 자들과, 참람한 자들과 함께 영원한 불 속으로 보내실 것을 믿는다. 그러나 의로운 자들과, 거룩한 자

---

    시고라는 문장을 가지고 있기도 한다. 여기에 대한 논란은 끊임없이 지속되어 왔으나, 칼빈과 하이델베르크 요리문답에서는 예수님의 지옥과 십자가 경험이 곧바로 지옥의 경험과 동일한 것이었다고 해석하였다. 이형기, 「세계 개혁교회의 신앙고백서」, 서울 : 대한예수교장로회총회출판국, 1991, pp. 16-17.
8. Irenaeus, *Against Heresies*, ANF. Vol. 1, Book I, Ch. X, 1, pp. 330-331.

들과, 계명을 지킨 자들에게는 그분의 은총으로 불멸을 수여해 주실 것을 믿는다. 그리고 그분의 사랑으로 보전하사 어떤 사람은 처음부터 [그리스도인의 길을 가게 하시고], 또 다른 사람은 회개의 [날로부터] 영속적인 영광으로 감싸 주실 것을 믿는다.

신앙의 요약은 교인들에게 이단을 대적할 때에 쉽게 사용할 수 있는 좋은 도구였다. 하나님에 대해서는 전능성과 창조성을 강조하였다. 아들에 대해서는 성령에 의한 탄생과 성육신, 고난과 죽으심과 부활과, 승천과 심판주로서의 재림을 말하였다. 그리고 철저하게 문자적으로 해석하였다. 이러한 이레니우스의 신앙요약은 영지주의와 여타 영지주의 유형의 모든 이단들에서 말하는 하나님의 천지창조 부정, 아들 예수의 성육신 부정, 고난과 죽으심과 부활과 심판주로서의 재림을 부인하는 자들을 물리칠 수 있는 좋은 도구였다.

교회는 이상 언급하였던 사도신조와 신앙의 요약도 사도들로부터 전승되어 왔음을 강조함으로써 이단들이 말하는 비밀전승을 막을 수 있었다. 그리고 이것들로 인해서 이단들을 쉽게 구별해 내고 또한 동시에 교회로부터 축출할 수 있었다. 그렇다고 해서 이단들이 완전히 물러간 것이 아니었기 때문에 교회는 사도권에 의한 감독의 권위를 최종적으로 강조함으로써 이그나티우스로부터 내려온 군주적 감독권(monarchical episcopacy)을 강조하기에 이른다.

## 3. 감독의 권위

초대교회는 예루살렘으로부터 시작해서 바울이 세웠던 해외의 교회들에 이르기까지 종말론적인 기대가 컸기 때문에 조직적인 체계를 갖추려 하지는 않은 것처럼 보인다. 그러다가 한편으로는 박해가 압박하고, 다른 한편으로는 재림의 지연으로 인해서 이단들이 교회를 어지럽히게 됨으로써 교직제도를 강화하지 않을 수 없었다. 이렇게 해서 직급상호간의 확연한 구별이 없는 공동체 형태에서 조직적인 체계를 갖춘 교직제도로 발전하였다.

### a. 성경의 교직제도와 감독의 권위

초대교회의 지도체제는 예루살렘 전승에 의한 열두사도와 장로, 집사제도와 안디옥 전승에 의한 사도와 감독, 집사를 중심으로 한 제도였다. 이 두 조직에서 핵심은 언제나 사도였다. 사도의 자격으로는 사도행전 1:21에 의하면 예수께서 요한에게 세례받으시던 때로부터 승천 때까지 항상 동행하던 자였으며, 사도의 역할은 예수님의 부활을 전하는 것(행 1:22)과 기도하는 것(행 6:4)이었다. 그러나 사도들의 복음전파로 인해서 개종자의 숫자가 점점 불어나서 공동체의 규모가 커짐에 따라서 내부적인 갈등이 생기자(행 6:1-2) 집사직급을 새롭게 만들어서(행 6:5-6) 교회의 구제와 제반 사무적 업무를 담당하였다.

에베소서 4:11~12의 규정에 의하면 교회의 직급은 사도, 선지자, 복음 전하는 자, 목사와 교사였다. 그러다가 사도는 순교 및 자연사로 자취를 감추었으며, 선지자와 복음 전하는 자는 초대교회에서 활동 중 많은 문제를 일으킴으로써 역시 점차적으로 자취를 감추었다.[9] 그리고 목사는 교사의 직능까지 떠맡음으로써, 교회의 지도자는 목사와 집사로 집약되었다.

그러나 예루살렘의 멸망과 더불어서 예루살렘 전승에 의한 장로, 집사 제도는 점점 자취를 감추고서 안디옥 중심적인 감독, 집사의 제도로 발전하였던 것으로 보인다. 그러나 교회의 직급은 감독을 보좌하는 여러 유급 직종이 있었다. 251년의 로마교회의 조직을 보면, 1명의 감독, 46명의 감독, 7명의 집사, 7명의 서리집사, 42명의 보미사, 52명의 귀신쫓는 자, 낭독자들, 수위와 묘지기를 유지하였다. 이들은 고정급여를 받는 자

---

9) 초대교회의 교육적 주제를 다루었던 *Didache*에 의하면 거짓 선지자를 구별하는 방법으로서 첫째, 설교한 다음에 다음 설교지로 가는 데 필요한 빵 이상을 요구하거나 돈을 요구하는 자, 둘째, 성령으로 주의 말씀의 상을 차리지 않는 자, 셋째, 자신이 가르치는 말을 행동으로 옮기지 않는 자, 넷째, 설교한 다음에 부득이한 경우를 제외하고서 하루 이상 머무는 자 등이다.

들로서 1,500명의 과부들과 가난한 자들을 돌보고 있었다.[10]

그러나 감독을 중심으로 한 교회의 운영은 박해의 발발과 이단의 발흥으로 인해서 감독 중심적 독재권을 발휘하지 않을 수 없었다.[11] 이러한 첫 번째 사례는 에베소서에서 찾아볼 수 있다. 바울은 에베소에 있는 개종자들에게 '너희들은 본래 공중에 권세잡은 자를 따라서 불순종의 자녀로 살았으나(엡 2:2) 이제는 예수 그리스도의 피로 하나님과 화해를 이루어서 하나님께 나아갈 길을 얻었다.' (엡 2:13-18)라고 선언하였다. 바울은 여기에서 교회의 중요성을 강조하였다. 즉, 이러한 구원은 사도들과 선지자들의 터 위에 세우심을 입은 그리스도 예수로 말미암는다(엡 2:20)라고 하였다. 그리고 교회로 말미암아 하늘과 정사와 권세들에게 하나님의 각종 지혜를 알게 하셨으므로(엡 3:10-11) 교회 안에서 서로 하나가 되라고 하였다(엡 4:4-6).

여기에서 바울은 사도적 전승의 의미를 분명히 하였다. 즉, 그리스도 예수께서 사도들에게 주신 모든 구원에 관한 지혜를 교회를 통해서 알게 하신다는 것이었다. 그러므로 교회를 떠나서는 아무런 지혜도 없으므로 교회 안에서 하나로 남아 있어야 한다는 주장이었다. 이러한 사도적 지도권이 사도들의 사망(순교 및 자연사)으로 인해서 감독으로 이어졌다. 그렇기 때문에 감독은 사도적 전승에 있으며, 그리스도 예수의 전승에 있는 것이다. 따라서 교회내에 어려운 일이 있을 때마다 감독을 중심으로 해서 해결해야 했다.

### b. 이그나티우스

이러한 주장을 새롭게 한 사람이 안디옥의 감독 이그나티우스(Ignatius of Antioch)였다. 그는 안디옥의 감독으로 재직하다가 고소에 의해서 로

---

10. Henry Chadwick, *The Early Church*, 서영일 역, 「초대교회사」, 서울 : 기독교문서선교회, 1983, p. 67.
11. 독재권이란 로마의 원로원 중심적 통치제도에서 비롯된 개념이다. 전쟁과 같은 국가의 중대사를 맞이하였을 때에, 한 사람에게 비상대권을 부여해서 위기를 극복케 한 다음에, 다시금 원로원 중심제도로 되돌아갔었다.

제5장 이단들에 대한 교회의 대처 81

마로 압송되어서 110년경에 순교한 사람이다. 그렇지만 그의 관심은 자신이 순교한 다음, 교회의 분열과 이단적 사상의 침투를 염려하는 데 있었다. 그는 가시적으로 공개적 전승에 의해서 세워진 보편적(가톨릭) 교회(ecclesia catholica)라는 개념을 부르짖었다.

"……스스로 속이지 말라. 성전 안에 머무르지 않는 자는 하나님의 빵이 결핍되어 있는 자이다. 따라서 하나님의 모임에 오지 않는 자는 교만한 자이며 스스로 떨어져 나간 자이다. 그러므로 감독을 거역하지 않도록 조심하라."[12] 이처럼 감독 한 사람을 정점으로 한 교회일치론은 군주적인 감독제도(monarchical episcopacy)로 발전하였다. 아직까지는 감독과 장로가 다같이 교회의 최고 책임자로서 구별없이 사용되었지만 그에게서 구별이 지어지기 시작하였다. "분명하게 밝히지만, 감독은 하나님으로부터 보내심을 받은 자이다. 하나님과 조화를 이루려고 노력하라. 감독은 하나님의 대리자로서, 장로는 사도단의 대리자로서, 집사는 예수 그리스도로부터 봉사를 위임받은 자로 알라."[13] 그러나 "이 땅의 가장 깊은 곳까지 두루 퍼져 있는 감독은 예수 그리스도의 생각을 가지고 있다. 그러나 너희들이 존경하는 장로는 마치 현이 리라(Lyre)에 조율되어 있듯이 감독에게 조율되어 있으므로, 너희들의 일치와 화음 안에서 그리스도 예수의 사랑은 노래되어질 것이다."[14] 이그나티우스는 이렇게 해서 감독을 정점으로 해서 장로와 집사를 서열적으로 나열하는 교권제도를 확립시킨 최초의 사람이었다.

감독은 하나님과 예수 그리스도에게 속한 모든 것을 가지고 있으므로, 감독을 정점으로 한 교회의 통일에서 성체성사는 중요한 역할을 하였다. 즉, 성체성사를 집행할 수 있는 유일한 자격자는 감독이므로 감독이 없으면 성체성사도, 애찬식도, 그리고 세례도 집행해서는 안 된다. 감독이 없는 상황에서 교회에 속한 어떠한 일이라도 행해서는 안 된다.[15] 그러므로

---

12. Henry Bettenson, ed., *The Early Christian Fathers*, (Oxford : Oxford University Press, 1978), p. 40.
13. 위의 책, p. 44.
14. 위의 책.

교회를 떠난 자는 구원이 없으며 이단이라는 결론에 이르렀다.

이렇게 함으로써 이그나티우스는 비공개적으로 전승되어 내려오는 모든 비밀전승을 금지시켰으며, 감독의 권위를 강화시킴으로써 교직제도의 일원화를 마련하였다고 말할 수 있다. 이상과 같은 감독의 권한을 더욱 심화시켜 주었던 사람이 이레니우스의 전승 이론과 터툴리안의 취득시효 이론이라고 말할 수 있다.

### c. 사도적 계승

이그나티우스로부터 후대에 이어지는 감독들이 이단을 물리치기 위해서 신약성경의 정경화와 신앙의 규범화, 그리고 감독의 권위에 호소함으로써 어느 정도 성공하였지만, 이러한 3가지 무기의 기초에는 사도적 전승이라는 대전제가 있었다. 즉, 성경과 신앙의 규범과 감독의 자리가 사도들로부터 안수례에 의해서 후대로 전승되어 내려왔으나, 이단들이 말하는 전승은 비밀전승에 의한 것이라는 것이었다. 그러므로 사도적 계승의 주된 논쟁은 비밀전승과 공개전승에 관한 것이었다.

앞에서 살펴본 대로 초대교회의 지도자는 사도와 그의 후계자로서 감독이었다. 그러나 감독의 자격은 주님의 부활을 직접 목격한 자와 주님의 부활을 체험한 자로 나누어졌다.

예수님의 부활은 처음에는 믿어지지 않는 사항이었다. 그래서 "사도들은 저희 말이 허탄한 듯이 뵈어 믿지 아니하나"(눅 24 : 11)라고 생각할 정도였다. 그러다가 예수님의 옆구리의 창자국을 만져 보고서, 그리고 물고기와 떡을 잡수시며 대화를 나누시는 모습을 보고서 비로소 육체적 부활을 믿었다. 이처럼 부활하신 예수님을 목격한 사도들은 "우리는 죽었다가 다시 사신 예수를 모시고 음식을 같이 먹었고 그분과 대화를 나눴노라."(요 24 : 1-14) 고 선포하였다. 바울도 예수의 부활을 왜 믿지 못할 것으로 여기느냐?(고전 15 : 12)고 한탄하였다.

따라서 예수님의 부활은 초대교회에서 사도의 자격을 정하는 기준이

---

15. 위의 책, p. 49.

되었으며, 후대에 이르러서 교회의 지도자로서의 자격을 가늠하는 기준이었다. 또한 부활에 대한 신앙은 이단과 정통을 가늠하는 척도였다. 그래서 사도신조에서도 예수는 "……십자가에 못박히시고, 죽으시고, 묻히시고, 삼일 만에 죽은 자 가운데서 일어나시고, 하늘에 오르사 전능하신 하나님 우편에 앉으시고……"라고 신앙으로서 고백하였다. 뿐만 아니라 이레니우스도 신앙규범을 말하는 데서 "……동정녀에게서 나으시고, 고난받으시고, 죽은 자 가운데서 부활하시고, 육체 가운데서 하늘에 오르사 ……"라고 하였다.[16] 또한 터툴리안도 "……성경에 따라 고난받으시고, 죽으시고, 묻히셨다. 그리고 아버지에 의해 일으킴을 받으시고, 하늘에 올리우사……"[17] 라고 말한 다음에 이 사실은 이성으로 보면 모순되나 신앙으로는 얼마든지 가능한 사실이라고 하였다. 그래서 그리스도의 고난, 죽으심, 부활 등이 비록 깜짝 놀랄 만한 꾸민 이야기 같으나, "하나님의 아들은 죽었다. 이 사실은 모순되기 때문에 반드시 믿어져야 한다. 그리고 그분은 묻히시고 다시 일어나셨다. 이 사실은 불가능하기 때문에 확실하다."[18]고 역설하였다.

그러나 성경에는 부활에 대한 또 다른 경험이 있다. 그것은 바울이 경험한 대로 "내가 네게 나타난 것은 곧 네가 나를 본 일과 장차 내가 네게 나타날 일에 너로 사환과 증인을 삼으려 함이니"(행 26 : 8-16)라고 하였다. 이것은 다분히 환상적이었으며, 바울이 말한 대로 신비스러운 비밀이었다. 문제는 영지주의자들이 바울의 환상적인 체험을 자신들의 체험을 보장해 주는 것이라고 하는 데 있다.[19]

이렇게 해서 초대교회에는 부활에 대해서 직접적인 목격에 의한 체험

---

16. Irenaeus, *Against Heresies*, ANF. Vol. 1, Book Ⅰ, Ch. 10, 1. p. 330.
17. Tertullian, *Against Praxeas*, ANF. Vol. Ⅲ, Latin Christianity: Abingdon Press, 1978을 보기 바란다.
18. 위의 책, p. 525.
19. 이 부분에 관해서는 Elaine Pagel, *The Gnostic Paul*, Nashiville: Abingdon Press, 1978을 보기 바란다.

이냐, 아니면 환상적인 경험에 의한 체험이냐로 나뉘었다. 그러나 교회는 부활하신 예수님이 지상의 예수님과 동일하며, 계속성을 갖는다고 고백함으로써 너희 제자들(11명)에게 부활을 증거할 권한을 위임하여 사도로 부른다고 하였다(눅 24 : 4-49). 여기에 대해서 캄펜하우젠(Hans von Campenhausen)은 이렇게 말하였다.

> 부활은 역사상에서 유일하게 단 한 번 일어난 사건으로 그리스도가 계속해서 나타나심으로 그리스도가 살아 있다거나 부활을 확인해 줄 수 있는 것이 아니다. 부활은 단 한 번 경험으로 후대에 전승되어서 믿음으로써만 확증될 수 있다. 그래서 부활에 관한 유일회적인 경험은 사도적 권위를 최초의 '사도적 집단'으로 한정시키고 일단 부활체험이 끝난 다음부터는 계속성을 갖지 않는다. 그래서 '사도적 권위'에 의해서 교직을 떠맡은 감독, 장로들은 자신들을 사도라 부르지 않고 사도의 후계자(successor), 기껏해야 사도의 대리자(representative)라고 했으며, 이것도 그들이 사도들의 본래적 증언과 말씀에 얼마나 충실하느냐를 중요시하였다.[20]

그러므로 사도적 전승에 충실한 것만이 오로지 교권을 합법적으로 인정해 준다. 이런 의미에서 '사도적'이란 표현은 규범적이며, 합법적이며, 입법적인 효과를 갖는다. 이레니우스는 사도적 전승에 서 있는 교회만이 정통이며, 이러한 교회만이 신앙규범과 전승을 수여받았으며, 성경의 올바른 해석권을 갖는다고 하였다.

> '진리의 지식'이라고 할 때에 우리는 다음과 같은 의미를 갖는다. 초기부터 전세계에 걸쳐서 세워진 교회의 질서와 감독적 계승(episcopal succession)에 의해서 보전된 그리스도의 성체의 분명한 표적이다. 왜냐하면 사도들은 감독들에게 각 곳에 세워진 교회의 관리를 위임하였고, 오늘날 우리 세대에까지 전달된 교회를 가장 완전한 해석에 의해서 (예 : 신조) 전승에다 덧붙이거나 감소시킴이 없이 어떤 기록문서가 없이도 보전하였으며, 곡해됨

---

20. Hans von Campenhausen, *Ecclesiastical Authority and Spiritual Power*, (Stanford:Stanford University Press, 1969), p. 23.

이 없이 성경을 읽으며, 무모함과 신성모독이 없이 성경을 일관성있고 주의 깊게 해석하며, 모든 은사보다 뛰어난 특별한 사랑의 은사를 의미한다.[21]

반면에 영지주의자들을 위시한 신비적 체험을 말하는 사람들은 예수님의 부활의 '역사적인 유일회성'을 부인하고서 '계속적인 현시'를 주장하였다. 이들은 부활하신 예수와 지상의 예수 사이의 일체성보다는 예수의 계시를 선택된 자에게 전달하는 데 관심이 있었다. 이들은 역사적 예수에 대한 관심을 약화시킴으로써 사도들과 부활하신 예수 사이의 연관성을 약화시키려고 하였다. 이러한 배경에서 영지주의자들은 바울이 "그러므로 우리가 이제부터는 아무 사람도 육체대로 알지 아니하노라.…… 비록 우리가 그리스도도 육체대로 알았으나 이제부터는 이같이 알지 아니하노라."(고후 5:16)에 의존해서 그리스도를 환상 가운데에서 체험한 자면 누구든지 사도로서의 자격을 갖는다고 주장하였다.

바울의 묵시서(The Apocalypse of Paul)에서는 바울이 어떻게 천사의 인도에 따라서 사도의 모임에 가담하였으며, 어떻게 하늘로 올리움을 받았는가를 말하며,[22] 베드로가 빌립에게 보내는 편지(The Letter of Peter to Phillip)에서는 최초 12사도권에 속하는 자라도 사도권의 권위를 누리기 위해서는 추가적인 환상과 계시가 필요하다고 하였다.[23] 이와 유사한 영지주의 문서를 종합해 볼 때 몇 가지의 공통적인 특징이 있다. 첫째, 사도들의 권위와 임무는 예수의 부활을 육체적으로 체험한 데 있지 않고, 정통교회 전승보다 더 우위에 있다고 보는 특별계시와 환상에 있다. 둘째, 교권을 가진 12사도만이 아니라 환상을 가진 자면 누구나 최초 12사도의 권위를 누릴 수 있다. 셋째, 예수님으로부터 받은 특별한 비밀전승을 사도들이 가진 공개적 전승보다도 더 우위에 두었다. 넷째, 이러한 비

---

21. Irenaeus, 위의 책, ANF. Vol. 1, Book Ⅳ, Ch. 33, 8. p. 508.
22. James Robinson, ed., *The Nag Hammadi Library*:The Apocalypse of Paul(San Francisco:Harper & Row Publishers, 1981), pp. 239–240.
23. 위의 책, The Letter of Peter to Phillip, pp. 394–398.

밀전승을 가진 자라야 영적 문제에 대한 깨달음을 가지고 있으며, 환상을 보는 자가 된다. 이상과 같은 비밀전승은 살아 계신 분과 직접 교통을 통해서 가지는 특별한 권한이라고 하였다.

이렇게 함으로써 교회는 커다란 도전을 받았다. 그래서 교회는 앞에서 말한 대로 이레니우스가 사도적 전승에 의한 권위를 말하였으나 받아들여지지 않자, 이번에는 마지막으로 사도적 전승에 있는 감독들의 이름을 베드로와 바울로부터 리누스, 아나클레투스, 클레멘트, 유아레스투스, 알렉산더, 식스투스, 텔레포루스, 히이기누스, 피우스, 아니케투스, 소테르, 엘루테루스 등 현재까지라고 열거하면서 이 사람들을 제외하고는 감독이 아니라고 하였다.

그러므로 사도적 계승이란 영지주의자들이 말하는 대로 비밀적이며 환상적인 것이 아니라, 공개적으로 이루어진다고 주장함으로써 이단들이 구원받을 수 있는 유일한 길은 지금이라도 회개하고 교회의 감독들과 장로들에게서 배우는 길밖에 없다고 하였다.

# 제6장
# 박해와 교회의 대처

　로마정부는 처음부터 기독교의 존재를 알았던 것은 아니다. 기독교는 유대교의 일파로서 간주되었을 뿐이다. 클라우디우스 황제 때에 유대인을 로마로부터 축출시키면서 기독교인까지 포함시킨 것도(행 18:2-3) 그러한 이유에서였다. 그러나 이러한 관대한 조처는 기독교인들에게는 참으로 다행이었다. 왜냐하면 어떠한 신흥종교가 타지역에 전파되어서 뿌리를 내리게 되기까지는 일정 기간 동안 박해를 받지 않아야 한다. 그리고 그 신흥종교는 도덕적, 윤리적으로 사회적 물의를 일으키지 않음으로써 인정을 받았기 때문이다.
　이러한 요구조건을 기독교는 유대교의 일파로서 간주되면서 만족시켰던 것이다. 시간이 지나고 나서 기독교를 박해하려고 하였을 때에는 이미 기독교도들을 로마의 옛 이교적 신앙으로 되돌려 놓기에는 시간적으로 늦었다.

## 1. 순교에 대한 가르침

그렇다면 박해는 기독교도들에게 그리고 이단들에게 어떠한 영향을 주었는가? 서머나의 감독이었던 폴리캅(Polycarp of Smyrna)은 체포되어서 총독 앞에 끌려갔다. 총독은 폴리캅의 나이를 참작해서 황제의 총명하심에 맹세하고서 기독교적 신앙을 취소하도록 당부하였다. 여기에 대해서 폴리캅은 스타디움을 가득 메운 이교도들을 향해서 올바른 정신으로 "무신론자(황제)는 이야기도 꺼내지 마십시요!"라고 하였다. 총독은 다시 한 번 기회를 주면서 "그리스도를 저주하면 살려 주겠노라."고 하였다. 그러자 폴리캅은 이렇게 대답하였다.

> 86년 동안 나는 그리스도의 종이었습니다. 그리고 이 기간 동안 그리스도는 나에게 아무런 섭섭함도 없었습니다.…… 당신은 내가 황제의 총명하심에 맹세하고서 그리스도를 저주할 것이라고 생각하실지 몰라도 나는 당신께 분명히 말씀드리는데, "나는 기독교인입니다."[1]

또한 안디옥의 감독이었던 이그나티우스도 박해에 대해서 이와 유사한 견해를 가지고 있었다. 즉, 진정한 기독교인이라면 박해를 맞이해서 기꺼이 순교하지만, 영지주의자(무신론자)들은 순교하지 않는다는 것이다. 이그나티우스는 "예수 그리스도는 분명하게 본디오 빌라도 아래에서 고난을 당하였으며, 참으로 십자가에 달리셨으며, 죽었다."라고 주장하면서, 영지주의자들이 주장하는 것처럼 "그리스도의 고난이 환상적인 것에 불과하였다면, 내가 왜 이렇게 죄수가 될 것이며, 내가 왜 야수에게 물려 죽겠습니까? 만일 그렇다면 나의 죽음이 헛될 뿐입니다."[2]라고 하였다.

순교자 저스틴은 박해에 대해서 이렇게 말하였다. 플라톤 철학자로 있을 때에 기독교인들의 박해모습을 많이 목격하였는데, 그들의 용기가 자

---

1. *"Martyrdom of Saint Polycarp"*, 9-10. In Christian Martyrs, 9-11.
2. Ignatius, *Epistle of Ignatius to the Trallians*, Ch. 10, ANF. Vol. 1, pp. 70-71.

신에게 영감을 불어넣어 주었다고 하였다. 그러면서 전세계적으로 확산된 박해에 대해서

> 전세계를 통해서 예수 그리스도를 믿는 우리를 어느 누구도 두렵게 하거나 정복할 수는 없다는 것이 명백하다. 목이 베이거나, 십자가에 달리거나, 야수들에게 던져지거나, 쇠사슬로 묶어서 죽이거나, 불에 태워 죽인다고 할지라도, 이러한 모든 유형의 고문에도 불구하고, 우리들은 신앙고백을 포기하지 않을 것입니다. 그와 같은 박해가 많아질수록 더 많은 사람들이 더 많은 숫자로 기독교인이 될 것입니다.[3]

라고 말하였다. 저스틴은 사악하고 거짓으로 가득찬 영지주의자들을 반대하기 위해서 본인이 이 글을 쓴다고 밝히면서, 이들이 실제적으로 혼음이나 식육에 빠져 있는가에 대해서는 알 길이 없지만, 그들의 한 가지 범죄는 정통 기독교인들과는 다르게, "그들은 박해도 받지 않으며, 죽음도 당하지 않는다."[4]고 하였다.

그러므로 박해를 맞이해서 순교의 문제는 이단과 정통교회를 구별짓는 또 하나의 표준이었다. 정통교회에 속하는 사람들은 폴리캅, 이그나티우스, 이레니우스, 오리겐 그리고 이름 없는 수많은 사람들에 이르기까지 순교를 피하지 않으려 하였다. 그렇지만 이단들은, 특히 영지주의 계열의 이단들은 그리스도의 영적인 면을 강조하였기 때문에 박해를 받을 필요가 없었던 것이다.

그렇다면 정통교회는 박해에 대해서 무엇이라고 가르쳤는가? 박해는 그리스도에 대한 자신들의 신앙을 증언할 수 있는 좋은 기회였다. 따라서 초대교회에서는 순교를 환영하였다. 이그나티우스는 이렇게 말하였다.

---

3. Justin Martyr, *Dialogue with Trypho*, Ch. 110, ANF. Vol. 1, p. 254.
4. Elaine Pagels, *The Gnostic Gospels*, New York : Vintage Books, A Division of Random House, 1981, p. 101.

여러분들이 방해하지 않는다면 나는 자의적인 선택에 따라서 그리스도를 위해서 죽겠습니다. 나는 여러분들께서 걸맞지 않은 친절을 삼가해 주실 것을 부탁합니다. 나를 사나운 짐승에게 주어서 이로 인해서 하나님께 바쳐지게 허락해 주십시오. 나는 하나님의 밀알입니다. 그러므로 내가 사나운 짐승의 이빨로써 갈아져서 순결한 빵으로 나타나게 해 주십시오.[5]

또한 중죄를 지은 경우에는 다음 박해 때에 순교함으로써 속죄할 수 있다고 가르쳤다. 이러한 전통은 교회내에서 끝가지 전해져 내려오는 거룩한 모범이었다.

## 2. 배교자들의 재입교와 교회의 분열

주후 64년 네로 황제 이후로 기독교는 로마에서 공식적으로 금지된 종교였다. 그러나 로마정부는 기독교를 조직적으로 박해하지는 않았으며, 정권이 바뀌거나 사회적인 여론이 나쁠 때에 정책적으로 박해를 가하곤 하였다. 그리고 박해는 긍정적인 면과 부정적인 면을 동시에 가지고 있었다.

긍정적인 면으로 볼 때에, 초기 기독교는 카리스마적이며 종말론적인 공동체였으므로 무규율적이었다. 상부상조하면서 상호평등을 부르짖었으며, 그리스도 안에서 자유자나 주인이나 남자나 여자도 없었다. 이러한 분위기가 재림의 지연으로 인해서 공동체가 점차적으로 경직되어 갔으며, 더 나아가서 박해를 맞이해서 새로운 가치표준을 내세워야 했다. 지금까지의 은사, 종말, 재림 등의 규범이 순교, 금욕, 이단정죄, 그리고 어느 정도 관료주의적인 체제화로 굳어졌다. 이렇게 됨으로써 교회는 첫째는 내부적인 결속력(internal solidarity)을 강화하였다. 동시에 소속 구성원들 사이에는 자아정체감(self-identity)이 형성되었다. 성경적 표현을 빌리자면 알곡과 가라지를 구별함으로써 구성원의 순수성을 유지할 수 있었다. 이러한 면에서 이단과 박해는 하나의 이념이 일정 기간 동안

---

5. Ignatius, *Epistle of Ignatius to the Ramans*, ANF. Vol. 1, Ch. IV, p. 75.

거부감없이 무성하다가, 하나의 체제로 변천되어 가는 과정에서 필수적으로 거쳐야 할 단계라고 말할 수 있다.

그러나 이러한 변천을 이루기 위해서는 많은 댓가를 지불해야 했다. 그 첫 번째가 배교자들에 대한 재입교의 문제였으며, 두 번째는 교회의 분열이었다.

### a. 데시우스 박해와 노바티안 분파

데시우스(Decius) 황제의 박해와 이로 인해서 야기된 노바티안(Novatian) 분파는 초대교회의 죄용서와 참회제도, 그리고 이에 얽힌 온건파와 강경파 사이의 대결에서 비롯되었다. 재림공동체를 벗어난 초대교회는 그리스도의 신부로서 부족함이 없기 위해서 죄가 있으면 즉각적으로 세례를 통해서 죄사면을 받았다. 이러한 세례를 위해서는 첫째로 개인적인 권면, 둘째로 공개적인 정정, 셋째로 이상의 두 방법의 효력이 없으면 출교 혹은 은총과 다른 기독교인과의 만남을 금지시키는 단절의 방법을 택하였다. 이렇게 해서 참회자가 회개하면 재입교시키곤 하였다.

사도 후기시대에 이르기까지 죄를 씻는 회개가 한 차례만 허용되었으므로 교인들 사이에서는 세례를 임종시까지 연기하는 습관이 유행하였다. 이렇게 연기함으로써 자연히 신자들 사이에서는 쉽게 용서받을 수 있는 죄(venial sin)와 용서받을 수 없는 죄(mortal sin)로 구별하여서, 용서받을 수 없는 죄는 임종시에 세례를 통해서 사면받으려 하였다.

2세기 말경에 이르러서 용서받을 수 있는 죄는 분노, 구타, 저주, 맹세, 거짓말… 등 매일같이 반복할 수 있는 죄로 규정하였으며, 용서받을 수 없는 죄는 터툴리안에 의하면, 살인(*homicidium*), 우상숭배(*idolatria*), 사기(*fraus*), 증언 거부나 거짓 증언(*negatio*), 신성모독(*blasphemia*), 간음과 간통(*utique et moechia et fornicatio*), 그리고 하나님의 성전의 또 다른 훼손(*quia alia violatio templi Dei*) 등 7가지였다.[6] 그러나 이상의 7가지 용서받을 수 없는 죄가운데에서 우상숭배, 살

---

6. Tertullian, *Against Marcion*, ch. 49, ANF. Vol. Ⅲ, p. 356. 그리고

인, 간음과 간통에 대해서는 재회개를 허락하지 않으려는 경향이 있었다. 따라서 평화시에는 간음과 간통이 그리고 박해시에는 배교가 가장 큰 문제로서 항상 논란의 대상이었다.[7]

여기에서 강경한 입장을 취한 사람은 교회를 떠나거나(터툴리안) 아니면 교회를 대척하기도 하였다(히폴리투스).[8] 이렇게 참회자에 대한 의견이 분분한 가운데에서 250년의 데시우스(Decius Trajan : 249-251)[9] 황제의

---

On Modesty, ch. 9, ANF. Vol. Ⅳ. pp. 82-84.
7. 터툴리안은 이상의 참회과정을 전체적으로 하나님께 드리는 만족으로 생각하였다. 가벼운 죄에 대해서는 기도, 선행, 중보기도 등으로 용서를 받게 하였다. 그러나 중죄에 대해서는 죄인석에 베옷과 재를 무릅쓰고서 슬픔에 젖어 있어야 했다. 음식은 평범한 것으로 제한하였으며, 술은 절대 금하였다. 참회기간 동안에는 금식하고, 슬퍼하고, 애통하고, 큰소리로 울부짖으며 주님께 기도하였다. 이상을 터툴리안은 '하나님 찬양'(exhomologesis)이라고 하였다. 이상의 과정을 314년의 안키라회의에서 이렇게 구별해서 확정시켰다.
   제 1 단계 : 우는 자(weepers) : 교회 바닥에 부복해 있으면서 성직자와 교인들로 부터 회복을 간청하는 자
   제 2 단계 : 청문자(Hearers) : 요리문답 교인이나, 성서교습이나, 설교를 들을 수 있도록 허락된 자
   제 3 단계 : 무릎꿇는 자(kneelers) : 공중 기도회에 참석을 허락하지만, 오로지 무릎을 꿇은 상태에서 가능한 자. 성찬과 축복기도는 제외됨.
   제 4 단계 : 서 있는 자(standers) : 예배의 전과정을 서 있는 상태에서 참여할 수 있다. 성찬과 축복기도는 제외됨.
   이상의 기간이 3~4년이었으며, 더 짧을 수도 혹은 더 길 수도 있었다.
8. 터툴리안은 교회가 배교자의 재입교시에 자신이 주장하였던 '하나님 찬양', 즉 참회제도를 엄격하게 지키지 않으므로써 엄격파에 속한다고 여겼던 몬타누스 이단으로 소속을 옮겼다. 그리고 히폴리투스는 교황 칼리스투스가(Callistus : 217-222) 이중, 삼중 결혼한 사람을 교황으로 임명하자, 교회를 떠나서 스스로 반-교황(anti-pope)이 되기도 하였다.
9. 데시우스 황제는 옛 로마의 정신을 다시금 복원시키기 위해서 교회를 무신론자 그리고 반동자로 규정해서 처벌키로 하였다. 따라서 그의 박해는 최초의 조직적이며, 전국적인 규모였다고 말할 수 있다. 박해는 로마의 신들에게 제물을 바치

박해가 있었다. 이렇게 시작한 박해는 갈루스(Gallus : 251-253), 발레리안(Valerian : 253-260) 시기까지 상당한 박해로 이어졌다. 교회는 박해를 맞이해서 순교한 사람(Matyres), 감옥에 갇혔다가 풀려난 고백자(confessors), 그리고 그리스도를 저주하면서 성경책을 건네 준 배교자(traitors)로 구별하였다. 사람들은 순교자와 고백자에 대해서는 높은 존경을 보냈지만, 배교자에 대해서는 경멸을 아끼지 않았다.

문제는 여기에 있었다. 로마의 감독 파비안이 순교하자, 공백으로 있던 감독의 자리를 노바티안(Novatian)이 250년 1월 21일부터 251년 3월 코르넬리우스가 감독으로 선출되기까지 감독직을 임시로 맡았다. 그는 근엄한 성격에 흠이 없고, 성경지식도 풍부했고, 철학도 정통했고, 사고력이 뛰어났으며 웅변가였다. 그는 배교자에 대해서는 냉철했고, 엄격한 훈련을 강조하였던 사람이었다.

이러한 상황에서 본인은 차기 감독을 선출할 당시에 자신이 당선될 것으로 기대하였는데, 지금까지 알려지지 않은 온건파 코르넬리우스(Cornelius)가 당선되자 3명의 로마의 감독들이 그를 교황으로 추대하였다. 이렇게 해서 그는 히폴리투스에 이어서 두 번째의 반-교황(anti-pope)이 되었다. 로마회의는 그를 출교시켰으며, 코르넬리우스는 그가 "거짓으로 가득 차고, 교활하고 야만스러운 동물"이라고 비난하였다. 이렇게 해서 양측은 다같이 해외 교회들에게 지지를 얻으려 하였다. 안디옥의 파비안은 노바투스를 지지하였으나, 카르타고의 감독 키프리안(Cyprian)[10]은 코르넬리우스를 지지하였다.

---

게 하거나, 아니면 시당국으로부터 그렇게 하였다는 증명서를 얻게 하였다. 교회는 이러한 자들에 대해서 출교명령을 내렸다. 박해 기간 동안에 순교한 사람은 로마의 감독 파비안(Fabian of Rome), 안디옥의 감독 바비라스(Babylas of Antioch), 예루살렘의 감독 알렉산더(Alexander of Jerusalem) 등이었다.

10. 키프리안은 카르타고 출신으로서 40세 즈음까지 이교도로 있다가 245년경에 세례를 받았다. 그는 마음 속으로 터툴리안을 스승으로 모셨으나, 터툴리안의 엄격주의는 배우지 않은 것 같다. 그는 예외적으로 세례 후 2년 만에 카르타고의 감독직에 취임한 자로서 주위의 시기를 사기도 하였다. 데시우스 황제의 박해

이번의 박해로 인해서 두 가지 사항을 결정내려야 했다. 첫째는 배교자의 재입교에 있어서 온건파와 강경파의 입장이었다. 둘째는 감독의 권위의 최종적인 확정이었다. 문제는 배교자의 숫자가 너무나도 많아서 지금까지 전래적으로 시행하여 오던 엄격한 훈련과정을 밟게 할 수 없었다는 점이었다. 배교자들은 고백자들의 추천장을 얻어서 회중예배에 참석해서 축복을 받을 수 있게 하였다. 이것이 시간이 지남에 따라서 추천장이 아니라 명령의 형태로까지 발전함으로써 감독의 권위가 고백자들의 권위에 짓눌리는 경향이 있었다.

이러한 상황에서 키프리안은 도피 중에 편지로써 「배교자에 관하여」(On the Lapsed)라는 책을 써서 보냈으며, 박해가 끝나자 아프리카 교회의 감독회의를 주후 252년에 소집하여서 "주님의 교회를 버리고 떠나지 않은 사람과, 배교한 첫날부터 회개하고 통회하고, 주님께 기도하기를 쉬지 않은 사람에 대해서는 평화(pax)를 수여한다."고 결정하였다. 지금까지는 이러한 평화가 죽음에 임박해 있는 사람에게만 수여되었지만, 이제부터는 모든 배교자에게 다같이 수여되었다. 그러므로 이렇게 결정내리게 된 배경에는 고백자들에 의해서 재입교가 허락되었던 관례를 무너뜨리고 감독에 의해서 재입교가 심사되고 결정되었다는 점이 중요하였다. 이렇게 함으로써 칼리스투스 교황 이래로 가벼운 훈련을 주장하였던 교회의 입장이 다시 한번 확인된 것이었으며, 그러한 판단의 기준이 감독에게 있다는 결론을 확인한 것이었다.

여기에 대한 반대가 당연히 있을 수밖에 없었다. 그래서 키프리안은 「교회의 통일성에 관하여」(On the Unity of the Church)라는 책을 썼다. 키프리안은 이레니우스의 전통에 서서 감독은 역사적인 사도직의 계승자이기 때문에 사도적 전승의 적법한 선생이다. 동시에 감독은 카리스마를 수여받은 영적인 예언자이다. 따라서 감독은 고대교회에서 영감받은 사람들이 행하였던 직분을 감당할 수 있다고 하였다. 그런데 이 감독들은

---

때에는 교회와 교인을 돌보기 위해서 방법적으로 도피하였으나, 발레리안 황제의 박해 때에 순교한 것으로 알려져 온다.

감독들의 단체(college : *collegium*)를 형성한다. 감독들은 감독교구를 설정하고 감독회의를 구성한다. 그 까닭은 감독직 자체는 하나로써 결코 나누일 수 없지만, 많은 주주들이 공동재산을 공유하듯이 감독직도 공유할 수 있기 때문이다. 키프리안은 "감독직은 하나이며, 개별적으로 있는 각 부분은 전체로써 간주해야 할 것이다(*episcopatus unus est cuius a singulis in solidum pars tenetur*). 교회는 하나이며 재생산적인 에너지의 증진으로 말미암아서 다수로 계속적으로 확장되고 있다."고 하였다.[11] 교회의 통일성은 최초로 주님께서 베드로에게 사도적 권위를 부여하심으로써 나타났으며, 다른 사도들은 사도로서의 명예와 권능에 있어서 어느 정도는 베드로와 등등하게 부여받았다. 그러므로 로마 교구의 우위성을 말하는 것은 인정할 수 없었다.

여기에서 키프리안은 감독의 권위와 교인의 자격을 말한다. 그러므로 감독에 대한 반발은 하나님께 대한 반발이다. 적법한 감독에게 복종하지 않는 자는 교회와 교제를 그리고 구원을 거절하는 것이다. "누구든지, 그가 어떠한 직위를 가졌든지, 그리스도의 교회 안에 있지 않는 자는 기독교인이 아니다."[12] 그러므로 분파주의자도 또한 이단이다. "우리는 그가 교회 밖에서 가르치기 때문에 그가 가르치는 것에 대해서 흥미가 없다. 그리스도의 교회 밖에 있는 사람이라면 그가 무슨 사람이든지, 어떤 종류의 사람이든지 그리스도인이 아니다. 그리고 교회를 어머니로 섬기지 않는 사람은 하나님을 그의 아버지로 섬길 수 없기 때문에 교회를 떠나서는 구원이 없으며(*salus extra ecclesiam non est*), 또한 교회 밖에서는 어떠한 성례전도 집행할 수 없다."[13]고 선언하였다.

이렇게 해서 교회와 감독의 권위에 관한 논쟁은 일단락되었다. 즉, 교회를 떠나서 아무리 진리를 외친다고 할지라도 그것을 진리로 받아들일 수 없으며, 교회는 곧 감독이라는 군주적 감독제도가 재확인되었다. 배교자들의 재입교를 위해서는 엄격한 참회제도에 의한 훈련이 아니라, 감독

---

11. Cyprian, *On the Unity of the Church*, 5. ANF. Vol. V, p. 423.
12. 위의 책, 17, 19, ANF. Vol V, p. 427.
13. 위의 책, 6, ANF. Vol Vol, p. 423.

의 판단에 의해서 재입교가 허락된다고 함으로써 사도적 계승에 서 있는 감독의 권위가 재확인되었다. 세 번째로 배교자의 재입교에 관해서는 로마의 감독 스테판의 주장에 따라서, 삼위일체의 이름으로 거행한 물세례는 어디에서 받았든지를 막론하고 유효하므로 교회 밖에서 성례를 받은 자라 할지라도 교회내에서 다시 재세례를 베풀어서는 안 되며, 배교자의 재입교에 대해서도 재세례가 아닌 안수례를 베풀 뿐이라고 하였다. 왜냐하면 성례전의 유효성은 누가 집행하였느냐에 있지 않고 얼마나 정확하게 거행했느냐에 있기 때문이라고 하였다. 이렇게 함으로써 도나투스 논쟁에서 결정될 사항을 미리 맛보게 되었다.

아무튼 키프리안이 주장하였던 감독의 사도적 전승에 의한 권위, 영적 권위, 교회내에서의 통일성, 그리고 우주적 보편성 등등은 나중에 어거스틴이 도나투스 분파와 논쟁할 때에 다시금 재현되어서 확정되었다.

### b. 디오클레티안 박해와 도나투스 분파

디오클레티안(Diocletian) 황제는 235년부터 50여 년간 군인 황제들이 구데타에 의해서 제국의 힘을 약화시키고 분산시켰을 때에, 286년에 황제에 즉위해서 다시 한번 옛 로마의 영화를 되찾게 하였던 훌륭한 황제였다. 그렇지만 이미 제국 깊숙이 파고든 게르만족과 페르시아인들을 다스리기 위해서 제국을 서로마와 동로마로 2분화하였다. 서로마의 수도는 밀라노(Milano)에 두었으며, 동로마의 수도는 니코메디아(Nicomedia)에 두었다. 제국의 수도를 다스리는 황제를 아우구스투스(Augustus)라고 불렀다. 그러나 이것만으로도 힘이 부족하여서 다시금 동·서 로마는 부황제를 두고서 카이사(Caesar)라고 불렀다. 서로마의 부제는 라인 강변의 트리에르(Trier)에, 그리고 동로마의 부제는 다뉴브 강변의 스미리움(Smyrium)에 두었다.

동로마의 아우구스투스는 디오클레티안(Diocletian)이었으며, 그의 카이사는 갈레리우스(Galerius)였다. 그리고 서로마의 아우구스투스는 막시미안(Maximian)이었으며 그의 카이사는 아버지 콘스탄틴(Constantine)이었다.

303년 2월 23일부터 기독교에 대한 박해가 가해졌다.[14] 디오클레티안은 박해의 시작부터 피를 보기를 원치 않았었다. 그는 304년부터 공직생활로부터 일단 은퇴하였다가, 305년 정식으로 황제의 직위를 양도하고서 은거하였다. 이렇게 해서 동로마의 박해는 주로 그의 부제였던 갈레리우스의 손에 의해서 자행되었다.

한편 서로마의 부제였던 아버지 콘스탄틴은 박해명령에 복종하지 않았었다. 그가 브리타니아를 원정하였다가 306년 7월 25일 사망하자, 부하들은 그의 아들 콘스탄틴을 황제로 옹위하였다. 그는 그때로부터 기독교인들에 대해서 관대한 정책을 폈으며, 막센티우스와 더불어서 정제자리를 놓고 싸울 때에 십자가의 환상을 보았으며, 그로 인해서 전쟁에 승리한 다음에 313년 밀란칙령을 발표해서 기독교인들의 신앙의 자유를 선포하였다.

문제는 여기에 있었다. 디오클레티안의 박해 기간 동안에 많은 배교자, 고백자, 순교자가 탄생하였다. 이번에는 카르타고가 무대였다. 데시우스 황제의 박해 때의 문제가 배교자의 재입교와 이와 더불어서 감독자리에 대한 욕심에서 야기된 것이었다고 한다면, 디오클레티안 황제의 박해 때에는 배교자가 베푼 성례전의 효력에 관한 것이었다. 물론 이 문제가 데시우스 황제의 박해 때에 카르타고의 키프리안과 로마의 스테판 사이에서 일찍이 논의된 일이 있었지만, 이번에는 본격적으로 거론되었다.

디오클레티안의 박해가 잠잠해지자, 카르타고의 감독이었던 멘수리우스(Mensurius)와 그의 집사장이었던 케이실리안(Caesilian)은 고백자와 순교자에 대해서 지나치게 높게 공경하는 것을 못마땅하게 생각했었다. 여기에 불만을 품은 사람은 세쿤두스(Secundus of Tigius)였다. 감독 멘

---

14. 박해의 원인은 단순하였다. 짐승들의 간에 점괘를 볼 수 있는 흔적이 생기지 않자, 멜레투스에 있는 아폴로 신전에서 신탁을 물었다. 그 결과, 기독교인들로 인해서 거짓된 신탁이 나돌고 있었다는 것이었다. 이렇게 해서 주로 동로마에서 기독교 성전을 파괴하고, 교회를 파괴시키고, 성경 및 예배의식집을 몰수하고, 성스러운 기물은 국가에서 압수하고, 예배모임을 일체 금하였다. 서로마에서는 몇몇 교회당을 부수었을 뿐, 인명피해는 없었다.

수리우스가 죽자, 사람들은 케이실리안을 감독으로 선출하였으며, 그의 안수식은 엄격파에서 배교자라고 부르는 펠릭스(Felix of Aptunga)가 집례하였다. 이렇게 해서 아프리카의 소위 말하는 경건파 사이에서는 이에 대한 불만이 고조되었다. 그래서 누미디아 지역의 감독들은 312년 카르타고의 70명의 감독회의에서 케이실리안의 안수가 무효라고 선언하면서 마조리누스를 카르타고의 감독으로 선출하였다. 그러나 마조리누스가 죽자, 도나투스를 후임 감독으로 세웠다. 이렇게 해서 아프리카 교회는 가톨릭과 도나투스파로 나뉘었으나 도나투스 감독들은 330년 회의에 270명이 소집되었을 정도였다.

그러나 이들은 다만 아프리카 지역에서만 잔존하였을 뿐, 다른 지역으로까지 확산되지는 않았었다. 누미디아 지역을 중심으로 많이 산재해 있었으며, 동시에 농촌지역을 중심으로 퍼져 있었다. 그러므로 어거스틴이 목회하던 지역에서는 자연히 이들과 마찰을 일으킬 수밖에 없었다. 이들 가운데에는 아프리카의 열정적인 기질과 신비적인 종말론까지 겹쳐져서 과도한 무력을 사용하며, 생명을 경시여기면서 무분별적으로 음란에 흐르고, 동시에 종말을 선포하였던 열광주의적 과격파가 있었다. 이들은 가끔씩 가톨릭교회가 있는 도시를 공격하면서 "하나님을 찬양하라."고 외쳤던 것이다. 그래서 이들은 성을 도는 자들이라고 해서 '서컴셀리노스'(circumcellinos)라고 부르지만, 무정부적 과격파 혹은 종말론적 과격파들이었다.

그러나 이들이 이렇게 되기에는 사회적—정치적 요인도 없지 않았다. 당시 누미디아 지역은 로마의 곡창지대였는데, 토지의 소유자들은 로마인들이었으며 경작자는 현지 누미디아인들이었다. 로마는 식량안보 차원에서 수비대를 파견했었다. 그러므로 현지인들의 불만이 도나투스 계열의 서컴셀리노스들의 행동으로 표출되기도 하였던 것이다.

그렇다면 이들의 교리적 차이는 무엇인가? 도나투스주의자들은 교회의 감독 중심적인 기초를 무시하였으며, 다만 감독의 성스러움만 주장하였다. 그것도 박해 때에 고백자이어야 했으며, 그러한 사람들이 집례한 성례전만이 효력을 갖는다고 하였다.

성례전의 효력은 어디에 있는가? 이 문제는 데시우스 황제의 박해 때에 이미 로마의 감독인 스테판(Stephen)과 키프리안 사이에서 일찍이 논의되었었다. 스테반은 성례전의 효력은 그것을 집례하는 사람에게 있지 않고 얼마나 바르게 집례하였느냐에 있다고 함으로써, 비록 이단에 속한 집단에서 성례전을 베풀었다고 하더라도 성삼위의 이름으로 베풀었다면 효력이 있으므로 배교자의 재입교에 있어서 다시금 세례를 베풀 필요는 없다고 하였다.

그러나 이번에는 성례전의 효력과 더불어서 '가톨릭'이라는 단어에 대한 논란까지 겹쳐지게 되었다. 도나투스주의자들은 자신들이야말로 기적을 베풀고, 환상과 꿈을 보며, 동시에 박해 때에는 순교 혹은 신앙을 고백하는 거룩한 감독들을 모신 진정한 가톨릭교회이며, 가톨릭교회는 케이실리안파에 불과하며, 배교자, 피에 굶주린 탄압자에 불과하다고 하였다. 이렇게 함으로써 가톨릭이란 용어를 '지역'에 관한 것으로 해석하지 않고, '성례전으로 가득 찬' 혹은 '전세계적인 교제로 이해하지 않고, 하나님의 모든 계명과 성례전을 준수하는' 것으로 이해하였다. 따라서 교회의 거룩성을 유지하기 위해서 교인들은 교회 밖의 사람과 교제하지 않도록 최선을 다해야 하며, 교회 밖의 사람을 이방인에 불과한 것으로 이해해야 한다. 그리고 교회와 시민적 정부와의 관계를 맺는 것은 혐오의 대상으로 생각하였다. "기독교인들이 임금(세상)과 무슨 상관이 있으며, 궁전을 가진 감독과 무슨 관계가 있는가?"라고 말할 정도였다. 그러므로 도덕적으로 문제가 있는 배교자-감독이 운영하는 교회는 성례전의 진정한 가치를 도적질하는 것이므로 성례전, 재세례, 종유의 계속적인 반복이 필요하다고 하였다.[15]

그렇다면 가톨릭교회는 여기에 대해서 무엇이라고 말하는가? 가톨릭교회는 밀레비스의 감독이었던 옵타투스(Optatus of Milevis)를 통해서 반

---

15. Reinhold Seeberg, *Lehrbuch der Dogmengeschichte*, Charles E. Hay, trans. *History of Doctrines*, Grand Rapids:Baker Book House, 1978, pp. 313-317.

박하였다. 가톨릭교회는 도나투스주의자들의 교회, 성례전 등등을 인정하였다. 왜냐하면 성례전을 주신 이는 삼위일체 하나님이시지 사람이 아니기 때문이며, 성례전의 집례자는 바뀔 수 있어도 성례전 그 자체는 바뀌기 않기 때문이었다. 그러므로 성례전은 사람으로 인해서 거룩해지는 것이 아니다.(ex opere operato)라고 하였다. 도나투스주의자들은 자신들이 주장하는 대로 가톨릭교회가 아니라, 의사-가톨릭교회(quasicatholic)로서 해로운 벽을 쌓는 자들이었다. 교회내에는 깨끗치 못한 자들이 있지만, 이들을 쫓아내는 일은 사람이 할 일이 아니다. 교회의 거룩성은 구성원들의 거룩성에 있는 것이 아니라 하나님의 신적인 중재로써 거룩해지는 것이라고 하였다.

이상과 같은 거룩성의 주장은 이론적으로는 옳았지만, 실제적으로 사람들에게서 얻는 호응도는 그렇게 크지 않았으므로 가톨릭교회가 자신들의 주장을 실천에 옮기기까지는 많은 어려움을 겪어야 했다.

박해로 인해서 교회는 교회론과 성례론에 관한 이론을 발전시켰다. 데시우스 황제의 박해로 인해서 교회를 떠나서는 어떠한 진리도 있을 수 없다고 하였다. 교회 안에 있는 자에게만 구원이 있다고 하였다. 왜냐하면 구원은 성례전을 통해서 전달되는데, 감독만이 성례전을 집례할 수 있기 때문이다. 감독이 없는 곳은 교회가 아니며, 감독이 곧 교회라고 주장하는 군주적인 감독권이 확립되었다. 이렇게 해서 사도적 전승에 있는 감독을 중심으로 한 교회의 통일성이 확립되었다.

그리고 디오클레티안 황제의 박해로 인해서 교회의 보편성, 교회의 거룩성의 의미가 새롭게 되었다. 교회는 박해 때에 고백자들로 구성된 가시적인 거룩성을 지닌 교회를 지칭하는 것이 아니라 교회는 알곡과 가리지가 섞여 있으며, 이것을 가릴 수 있는 분은 오로지 한 분 하나님이시다. 그러므로 교회의 거룩성을 외적인 표준에 두지 말아야 할 것이다. 따라서 성례전은 사도적 전승에 의해서 안수례로 임직을 받은 감독이라면 비록 배교자였을지라도 집례할 수 있으며, 그 성례전의 효력은 하나님에게 있다고 선언하였다. 이상과 같은 양대 박해를 통해서 얻어진 교회론과 성례전론이 어거스틴에게서 종합되었던 것이다.

# 제7장
# 삼위일체 논쟁

앞장에서 교회는 이단들과 논쟁하는 가운데에서 신앙을 규범화하고 신조화하였음을 살펴 보았다. 교회는 하나님, 아들, 그리고 성령에 관해서도 명확한 신조적 선언을 필요로 하였다. 교회가 신조적으로 표현했다고 할지라도 하나님의 존재양상을 그대로 전달하였다고는 말할 수 없다. 그러나 성경에 기초한 삼위적 표현은 어디까지나 인간의 구원과 섭리와 깊은 관련이 있다고 말할 수 있다. 그러므로 삼위일체를 접근하는 데 있어서 성육신적이며 구원론적인 관점을 벗어난다면 사변적 논란에 그치고 말 것이다.

## 1. 성경에 기록된 삼위일체적 표현들

초대교회에서 삼위일체 교리가 논의되기 시작한 것은 유대적-기독교적 전통(Judeo-christian tradition)에 서 있던 교회가 구약의 야훼 하나님과 예수 그리스도의 관계를 정립하는 데서 비롯되었다. 이러한 부분을 가장 명확하게 천명한 복음서가 요한복음서였다. 예수는 하나님과 나누일 수 없으며, 하나로 연결되어 있다고 하였다(요 1:1-5). 그리고 바울 서신에서는 하나님의 형상(고후 4:4, 골 1:15), 하나님의 본체(빌 2:6)라고 하였다. 이상의 증언들은 예수님이 성육신 이전에 벌써부터 선재적으로 존재하였으며, 하나님과 하나로 있었다는 점을 강조하였다. 여기에 덧붙여서 예수는 중간기 시대에 지혜, 언약의 사자, 언약의 메시야 등등으로 애매하게 말하던 모습을 인류의 구원을 위한 성육신이라는 명확한 모습으로 소개하였던 것이다.

또한 예수님은 자신이 하나님과 동등하다는 사실을 주로 요한복음을 통해서 표현하였다. 하나님을 '아버지'라고 함으로써 하나님과 자신의 동등됨을 나타냈으며(요 5:18), 또한 '나와 아버지는 하나이니라.' (요 10:30)고 하였으며, '나를 본 자는 아버지를 본 것이다. 왜냐하면 내가 아버지 안에 있고 아버지가 내 안에 있기 때문이다.' (요 14:9-10)라고 하였다. 물론 요한의 이러한 증언들은 본질적인 하나됨보다는 하나님으로서의 능력면에 있어서 동일하며, 하나라는 점을 많이 강조한 것은 사실이다.

요한은 또한 여기에 머무르지 않고 성령을 언급하였다. 요한의 논리는 간단하였다. 즉, 아버지의 능력을 아들이 부여받았으므로 아버지와 아들이 하나이듯이, 아들이 가진 것을 또한 성령이 가졌으므로 성령도 아버지와 동일하다는 것이었다(요 16:14-15). 그러므로 요한은 삼위일체적인 표현을 신으로서의 본질적 동일성에서 접근하였다고 말할 수 있다.

그러나 우리가 말하는 삼위일체적(trinitarian)인 표현은 아직 성경에서는 찾아볼 수 없다. 다만 아버지, 아들, 성령을 병렬적으로 나열함으로써 삼위일체적인 암시를 주었을 뿐이다. 우리는 이것을 삼조일체적(tridaic)이라고 부른다. 마태복음 28:20에서 아버지와 아들과 성령의 이름으로 세례를 베풀라고 하였으며, 고린도 후서 13:13에서 우리 주 예수 그리스도의 은혜와 하나님의 사랑과 성령의 교통하심이 너희 무리와 함께 있을지어다라고 함으로써 삼조일체적인 표현과 더불어서 삼위간의 역할을 어느 정도 정립하였다.

이러한 신약성경의 증언들은 하나같이 인류를 죄 가운데서 구원하기 위해서는 아버지께서 사람들에게 전달되어야 하는데, 직접적으로는 불가능하기 때문에 아들을 통해서 나타내 보이셨으며, 아들은 인간으로 오셨기 때문에 일정 기간을 지낸 다음에 성령에게 아들의 역할을 맡기셨다는 구원론적인 입장에서 기록되었다. 그러므로 삼위일체를 접근할 때에 이러한 구원론적인 접근을 떠나면 사변적인 사유에 그칠 위험성을 갖는다. 그렇기 때문에 기도와 예배의 대상으로서 삼위를 동일선상에서 항상 언급하였던 것이다.

## 2. 변증신학자들의 삼위일체적 표현들

성경적인 단계를 넘어서 변증신학자들의 단계에 들어서면서부터 삼위일체는 다분히 사변적인 면을 갖기 시작하였다. 이들은 신앙고백적인 구원과 기도와 예배의 대상으로서의 삼위를 말하는 것이 아니라, 삼위간의 동일성이 유대교의 유일신관과 어떻게 다른가를 설명하려는 데 있었다고 말할 수 있다. 그러면서도 하나님의 구속사적인 범위 안에서 아버지와 아들과 성령을 설명하였으며, 신약과 구약의 연계성을 말하려 하였다.

삼위일체(*trias*)라는 용어를 맨 처음 사용하였던 변증신학자는 테오필루스(Theophilus)였다. 그는 말하기를 "아버지와 아버지와 함께 계시는 로고스를 보려는 욕심을 버려라. 아들과 아버지의 연합은 무엇인가? 아버지와 아들의 교제는 무엇인가? 성령은 무엇인가? 이렇게 연합하여 계시는 분들의 연합과 상이점은 무엇인가?—성령과 아들과 아버지가 아니고 무엇이겠는가?"라고 하였다.[1]

그렇지만 순교자 저스틴에게서 삼위일체적인 표현은 구원론적인 면보다는 철학적이며 사변적인 면으로 더욱 흐른다. 그는 하나님을 한 분 하나님, 창조자, 경배자, 세상의 보전자 이시며, 동시에 하나님은 보이지

---

1. 테오필루스는 안디옥의 감독으로서 친구인 아우톨리쿠스(Autolycus)에게 기독교를 소개하기 위하여 3권의 책을 썼는데, 여기에서 그는 삼위일체적인 신관을 소개하였다. *Three Books to Autolycus*, Ⅱ, Ⅴ, ANF. Vol. 1.

않는 분으로서 나으시지 않은 자이시며, 이름을 붙일 수 없으며, 영원하시고, 이해할 수 없으신 분이시며, 불가변적인 존재이시며, 모든 필요와 열정으로부터 완전히 벗어나 계신다[2]고 하였다. 이 하나님께서 인간을 위해서 천지만물을 창조하셨다고 함으로써 구원론적인 면을 강조하면서도, 그 창조는 무로부터의 창조이며, 질료에 형상을 부여한 것이라고 표현하는 데서 철학적인 범주를 벗어나지 못하고 있다.

그러나 이 하나님은 하나님과 피조세계의 중재자(mediator)로서 아들을 낳으셨다. 여기에서 변증신학자들은 다분히 철학적인 개념을 빌려서 아들을 이교적 찰학자들에게 소개한다. 즉, 하나님은 본래 한 분으로 계셨지만, 이성적 힘(reasoning faculty)에 의해서 로고스를 낳으셨다. 이 로고스가 곧 아들이며, 하나님의 최초의 피조물이었다. 이 아들 혹은 로고스는 천사는 아니었지만 신성을 지녔다. 그렇다고 해서 하나님 자신은 아니었다.

"로고스는 언제나 하나님의 가슴 속에 거주하신다. 만물의 창조 이전에 로고스는 카운슬러로서 자신의 이성(nous)과 목적(phronesis)을 가지고 있었다. 그러나 하나님께서 원하시는 것을 만드시려고 하셨을 때에, 모든 만물의 최초의 탄생인 로고스를 말씀으로 낳으셨다. 그렇다고 하더라도 하나님에게서 로고스가 없어진 것은 아니었다. 하나님은 로고스를 낳으셨으며, 언제나 로고스와 연합되어 계셨다."라고 하였다. 이 로고스, 말씀, 아들은 구약성경에서 사람들에게 나타나 보이셨던 분이시며, 하나님의 사자이며, 하나님의 계시를 보여 주시는 우리들의 선생이며, 사도이시다.[3]

변증신학자들의 삼위일체적 표현에는 문제점이 많았다. 첫째는 아버지

---

2. Justin Martyr, *The First Apology*, Book Ⅰ, Ch. 6, ANF. Vol. 1, p. 164.
3. Reinhold Seeberg, *Lehrbuch der Dogmengeschichte*, Charles E Hay, trans. *History of Doctrines*, Grand Rapids:Baker Book House, 1978,, pp. 113-114.

와 아들의 관계는 설명되었지만, 성령에 관한 언급은 분명하지 않았다. 둘째는 아들은 아버지에 비해서 저급한 신적존재라고 함으로써 아들의 종속론을 벗어나지 못하였다. 그렇기 때문에 엄밀한 의미에서 삼위일체적인 표현이라고 말할 수는 없다. 변증신학자들이 아들을 아버지와 구별해서 종속론적으로 말하는 것을 반대하기 위해서 군주신론주의자들이 나타났다는 점에서 변증신학자들은 삼위일체 교리의 발전을 촉진시키는 역할을 하였다고 말할 수 있다.

## 3. 군주신론주의자

군주신론은 아직도 유대적 유일신관을 벗어나지 못하였던 신학자들 사이에서 일어난 운동이었다. 이들은 하나님은 한 분이셔야 한다는 대전제 아래에서 아버지와 아들 가운데에서 아들을 인간으로 낮추거나(역동적 군주신론), 아니면 아버지와 아들을 하나로 묶어서(형태론적 군주신론) 한 분 신을 말하려고 하였다. 이들은 물론 자신들의 의도를 성공적으로 달성하지는 못하였다고 할지라도 삼위일체 교리의 확립에 기여했다고 말할 수 있다.

군주신론이라는 용어를 최초로 사용하였던 사람들은 영지주의자들이었다. 이레니우스에 의하면 반－로고스주의자(alogoi)들이 있었는데, 이들은 영지주의와 마르시온이 주장하였던 하나님의 이중성과 에온을 배척하고, 하나님의 통일성 혹은 군주성(monarchy : 하나의 군주국가에 임금이 한 분 계시듯이, 하나님의 존재 경세도 한 분 하나님만 계신다.)을 강조하였던 사람들이다.

### a. 역동적 군주신론

역동적 군주신론(dynamic monarchianism)을 처음으로 부르짖었던 사람은 190년에 로마에 온 비잔틴의 부유한 피혁상인 테오도투스(Theodotus)였다고 전한다. 그는 로마에 올 때에 나중에 교황이 된 빅토(Victor)와 함께 왔었으나, 빅토의 손에 의해서 이단으로 정죄되었던 사람이다.

그가 로마로 오기 이전 소아시아에 머물고 있을 때에 성경의 우의적 해석을 배격하고 문자적 해석을 주장하는 공동체에 속하였던 것으로 보인다. 이것이 또한 역동적 군주신론의 특징이기도 한다.

그에 의하면 아들 예수는 인간이었다. 그러나 세례받을 때에 하나님의 성령, 혹은 그리스도가 강림함으로써 기적을 행할 수 있는 신적 존재가 되었다고 하였다. 이러한 그의 주장은 후계자들에 의해서 예수는 멜기세덱과 동일한 영을 부여받았으며, 하나님의 아들로 인정받았다는 양자설(adoptionism)로 발전하였다.

그러나 이러한 양자설을 발전시켜서 역동적 군주신론으로 완성시킨 사람은 사모사타의 바울(Paul of Samosata)이었다.[4] 그는 아들 예수가 하나님이 아니라고 대전제적으로 말하였다. 그렇다면 예수 안에 있는 신적 힘은 무엇인가? 그것은 하나님의 지혜 혹은 말씀이 영원한 힘(dynamis)으로서 내재하는데, 예수는 이 힘과 도덕적으로 연결되어 있었다. 즉, 로고스의 힘이 예수라는 인간 안에 내재해 있는 것이다. 인간 예수는 자신을 발전시킴으로써 위로부터 많은 것을 받았으며, 마침내는 신과 영원한 통일을 이루는 단계에까지 상승하였으며, 세계의 심판자가 되었다는 것이다.

역동적 군주신론은 유일신 사상을 지키기 위해서 삼위간의 연합을 희생시켰다. 그러면서 아들을 단순한 인간적 차원에서 도덕적·율법적 완성자로 부각시킴으로써 하나님과의 연결을 말하였으며, 그렇기 때문에 신으로서의 예배와 기도의 대상이 된다는 것을 정당화시켰다. 그러나 역동적 군주신론을 주장하는 사람들은 대다수 안디옥 등 소아시아 계열이었다는 점에 유의해야 한다. 이들은 다분히 유대적인 문자적 해석을 강조

---

4. 사모사타의 바울은 안디옥의 감독이었다. 그러나 이 당시의 안디옥은 로마에서 독립을 꾀하던 팔미라 왕국의 여왕에 의해서 통치되고 있었다. 여왕 제노비아는 그에게 안디옥의 '두케나리스' 직을 수여하였는데, 그는 이 직책을 감독직보다도 더 중요하게 생각하였다. 나중에 그는 이러한 정치적 색깔로 인해서 사람들로부터 더욱 미움을 샀다.

하였다는 점에서 에비온주의적인 색채를 유지하였다. 그리고 이들이 주장하는 성경의 문자적 해석, 양자설, 도덕적 연결, 로고스가 아들 안에 내재하는 것이 마치 사람이 성전 안에 들어 있는 것과 같다는 생각은 후대에 이르기까지 안디옥 학파의 기본적인 흐름이었다.

### b. 형태론적 군주신론

역동적 군주신론은 268년 안디옥 회의에서 사모사타의 바울이 정죄된 것과 때를 같이해서 대중적인 지지를 얻지 못하고 곧바로 잠잠해졌다. 그러나 형태론적 군주신론(modalistic monarchianism)은 아들을 신으로 승격시켰기 때문에 널리 인정받았으며, 동방교회와 서방교회를 다같이 파고들었던 이론이었으며, 교회에 대한 심각한 도전이었다.

이상과 같은 이론을 최초로 체계화한 사람이 노에투스(Noetus of Smyrna)였다. 그는 삼위일체 이론을 어설프게 해석한 사람이었다. 따라서 한 분 하나님께 영광돌리기 위해서 아들을 신으로 승격시킴으로써 삼위간의 구별을 없게 하였다. 그는 자신을 공격하는 사람들에 대해서 "탄생하시고, 수난당하시고, 죽으신 그리스도, 즉 오직 한 분이신 하나님을 영화롭게 해드렸는데 내가 무슨 잘못이냐"고[5] 반문할 정도였던 것으로 보아서 성부수난설을 내포하였다. 왜냐하면 아들이 곧 아버지라면 아들의 수난은 아버지의 수난이기 때문이다. 만일 그렇지 않다면 아버지와 아들이 다를 수밖에 없다.

이러한 그의 이론은 후계자였던 에피고누스(Epigonus)가 로마에서 크게 발전시켰다. 여기에 대해서 로마의 히폴리투스는 크게 반박하였다. "이들은 한 분이신 동일한 신성이 무차별하게 성부나 성자로 표시될 수 있다고 믿었으며, 그런 용어는 참된 구별을 위해서 있는 것이 아니라, 각각 다른 시기에 적용될 수 있는 단순한 이름뿐이라고 하였다."[6]고 논박하였다. 그리고 터툴리안에 의하면 프락세아스(Praxeas)라는 이름을 가진

---

5. Hippolytus, *Against the Hersey of One Noetus*, 1, ANF. Vol. Ⅴ. p.223.
6. Hippolytus, 위의 책, 7, 11, 10, 14, ANF. Vol. Ⅴ. pp. 226-228.

사람에 의해서 널리 퍼졌던 것으로 보인다.

로마에서 히폴리투스의 공격을 받았던 형태론적 군주신론주의자는 사벨리우스(Sabellius)였다. 특히 그는 교황 칼리스투스와 친분이 두터웠다는 점을 감안할 때, 히폴리투스의 공격을 면할 리 없었을 것이다. 사벨리우스에 이르러서 형태론적 군주신론은 삼위간의 기능적 설명으로 바뀌었다. 그에 의하면, 신성은 단자인데 이 단자는 자신을 세 가지 기능으로 표현한다. 그는 이러한 기능을 유비적으로 태양을 빌려 성부는 형상, 즉 본질이고 성자와 성령은 자기 표현의 형태라고 하였다. 이러한 그의 기능적 설명은 켈리(J.N.D. Kelly) 교수의 지적대로 성부수난설이라는 달갑지 않은 딱지를 벗어 보고자 하는 의도였을 것이다.[7]

군주신론은 초대교회에서 합리적인 삼위일체론을 제시하였던 이단들이었다. 그러나 이들을 대표하는 사람들이 대부분 소아시아 계열의 동방교회 출신이라는 점에서 장차 삼위일체 논쟁이 서방이 아닌 동방에서 일어날 수 있는 바탕을 제공하였다. 그리고 삼위일체에 대해서 다분히 철학적이며 사변적인 사고의 흐름으로써 목회적인 실천면을 등한시하였다. 터툴리안 같은 법률 전문가에 의해서 실천적으로 바르게 교정되었다는 점은 생각해 볼 만하다. 터툴리안은 삼위일체를 이들과 같이 말하는 자들에 대해서 최초로 군주신론주의자(monarchians)라는 명칭을 부여한 사람으로서 "프락세아스는 로마에 있는 마귀에게 이중적인 봉사를 하였다. 그는 예언을 몰아내고 이단을 들여왔다. 그는 성령을 쫓아내고 아버지를 십자가에 못박았다."고 말함으로써 전자는 역동적 군주신론을, 후자는 형태론적 군주신론을 다같이 언급하였던 것이다.

## 4. 이레니우스

군주신론과 더불어서 삼위일체 교리의 발전에 기여한 이단들이 영지주

---

7. J. N. D. Kelly, *History of Christian Doctrines*, 김광식역, 「기독교 교리사」, 서울 : 한국기독교 문학연구소 출판부, 1980, pp. 142.

의자들이다. 이들은 앞에서 살펴본 대로 하나님의 존재마저도 인정하지 않았으며, 아들과 아버지의 관계에 대해서는 더욱더 인정하지 않으려 하였다. 따라서 이레니우스는 여기에서 삼위일체의 새로운 개념을 도입하는데, 바로 경세 삼위일체론(economy trinity)이었다.

이레니우스의 성경의 장은 요한복음이다.[8] 이레니우스는 영지주의자들을 반대해서 하나님의 창조와 아들의 낳으심과 성령의 보살피심을 동일한 선상에서 말하려 하였다. 따라서 하나님은 본래적인 존재에 대해서는 알 수 없지만, 인간의 구원을 위해서는 경세 속에서 자신을 계시하신다고 생각하였다. 그러므로 "하나님의 존재의 본질과 본성으로 보아 하나님은 한 분으로 계신다. 그러나 우리의 구속의 경세에 따라서 성부와 성자로 계신다."고 하면서 성령을 덧붙였다.[9]

하나님 아버지에 대해서는 창조주이심을 강조해야 했으므로, "하나님은 온전한 마음과 온전한 말씀으로 그분이 생각하신 것을 발설하시고 그분이 발설하신 것을 생각하신다. 그분의 생각은 그분의 말씀이요, 그분의 말씀은 그분의 지성이며, 성부는 만물을 포괄하는 그 지성이다. 즉, 하나님께서는 이성적이시므로 그분은 그분의 말씀으로 만들어진 모든 것을 창조하신다."고 하였다.[10] 그렇다면 하나님께서는 창조를 통해서 자신을 모두 계시하셨는가? 그렇지 않았다.

하나님 아버지는 아들을 통해서 또한 자신을 계시하신다. "성자는 자기 자신의 현현을 통하여 성부의 지식을 계시한다. 왜냐하면 성자의 현현은 성부를 알려 주는 것이기 때문이다. 그리고 성자 안에서 보이지 않는 것은 성부요, 성부 안에서 보이는 것은 성자이다."[11]라고 하였다. 그리고 성령에 대해서는 성령이 없이는 하나님의 말씀을 볼 수 없다. 즉, 성부의 지식은 성자요, 하나님의 아들의 지식은 오직 성령을 통해서만 얻을 수

---

8. 이레니우스의 선생은 폴리캅이었으며, 폴리캅은 또다시 사도 요한의 제자였다.
9. J. N. D. Kelly, *Early Christian Doctrines*, 김광식 역, 「고대 기독교 교리사」, 서울 : 한국기독교문화연구소 출판부, p. 119.
10. 위의 책.
11. Irenaeus, *Against Heresies*, Ⅳ, vi. 3. ANF. vol. 1. p. 468.

있다. 성부의 선하신 뜻을 따라 성부께서 원하시는 누구에게나 성부께서 원하시는 대로 성자가 섬기고 성령을 나누어 주신다."고 하였다.

그리고 나서 요한복음의 구절들을 인용하면서 "성부도 하나님이시고, 성자도 하나님이시다. 그 까닭은 무엇이거나 하나님께로부터 태어난 것은 하나님이시기 때문이다." 이렇게 말하고 나서 성령도 하나님이시다라고는 명백하게 말하지는 않았으나, 성령도 하나님이시다라고 하였다.

아직까지도 삼위간의 동등한 관계에 대해서 확정적으로 말하지는 않았으나, 구속적 입장에서 하나님께서 경세적 삼위로 계셔야 한다고 말함으로써 많은 진전을 보였다.

## 5. 터툴리안

군주신론주의자들은 한 분 하나님을 말하기 위해서 군주국(monarchy)이라는 개념을 빌려와서 군주국가에 임금이 한 사람이듯이, 하나님은 한 분으로 계셔야 한다고 주장하였다. 여기에 반대해서 터툴리안은 이레니우스 이래로 이어져 내려오던 경세(oikonomia : dispensation)이론을 발전시켜서 군주국의 개념을 설명하였다. 이레니우스에 의하면 경세란 하나님의 본래적인 존재양상이 아니라, 창조와 구속을 위해서 하나님께서 취하시는 특별한 존재양상이었다.

터툴리안은 경세의 의미를 더 깊게 파헤쳤다. 즉, 신적인 계획이나 하나님의 신비스러운 목적을 뜻하는 데서부터 성육신과 신적인 목적의 목표에 이르기까지 적용하였다. 더 나아가서 이 단어는 배분과 조직 및 정규적 질서, 다시 말해서 많은 요인의 조정을 뜻하는 의미가 들어있었다. 따라서 이 단어는 하나님의 구속적인 계획에 따라서 한 분 성부로부터 성자와 성령을 구별하는 데까지 포괄적으로 사용할 수 있었다.

터툴리안은 하나님께서 본래적으로 삼중적으로 계셨음을 말하였다.[12] 하나님은 "만물이 있기 이전에는 홀로 계셨고, 친히 그분 자신의 우주와

---

12. 히폴리투스도 "그분은 혼자이셨지만 복수이었다. 왜냐하면 그분은 말씀과 지

위치와 모든 것이셨다. ……그렇더라도 그분이 정말 홀로 계신 것은 아니었다.…… 자신의 말씀(이성)을 자신과 함께 가지고 계셨다." 이 말씀은 출생된 말씀이며 곧 아들의 위격(person)이며, '성부에 덧붙여진 제2의 것'(secundum quid)이다. 그리고 성령은 제3의 어떤 것(tertium quid)으로서 성자의 대표 혹은 대리(vicaria vis)이다.[13] 그러므로 성령은 성부에게서 성자를 통해서 나오고, "성부와 성자로부터 나온 제3의 것이다." 이것은 꼭 나뭇가지에 열린 열매가 뿌리에서 나온 제3의 것이 듯이, 그리고 강에서 끌어낸 수로가 샘에서 나온 제3의 것이 듯이, 그리고 햇빛에 있는 빛의 일점이 해로부터 나온 제3의 것이 듯이 그러하다. "성령도 또한 위격이며, 신성은 '삼위일체'(trinitas)이다.[14]

터툴리안으로서 넘어야 할 산은 경세적인 삼위의 하나님이 본래적인 하나님의 통일성과 어떻게 위배되지 않는가를 설명하는 데 있었다. 여기에 동원되는 개념이 본질(substantia)과 개체(persona)였다. 본질이란 몇 사람이 공동으로 소유할 수 있는 하나의 토지(물건)를 의미하는 것으로서 성부, 성자, 성령이 신성을 공동으로 소유할 수 있으며, 이러한 의미에서 통일성을 갖는다고 하였다. 즉 성부, 성자, 성령이 동일한 신적인 본질을 공유하고 있으므로 서로 나누인 것이 아니며, 하나의 동일한 존재임을 뜻하는 것이었다.

동시에 개체라는 단어는 하나의 토지에 대해서 소유권자로서의 권리를 행사하는 한사람 한사람의 법적인 사람을 뜻한다. 본래 개체(prosopon)라는 단어는 연극배우의 가면을 의미하였다. 그러다가 표현을 의미하다가 역할이라는 뜻으로 사용되었다.

이렇게 해서 본질이라는 단어로써는 삼위간의 통일성을 말하고, 개체라는 단어로써는 삼위간의 구별성을 말하였다. 이렇게 두 가지 요구조건을 만족시켰지만, 삼위는

---

혜, 능력과 의사를 가지고 계셨기 때문이다."고 말하였다. Hippolytus, *Against Noetus*, 10.
13. Tertullian, *Against Praxeas*, 5, On the Prescriptions, 13.
14. Tertullian, 위의 책, 4, 8, 11, ANF. Vol. Ⅲ, pp. 599-606.

> 셋은 지위에 있어서가 아니고 정도에 있어서이며, 본질에 있어서가 아니고 형식에서이며, 능력에서가 아니고 그 양상에서 나누인다. 그렇지만 그분이 한 분 하나님으로서 아버지와 아들과 성령의 이름으로 이러한 정도의 형상들과 외양들로 생각되어질 수 있다면 여전히 하나의 본질이며, 하나의 조건이며, 하나의 능력을 갖는다.[15]

터툴리안의 이러한 설명에 대해서 군주신론주의자들이 군주국 개념을 계속적으로 고집하면서 요한복음 10 : 30의 "나와 아버지는 하나이니라."를 고집하였다. 여기에 대해서 터툴리안은

> 나는 군주국(monarchy)이 하나의 개인적인 통치 이외의 다른 뜻이 없음을 안다. 그러나 군주국이 한 사람의 행정에 의해서 다스려진다고 하더라도 아들이나 또는 대리인을 시켜서 다스리지 못한다는 원칙이 없다.[16]

라고 반박하였다. 그리고 나서 요한복음 10 : 30의 말씀을 해석하면서, '하나' 라는 단어를 깊게 파헤쳤다. 즉, 하나는 남성·단수·일인칭 unus로 표현하지 않고, 중성·단수·일인칭 unum으로 표현했다는 것이다. 그러므로 '하나'의 의미는

> unum은 중성형으로서 숫자적인 단수성을 내포하는 것이 아니라, 아들을 사랑하시는 아버지쪽에서의 사랑과 연결성, 닮으심과 본질이 아버지의 뜻에 순종하시는 아들의 복종과 연합되어 있음을 말한다.[17]

라고 주장하였다. 따라서 아버지와 아들은 본질적인 면에서 하나이며, 개체적인 면에서 하나는 아니다. 그리고 단순한 숫자적인 통일성을 의미하는 것도 아니다. 성자와 성부는 더불어서 하나의 본질로 되어 있다. 그리

---

15. Tertullian, 위의 책, 2, ANF. Vol. Ⅲ, p. 598.
16. Tertullian, 위의 책, 3, ANF. Vol. Ⅲ, p. 599.
17. Tertullian, 위의 책, 12, ANF. Vol. Ⅲ, pp. 617-618.

고 성자와 성령은 성부의 본질에 동참하고 있다.

그렇지만 터툴리안은 성자와 성령을 성부의 제2의 어떤 것, 제3의 어떤 것이라고 표현함으로써 아들과 성령을 아버지에게 종속시키는 면이 없지 않아 있지만, 이것은 터툴리안이 삼위를 하나로 통일시켜 버리는 형태론적 군주신론주의자들과 대적하는 입장에 있음을 감안할 때에 삼위간의 구별성을 말하는 것은 당연한 귀결이었을 것으로 본다. 그리고 이레니우스—터툴리안으로 이어지는 경세 삼위일체론은 하나님의 구속을 강조함으로써 영지주의 이단과 군주신론 이단을 막을 수 있었다.

## 6. 오리겐

오리겐의 삼위일체 이론은 영지주의적인 희랍철학 이론을 주장하였던 켈서스(Celsus)를 배격하기 위해서 크게 발전시킨 것이라고 말할 수 있다. 그러면서도 그 자신은 성장배경인 알렉산드리아의 혼합주의적인 상황을 완전히 벗어나지 못하였으며, 희랍철학과 기독교라는 두 가지 흐름 속에 언제나 빠져 있었다. 이러한 면모는 이단을 논박하는 입장과 삼위일체 이론을 전개하는 입장에서도 엿볼 수 있다.

오리겐은 이레니우스와 터툴리안의 경세 삼위일체론을 벗어나서 삼위간의 통일성과 구별성을 말하기 위해서 두 가지 새로운 개념을 도입하였다. 통일성을 말하기 위해서는 플라톤 철학적 개념인 동일본질(*homoousia*)이라는 개념과 개별성을 말하기 위해서는 본체(*hypostasis*)라는 개념을 도입하였다.[18] 오리겐은 삼위간의 통일성을 말하기 위해서 동일본질(*homoousia*)이라는 개념을 사용하면서 그것은 아들과 성령이 아버지로부터 발출(*ekporeuosis*)되었기 때문이라는 의미로 해석하였다. 여기에서 그는 후대 삼위일체 교리형성의 핵심적인 용어인 동일본질, 발출이라는 개념을 정립하였다.

그에 의하면 아버지 하나님은 존재 그 자체이시며, 또한 존재를 초월

---

18. J. N. D. Kelly, 김광식 역, 「고대기독교 교리사」, p. 148.

해 계신다(God is Being and beyond Being). 신은 불가변이며 수난을 초월해 계신다. 이러한 하나님을 인간으로서는 인식할 수 없으므로 하나님은 하나님 자신의 로고스 혹은 말씀이시며(logos), 지혜이시며, 빛나는 왕관이시며, 형상이신 아들을 통해서 우리로 하여금 하나님을 알게 하였다.[19] 그러나 이 로고스는 아버지로부터 분리나 나눔에 의하지 않고 영적인 방법으로 발출한다. 아버지께서는 아들을 낳으신 다음에 자유롭게 놓아 버리시는 것이 아니라 언제나 낳으시고 계신다.[20] 아들은 존재하지 않은 때가 없었다. 그것은 마치 광채가 빛의 근원으로부터 방사되는 것과 같다. 그러므로 로고스가 존재하지 않은 때는 없었다. 따라서 로고스는 아버지와 동일본질이다.[21] 뿐만 아니라 아버지와 아들의 동일성을 말하기 위해서 아버지와 아들은 생각에 있어서 하나이며 동일하며, 조화를 이루며, 의지에 있어서도 동일하다. 그래서 두 개의 본체는 동일한 의지와 동일한 행동을 갖는다고 하였다.

이와 같은 동일성은 빛의 발산이나 수증기라고 함으로써 본질적인 통일성은 주장할 수 있었으나, 참여적인 혹은 파생적인 신성을 말할 수밖에 없었다는 점에서 종속론을 벗어나지 못하였다. 그리고 이러한 파생적인, 참여적인 신성은 아들이 아버지에게, 그리고 성령이 아들에게 보다 저급한 신성을 소유한다고 볼 수밖에 없었다. 성령에 대해서도 이렇게 말하였다. 성령의 존재의 궁극적인 근거는 성부이지만, 그 근거는 성자로 말미암아 성령에게 전달되고, 성령은 성자에게로부터도 구별되는 모든 속성을 이끌어 낸다.[22]

오리겐은 또 삼위간의 개별성을 말하기 위해서 새로운 개념을 도입하였다. 하나님은 선하시고 완전하시기 때문에 자신의 선하심과 능력을 나타낼 수 있는 대상이 있어야 한다. 그래서 아버지는 우주창조 이전에 자

---

19. Origen, *On the First Principle*, Book Ⅰ. 2. 8. ANF. Vol. Ⅳ. pp. 248-249.
20. Origen, 위의 책, Book Ⅰ. 2. 4. ANF. Vol. Ⅳ. p. 247.
21. Origen, 위의 책, Book Ⅳ. 28. ANF. Vol. Ⅳ. pp. 376-377.
22. J. N. D. Kelly, 김광식 역, 앞의 책, pp. 149-150.

신과 영원동등한(co-eternal) 영적 존재를 말씀으로 창조하셨다. 이 존재들은 자유를 가지고 있었으며, 어느 정도는 신과의 결합으로부터 떨어져 나갈 수도 있었다. 그런데 실제적으로 이러한 떨어짐(타락)이 발생하였으며, 영적인 존재들이 물질적인 존재들과 결합하게 되었다. 이것은 전적으로 영적인 타락이며, 천상적인 타락이며, 물질 이전의 선재적 상태의 타락이었다. 이렇게 타락한 것이 영적인 존재들에게는 형벌이었지만, 동시에 정화될 수 있는 가능성도 가지고 있었다. 이렇게 타락해 버린 영적 존재들을 구원하기 위해서 중재적인 존재가 아들이었으며, 로고스라고 하였다.

그러나 오리겐의 이러한 주장은 여기에서 그치지 않고 더욱 많은 문제점을 가지고 있었다. 즉, 신플라톤적인 계층구조적 사고를 완전히 떨쳐 버리지 못한 듯한 느낌을 준다. "아들은 두 번째의 하나님이며, 아버지의 형상이다. 아들은 절대적인 하나님, 그리고 절대적인 참은 아니며, 다만 아버지의 형상으로서 그리고 유출로서 선하고 참될 뿐이다. 그리스도는 아버지의 실행 보좌관이다. 따라서 예수에게는 어떠한 형태로든지 기도해서는 안 된다. 기도는 아버지에게 드리며, 아들을 통해서 전달된다."[23] 고 말하였다.

오리겐의 주장은 영지주의적이며, 신플라톤적인 색채를 벗어버리지 못하였으나, 그 당시는 철학이 언제나 우위를 차지하고 있었기 때문에 커다란 반대를 불러 일으켰으면서도 배척받지는 않았다. 오리겐이 죽고 나자 325년 니케아회의까지 약 70년 동안은 그의 영원산출을 따르는 우파들과 영원동등을 따르는 좌파로 나뉘어서 교회를 어지럽게 하였다. 오리겐 우파는 주로 알렉산드리아 쪽에서 우세하였으며, 반면에 좌파는 안디옥 지역에서 우세하였다. 그러므로 다음 세대의 삼위일체 논쟁은 자연히 알렉산드리아와 안디옥의 대결이었다.

---

23. Origen, *De Oratione*, 14-16. Henry Bettenson, Documents of the Christian Church, New York and London : Oxford University Press, 1943, pp. 237-238.

## 7. 아리우스와 니케아회의

오리겐 이후의 동방교회는 알렉산드리아를 중심으로 한 오리겐 우파와 안디옥을 중심으로 한 오리겐 좌파로 크게 나뉘었다. 이들 두 학파가 삼위일체에 대해서 서로 다른 견해를 가지고 있었는데, 그 핵심은 말씀이 신성을 지니고 있었는가? 그래서 본래적으로 아버지와 동일한 것인가 아닌가 하는 데 있었다. 이것은 당시 교회의 신앙고백이었으며, 이단과 정통을 가름하는 기준이기도 하였다.

안디옥 학파는 사모사타의 바울(Paul of Samosata)로부터 그의 제자였던 안디옥의 루키안(Lucian)으로 이어졌으며, 그에게서 아리우스(Arius)와 니코메디아의 유세비우스(Eusebius of Nicomedia)가 동문수학으로서 공부하였다. 아리우스는 고대로부터 내려오는 공식, 즉 한 분 하나님, 낳으시지 않으신 한 분이라는 군주신론적인 단일신론 원리를 고집하였다. 따라서 아들은 하나님으로부터 유출된 존재도 아니며, 하나님과 동일한 본성을 가질 수도 없으며, 하나님처럼 창조되지 않을 수도 없다. 그러므로 아리우스는 시작이 없으신 시작(*agenetos arche*)으로서의 하나님의 위치를 공고히 하려는 데 그 출발점을 가지고 있었다.[24]

> 우리는 한 분 하나님을 인정한다. 그분은 홀로 낳으시지 않으신 분이시며, 홀로 영원하시며, 홀로 시작이 없으시고, 홀로 참되시고, 홀로 불멸성을 가지고 계시고, 홀로 지혜로우시고, 홀로 선하시고, 홀로 주권자이시고, 홀로 만물의 심판자이시다. 하나님의 신성은 유일하고 초월적이시고 나눌 수 없으므로 다른 어느 존재와 공유하거나 교통할 수 없다. 따라서 하나님은 신성을 나누어 줄 수도 없으시고 더불어서 다른 존재가 하나님의 신성에 참여할 수도 없다. 그러므로 하나님 이외의 모든 창조물은 하나님에 의해서 무로부터 창조된 것이다.[25]

---

24. Reinhold Seeberg, *Lehrbuch der Dogmengeschichte*, Charles E Hay, trans. *History of Dogtrines*, Grand Rapids : Baker Book House, 1978, pp. 202–203.

이상에서 우리는 안디옥을 중심으로 내려오던 에비온주의, 역동적 군주신론, 그리고 아리우스주의가 하나의 흐름 속에 있음을 어느 정도 감지할 수 있다. 따라서 아리우스에게는 하나님 이외의 모든 존재가 하나님의 신성을 지닐 수 없는 피조물이어야 했다.

> 아들은 낳으시지 않으신 분이 아니다. 그리고 낳으시지 않으신 하나님의 일부분도 아니다.…… 그리고 선재적으로 존재한 어떤 것으로부터 나오지도 않았다. 아들은 하나님의 지혜이며 로고스이다. 그러나 하나님 안에 내재해 있는 로고스는 아니다. 그러므로 아들 로고스는 아버지의 피조물로서 이 세상을 창조할 때에 중재자로서 피조되었다. 따라서 아들은 온전한 의미의 신성을 지니고 있지 않다.[26]

아리우스는 이상과 같은 주장을 전개함으로써 알렉산드리아에서[27] 이단으로 몰리자, 자신의 동문수학이며 동시에 동로마의 황제가 거처하는 니코메디아 교회의 감독으로서 막강한 정치적 힘을 가지고 있는 유세비우스(Eusebius of Nicomedia)에게 원조를 청하였다. 아리우스는 위에서 인용한 내용의 편지를 쓰면서 자신이 이렇게 취급받는 것이 어처구니없는 모략이라는 어조로 말함과 동시에 친구의 협조를 부탁하는 것으로 편지를 끝맺었다.

콘스탄틴 황제는 313년 종교의 자유를 허락하였으며, 323년에는 동·서 로마의 통일을 이룩하였다. 그리고 324년에는 수도를 비잔티움(Byzantium)으로 옮기면서 콘스탄티노플(Constantinople)이라고 새롭게

---

25. J. N. D. Kelly, 김광식 역, 위의 책, pp. 260-261.
26. Henry Bettenson, *Documents of the Christian Church*, London: Oxford University Press, p. 54. The Letter of Arius to Eusebius, Bishop of Nicomedia, 321. 그리고 Reinhold Seeberg, 위의 책, p. 203.
27. 아리우스는 안디옥 학파에서 공부하였으나, 알렉산드리아의 성 바우칼리스(St. Baucalis) 교회에서 장로로서 목회하였다.

개명하였다. 그에게 있어서는 제국의 통일이 우선이었다. 따라서 제국의 곡창이며, 동·서 로마의 통일에 지대한 영향을 미치는 기독교계내의 통일은 절실한 문제였다. 그는 종교자문관 코르도바의 호시우스(Hosius of Cordova)와 상의한 결과, 황제의 여름 궁전인 니케아(Nicea)에 제국의 감독들을 초청해서 아리우스의 문제를 다루기로 하였다.

회의는 결론을 가지고서 시작하였다. 그러므로 아리우스의 사상을 대변하였던 니코메디아의 유세비우스와 그의 추종자들은 처음부터 패배할 수밖에 없었다. 회의는 아리우스의 주장이 교회를 어지럽히는 군주신론과 유사하다는 것을 금새 알았으며, 곧바로 배격하기에 이르렀다. 그리고 기독교 역사상 최초의 에큐메니칼 신조를 채택하였다.

> 우리는 한 분 하나님을 믿는다. 그는 전능하신 아버지이시며, 보이는 것과 보이지 않는 것들을 만드신 자이다.
> 그리고 한 분 우리 주 예수 그리스도를 믿는다. 그는 하나님의 아들이시며, 아버지로부터 나신 자이시며, 독생자이시다. 즉, 아버지의 본질로부터 나오신 자로서 하나님으로부터 나오신 하나님이시며, 빛으로부터 나오신 빛이시며, 참하나님으로부터 나오신 하나님이시다. 낳으신 자이시고 만들어진 자가 아니다. 아버지와 한 본질이시며 그를 통해서 하늘에 있는 것이나 땅에 있는 모든 만물이 존재케 되었다. 그는 우리 사람들과 죽은자를 심판하러 오실 것을 믿는다.
> 그리고 성령을 믿는다.

이렇게 말하고 나서 신조는 저주의 문구를 첨가시켰다.

> 그러나 아들이 계시지 않았던 때도 있다고 말하는 자들, 탄생 전에는 아들이 계시지 않았다고 말하는 자들, 아들은 무에서부터 지음을 받았다고 하는 자들, 하나님의 아들은 상이한 본질, 혹은 본체를 가졌다고 주장하는 자들, 혹은 아들이 피조되었다든지, 혹은 변화할 수 있고, 바뀔 수 있다고 말하는 자들을 가톨릭교회는 저주한다.[28]

---

28. Bernhard Lohse, *A Short History of Christian Doctrine*, 차종순 역,

니케아회의는 과연 삼위일체 교리를 확정시켰는가? 니케아회의의 의의는 어디에 있는가? 첫째, 니케아회의는 아들이 창조된 것이 아니라 낳았다라고 강조함으로써 기독교 역사에서 아들 예수를 반신반인으로 말하는 이단을 규정시켜서 축출시켰다는 점이다. 즉, 지금까지 묵시적으로 교회내에서 인정하여 왔던 아들의 양자설을 더이상 묵인하지 않았다. 따라서 영지주의적인 가현설과 더불어서 양자설이 교회내에서 더이상 발을 붙이지 못하게 되었다. 둘째, 아들이 아버지의 본질로부터 나오므로 아버지와 한 본질이시다라고 말함으로써 아버지와 아들의 동일한 신적 본질을 주장하였다. 즉, 아들이 아버지보다 저급한 어떤 존재가 아니며, 삼위의 제2위로서 아버지와 동일하심을 말하였다. 셋째, 아들의 동일본질이 형이상학적인 일치를 말하는 것이 아니라, 인간의 구원과 관련되어 있음을 강조하였다. 그래서 아들은 피조물로서 신으로 승격된 자아-완성체가 아니라, 참하나님이시며 참인간으로서 인간의 구세주되심을 말하였다.[29]

## 8. 성령의 신성확보와 세 명의 갑바도키아 교부들

니케아회의는 아들의 신성과 동일본질에 관해서는 말하였지만, 성령의 신성에 대해서는 말하지 않았다. 아리우스파에게 패배를 안겨다 주었던 알렉산드리아의 감독 알렉산더(Alexander)가 죽고 정치적으로 힘을 잃자, 아리우스는 새롭게 힘을 갖고서 유배생활에서 풀려나 돌아오는 등 정치적인 우세 속에서 활동하기 시작하였다. 더불어서 328년 콘스탄틴 대

---

「기독교교리의 역사」, 서울 : 목양사, 1986. p. 82.
29. 구원론적인 입장에서 삼위일체를 강조하였던 사람은 아타나시우스였다. 그는 아리우스의 주장이 첫째로 다신론을 도입한 것이다. 둘째로 성부와 성자와 성령으로 세례를 주며, 아들에게 기도하는 기독교의 기존적인 예전적 관례를 무너뜨렸다. 셋째로 아리우스는 그리스도 안에 있는 기독교적 구원관을 손상시켰다고 반박하였다. Athanasius, *Four Discourses against Arius*, Book Ⅱ. 41, 67, 70 and *Post-Nicene Fathers*, Second Series, Vol. Ⅳ. pp. 370-386.

왕이 죽고 그의 아들들이 제국을 3구분해서 세력다툼을 벌이는 사이에 동일본질파와 아리우스파는 서로 쫓고 쫓기곤 하였다. 이러한 상황에서 성령의 신성은 일방적으로 무시해 버리려는 사람들 때문에 오히려 강화되었다고 말할 수 있다. 362년 알렉산드리아대회에서 성령의 신성에 대한 논의가 시작되었다. 아타나시우스는 세라피온에게 보내는 편지에서 형상론자(tropici)를 언급하였는데, 이들이 아프리카의 성령훼방론자들이었을 것으로 추측된다.

소위 말하는 성령훼방론자(pneumatomachians)는 강경파에 속하는 세바스테의 유세비우스(Eusebius of Sebaste)와 온건파에 속하는 니코메디아의 마라톤(Marathon of Nicomedia)을 대표자로 꼽을 수 있다. 전자는 아들과 성령의 신성을 전혀 인정하지 않은 반면에, 후자는 아버지와 아들의 본질공존체성(consubstantiality)은 인정할 수 있으나 성령에 대해서는 그렇게 할 수 없다고 하였다. 이들은 3명의 갑바도키아 교부들로부터 반박을 받았으며, 로마의 교황 다마수스(Damasus)로부터, 그리고 381년 콘스탄티노플회의에서 정죄를 받은 후 383년 테오도시우스 황제의 반-이단법이 발효된 이후로 자취를 감춘 것으로 보인다.

아타나시우스는 성령의 신성을 강력하게 주장하였다. 아리우스는 성령을 하나의 위격으로 간주하였으나 성자의 본질이 성부와 다른 것처럼 성령의 본질도 성자와 다르다고 하였다. 아리우스의 후계자로 알려져 있는 아에티우스(Aetius)와 유노미우스(Eunomius)는 성령은 성부의 부탁에 따라서 성자가 만들어 낸 피조물 가운데에서 가장 고상한 자, 즉 조명과 성화의 근원이다[30]라고 하였다.

트무이스의 감독 세라피온(Serapion of Thmuis)은 아타나시우스에게 성자의 신성은 인정하면서도 성령에 대해서 경멸적으로 말하는 사람들이 있음을 상기시키면서 주의를 기울이도록 당부하였다. 이들은 성경을 형

---

30. Justo L. Gonzales, *A History of Christian Thought*, 이형기, 차종순 역, 「기독교 사상사」, 제1권, 서울 : 대한예수교장로회총회출판국, 1988, pp. 364-365.

상적(상징적)으로 해석하기 때문에 아타나시우스는 이들을 상징주의자(tropici)라고 불렀다. 이들은 성령은 무로부터 존재하게 된 피조물이라고 불렀다. 더 정확하게 말해서 성령은 천사로서 다른 천사들보다 우월한 등급에 속한다[31]고 하였다.

이러한 주장들을 반대해서 아타나시우스는 성령의 완전한 신성을 강조하였다. 첫째로 아타나시우스는 성령은 피조물과 공통점이 전혀 없으며, 성삼위 안에 있는 신성에 속하며, 그 신성과 하나라고 하였다. 성령은 하나님께로부터 오며, 성화와 생명을 베풀며, 불변적이며 무소부재하시고 유일하시다라고 하였다. 둘째로 성령은 성부와 성자와 더불어서 본질공존체로 계신다. 셋째로 성령은 성자와 밀접한 관계에 있으며, 성자가 본질에 있어서 성부에 속하는 것과 마찬가지로 성령도 본질에 있어서 성자에 속한다고 함으로써 성부의 창조사역에 성자와 더불어서 참여하였다고 하였다. 그래서 아타나시우스는 "거룩하시고 축복받으신 성삼위는 그 자체상 분할할 수 없는 하나이시다. 성부에 대해서 언급하게 되면 말씀도 포함하게 되고, 성자 안에 계신 성령도 포함하게 된다. 만일 성자의 이름을 부른다면 성부는 성자 안에 계시고 성령도 그 말씀 밖에 계시지 않는다. 왜냐하면 성부로부터 성자를 통하여 성령 안에서 성취되는 단 하나의 은혜가 있기 때문이다."[32]라고 하였다.

성령의 신성을 확정적으로 확보한 사람들은 세 명의 갑바도키아 교부들이었다. 이들은 다같이 교회의 감독을 역임하였던 목회자였으며, 귀족 가문의 출신이었다. 이들은 대-바질(Basil the Great)과 그의 동생인 니싸의 그레고리(Gregory of Nyssa), 그리고 두 사람의 친구였던 나지안주스의 그레고리(Gregory of Nazianzus)이다.

대-바질은 그의 저서 「성령에 관하여」(On the Holy Spirit)에서 성령은 성부와 성자와 불가분리의 관계로 계시며, 성부와 성자와 더불어서 영

---

31. 위의 책.
32. Athanasius, *Epistle to Serapion*, 1, 2, 15, 16-17, Henry Bettenson, 위의 책, pp. 294-295.

광과 영예와 예배를 받으셔야 한다고 하였다. 그리고 성령은 성부와 성자와 동등하게 헤아려져야 하며 낮게 헤아려져서는 안 된다고 주장하였다. 이렇게 성령의 동일본질성 혹은 본질공존체성에 대해서 강조한 다음에 성령과 다른 두 위격과의 차이를 말하였다. 나지안주스의 그레고리는 여기에서 성령의 발출(procession)이라는 개념을 사용하였다. 그리고 니싸의 그레고리는 성령은 하나님과 그리스도로부터 나온다. 성령은 성부로부터 발출하여서 성자로부터 받는다. 성령은 말씀과 분리될 수 없다. 니싸의 그레고리는 삼위간을 기원에 의해서 구별하였다. 성부는 원인이고 다른 두 위격은 피동원인이지만, 성자는 성부에 의해서 직접 산출되었으며, 성령은 성자를 통해서 성부로부터 발출한다. 여기에서 니싸의 그레고리는 횃불을 유비로서 사용하였다. 그러므로 3명의 갑바도키아 교부들의 성령 이론은 '성부로부터 성자를 통하여'라는 도식으로 확립되었다.

이 당시에는 정통 가톨릭교회에 반대하는 세 부류의 아리우스주의가 있었다. 첫째는 상이본질파(Anomoeans : 극단적 아리우스주의자들로서 아들은 모든 면에서 아버지와 다르다고 주장하는 사람들이다.), 둘째는 동일본질파(Homoeans : 이들은 정치적 아리우스주의자라고 말하는데, 아버지와 아들의 관계는 동류라고 말하면서도 그 내용이 무엇을 뜻하는지 결코 말하지 않았다.), 셋째는 유사본질파(Homoiousians : 니케아에서 아리우스를 정죄하였다기보다는 그가 사벨리우스주의에 빠질 위험이 있기 때문에 정죄하였던 사람들이다.)이다.

세 명의 갑바도키아 교부들은 이상에 언급한 이단들과 성령훼방론자들을 맞이해서 성령의 신성과 삼위의 동일본질성을 확정시킴으로써 삼위일체 논쟁의 매듭을 지었다. 이들은 지금까지의 혼란이 언어적 불명확성에서 온다고 판단하였다. 그것은 본질(ousia)과 본체(hypostasis)라는 개념을 상호 교환적으로 사용하는 데서 오는 혼란이었다. 따라서 본질(ousia)은 삼위간의 공통적인 본질을 말하는 데 사용하였으며, 본체(hypostasis)는 구체적 표현이나 개체적인 존재를 말할 때 사용하였다. 그러므로 본질은 신적 본질 그 자체를 표현하였으며, 본체는 이 신적 본질의 특수한 형태가 개체적으로 아버지, 아들, 성령이라는 각 위격을 입는 것을 말하였

제 7 장 삼위일체 논쟁   123

다.[33)]

뿐만 아니라 삼위의 명칭도 예리하게 구별하였다. 아버지에 대해서는 '아버지의 자격'(fatherhood), 아들에 대해서는 '아들되심'(sonship), 성령에 대해서는 '성화의 능력 혹은 성화'(sanctification)라고 하였다. 더 나아가서 아버지는 '낳으시지 않으신 자'(unbegotten), 아들은 '낳으신 자'(begotten), 성령은 '발출된 자'(proceed)로 구별하였다.[34)]

> 내가 이제부터 말하는 하나님에 대한 설명을 잘 들으면 당신네들은 곧바로 하나의 불빛과 그리고 세 개의 불빛에 의해서 깨달음이 있을 것이다. 개별성 혹은 본체로 말하면 셋이다. 사람에 따라서 이렇게 부르기도 하고 또는 위격(person)이라고 부르기도 하는데, 단어상으로는 서로 같은 뜻이기 때문에 명칭을 놓고서 더이상 왈가왈부할 필요는 없다. 그러나 본질-즉, 신격에 있어서는 하나이다. 언어적으로 표현하자면 나누임이 없이 나누이기 때문이다. 그리고 나누임 속에서도 연합되어 있다. 신격은 셋으로 하나이고, 셋이 또한 하나이며, 이렇게 해서 신격은 존재하고, 좀더 정밀하게 말하자면 이것이 곧 신격이다. 초과됨이나 결핍됨이 없이, 이 연합은 혼돈됨도 없고, 나뉘었다고 해서 분리되지도 않는다. 우리는 이렇게 해서 사벨리우스의 혼합성이나 아리우스의 나누임으로부터 똑같이 보호받을 수 있다.…… 아버지는 아버지로서 기원이 없으신 분으로 다른 어느 누구를 통하지 않고 홀로 존재하신다. 아들은 아들로서 기원이 없으신 분은 아니지만, 아버지로부터 나왔다. 그러나 만일 기원이라는 단어를 시간적인 의미로 받아들인다면 아들 또한 시작이 없으시다. 왜냐하면 아들도 시간의 조성자이시며 시간에 매이지 않으시기 때문이다. 성령은 참된 영으로서 아버지로부터 오시는데, 아들과는 다른 방법으로 오신다. 왜냐하면 성령이 오심은 출생에 의하지 않고 발출(procession)에 의하기 때문이다.…… 아버지는 또 다른 어떤 존재를 낳으셨다고 해서 낳으시지 않은 자가 아닌 다른 존재로 계시는 것도 아니고, 또한 아들이 낳으시지 않은 존재로부터 나왔다고 해서 낳으신 존재가 되는 것도 아니며 어떻게 이것이 가능하겠는가? 성령은 발출하시고 혹은 하나님이라고 해서 아버지와 아들로 바뀐 것도 아니다.[35)]

---

33. Justo L. Gonzales, 이형기, 차종순 역, 위의 책, 제1권, pp. 363-364.
34. 위의 책, pp. 372-373.

나지안주스의 그레고리가 위에서 인용한 대로 삼위간의 본질과 본체의 구별을 확실히 함과 동시에 삼위의 출처와 언어적 명칭도 구별함으로써 혼란이 사라지게 되었다. 이제는 이러한 정통 삼위일체 이론을 반대하는 자들을 처리하는 일만 남았다. 이 일은 강력한 힘이 필요하였는데, 379년에 황제에 오른 테오도시우스 1세(Theodosius I : 379-395)가 맡아 주었다. 황제는 나지안주스의 그레고리의 자문을 받아서 381년 콘스탄티노플에서 회의를 개최하였다. 이 회의에서 소위 말하는 니케아-콘스탄티노플 신조(Niceano-Constantinopolitan Creed)가 작성되었다.

   우리는 한 분, 하나님을 믿는다. 그는 전능하신 아버지이시며, 하늘과 땅의 창조자이시고, 보이는 것과 보이지 않는 모든 만물의 창조자이시다.
  그리고 한 분, 주 예수 그리스도를 믿는다. 그는 하나님의 독생자이시고, 모든 시대 이전에 아버지로부터 낳으신 자이시고, 빛으로부터 나오신 빛이시고, 참하나님으로부터 나오신 하나님이시다. 그는 피조되지 않았고 낳으셨으며, 아버지와 한 본질이시며, 그를 통해서 모든 만물이 존재하게 되었다. 그는 우리 인류와 우리의 구원을 위해서 하늘로부터 내려오셨고, 성령으로 동정녀 마리아에게 성육신하셔서 인간이 되셨고, 본디오 빌라도 밑에서 우리를 위해서 십자가에 못박히셔서 고난받으시고 묻히셨다가 성경대로 셋째 날 일어나셔서 하늘에 오르셨고, 아버지의 오른편에 앉으셨고, 영광 중에 산 자와 죽은 자를 심판하시기 위하여 다시 오실 것이며 그의 나라는 끝이 없을 것이다.
  그리고 성령을 믿는다. 그는 주이시며, 생명의 수여자이시며, 아버지로부터 발출된 자이시고, 아버지와 아들과 함께 예배받으시고, 영광받으실 분이시며, 선지자를 통해서 말씀하신 분이다. 우리는 하나의 거룩한 보편적이고 사도적인 교회를 믿는다. 우리는 죄를 사면하는 하나의 세례를 고백한다. 우리는 장차 올 세계에서 죽은 자가 생명으로 부활할 것을 기대한다. 아멘. [36]

---

35. Gregory of Nazianzus, *Theological Orations*, 39, Oration on the holyGhost. 11, 12. Nicene-Post Nicene Fathers, pp. 355-356.
36. Bernhard Lohse, 차종순 역, 위의 책, p. 98.

니케아-콘스탄티노플 신조는 니케아 신조의 맥을 이어서 아버지에 대해서는 창조주이심을 고백하고, 아들에 대해서는 아버지와 동일본질이심을 고백하였다. 특히 아들의 피조성을 부인하고 낳으심을 강조하였으며, 성육신으로부터 고난과 죽으심과 부활이 인간의 구원과 관계되어 있음을 강조하였다. 그리고 성령의 동일본질이심을 아버지로부터 발출된 자라고 표현함으로써 간접적으로 확인하였다. 더불어서 후대 어거스틴에게서 찾을 수 있는 교회론을 그대로 엿볼 수 있다. 즉, 지금까지 사용되고 있는 하나의 거룩한, 보편적, 사도적 교회라는 교회론의 핵심적인 개념을 다 고백하였다. 그러나 성령께서 아버지로부터 발출되고 아들로부터 발출된다고 명시하지 않음으로써 필리오케(filioque) 논쟁의 소지를 남겼다.

무엇보다도 니케아-콘스탄티노플 신조는 아들에 대해서 가현설적으로 그리고 에비온적으로 표현하려던 모든 주장과 성령에 대해서 비하적으로 표현하려던 성령훼방론자들을 배격하였다는 점에서 모든 이단을 배격하였다고 말할 수 있다. 그러나 이 신조는 하나님과 아들과 성령의 동일본질되심을 철학적 개념으로 정립시키려는 데 목적이 있는 것이 아니라, 이 신비에 대해서 우리 인간으로서는 이렇게 고백할 수밖에 없음을 나타냈다는 점에서 높이 평가할 수 있다.

교회가 이렇게 결정하고 황제가 확인함으로써 곧바로 커다란 변화가 일어났다. 즉, 기독교는 로마의 국교가 되었으며 정통 신앙고백을 반대하는 사람들을 금하는 황제의 칙령이 다음과 같이 발표되었다.

> 우리의 자비와 허용 아래 있는 모든 나라들은 거룩한 사도 베드로에 의해서 로마인들에게 전달되고, 신실한 전통에 의해서 보전되어 왔으며, 사도적 거룩성을 지니신 교황 다마수스(Damasus)와 알렉산드리아의 감독 베드로(Peter)에 의해서 현재적으로 고백된 신앙을 한결같이 지속하는 것이 우리들의 바람이다. 사도적인 가르침과 복음에 따라서 우리는 아버지와 아들과 성령의 하나의 신성을 믿으며, 또한 성삼위일체와 삼위간의 동등한 신격을 믿도록 하자.
>
> 우리는 이 법을 준수하는 자라야 가톨릭 기독교인이라는 칭호를 감당할 수 있다고 확인한다. 그러나 다른 사람들은 우리들의 판단으로는 어리석고

정신나간 사람들이므로 그들에게는 이단이라는 끔찍한 명칭을 낙인찍으며, 그들의 회중에 대해서는 교회라는 명칭도 부여할 수 없음을 선포한다. 그들은 무엇보다도 먼저 신으로부터 정죄를 받을 것이며, 두 번째로는 하늘의 뜻에 따라서 우리들의 권위로써 처벌을 가할 것을 선포한다.

우리는 도시 안에서 이단들의 불법적인 회집을 불허하므로 그들이 교회의 문턱마저도 밟지 못하도록 철저하게 배제시켜야 한다. 만일 그들이 어떠한 소요를 야기시킨다면 그들의 분노를 즉각적으로 진압할 것이며, 그들을 도시의 성벽 밖으로 쫓아낼 것이며, 이렇게 함으로써 전세계에 흩어져 있는 가톨릭교회는 니케아 신앙을 견지하는 정통 감독들에 의해서 회복되어야 함을 선포한다.[37]

## 9. 어거스틴

어거스틴은 서방의 삼위일체 이론을 총괄적으로 정리한 사람이었다. 그의 출발점도 이단들을 물리치고 교회에 바른 삼위일체 이론을 제시하는 데 있었는데, 그는 삼위의 관계를 종속적으로 표현하는 것을 반대하였다. 그러므로 그는 삼위의 통일성을 언제나 더 강조하는 편이었다.

갑바도키아 교부들의 전통에 따라서 어거스틴은 삼위의 구별을 외적 활동에 기인하지 않고 내적 관계성에 두었다. 삼위는 서로 나누일 수 없는 단일한 행동, 단일한 의지를 가지고 계시므로 불가분리적이다. "성부가 신성의 면에 있어서 성자보다 더 크지 않을 뿐만 아니라, 성부와 성자를 합해도 성령보다 더 크지 않고, 삼위 중에 어느 한 위격이라도 삼위일체 자체보다 작지 않다.……"[38] 그러므로 삼위는 상호적인 상관관계에서 존재하신다.

---

37. Cunctos Populos, 380 *Codex Theodotus*, ⅩⅥ. i. 2 and Nullus Haereticus, 381 *Codex Theodotus*. ⅩⅥ. v. 6, Henty Bettenson, 위의 책, Oxford:Oxford University Press, 1960, pp. 31-32.
38. Augustine, *On the Holy Trinity*, Book Ⅵ. 9, NPNF. First Series, Vol. Ⅲ, p. 102.

그러나 아버지는 아들을 갖는다는 의미를 떠나서는 아버지라 부를 수 없고, 아들도 아버지를 갖는다는 의미를 떠나서는 아들이라 부를 수 없기 때문에 이러한 표현은 본질적인 면에서 말해질 수 있는 것이 아니다. 왜냐하면 아버지와 아들은 자신 스스로와의 관계에서 아버지 혹은 아들이라고 부르는 것이 아니고, 상대방과의 관계에서 그리고 상관관계적인 의미에서 의미를 갖는다.…… 그렇기 때문에 아버지라고 부르는 것과 아들이라고 부르는 것은 서로 다르다고 할지라도 본질에 있어서는 다르지 않다. 왜냐하면 이렇게 구별해서 부르는 것은 본질적인 면에서가 아니고 관계적인 면에서 그렇게 부르는 것이며, 이 관계도 가변적인 것이 아니기 때문에 결코 부수적인 것이 될 수 없다.[39]

삼위를 내적인 관계로 표현함으로써 어려움을 해결하였지만, 한 가지 더 명확하게 밝혀야 할 부분이 성령이었다. 이 점에 있어서 어거스틴은 다른 어떠한 고대교회의 교부들보다도 뛰어났다. 어거스틴은 성령은 성부와 성자의 상호적인 사랑이요, 양자를 연합시키는 공동본체적인 결속이라고 하였다. 그러므로 성령은 성부와 성자의 영이다. 여기에서 어거스틴은 성령의 이중 발출을 확실히 하였다. "성자도 성부로부터 나시고, 성령도 성부로부터이다. 그러나 성자는 태어나시고 성령은 발출하신다. 그러므로 성자는 성부의 아들이시고 성부로부터 태어나시지만, 성령은 양자로부터 발출하시며 양자의 영이시다."고 하였다. 이렇게 성자로부터 성령이 발출한다고 말할 수 있었던 근거는 성부께서 성자에게 모든 것을 다 주셨기 때문에 성부께서 성자를 낳으실 수 있듯이, 성자도 성령을 발출시킬 수 있다는 결론이었다.

그러므로 성령은 무엇이라고 하든지 아버지와 아들에 공통된 어떤 것이다. 그리고 이러한 사귐(communion) 자체는 본질공존체적(consubstantial)이며 영원동등적(co-eternal)이다. 그리고 이것을 교제라고 부르는 것이 합당하다면 그렇게 불러도 좋다. 그렇지만 사랑이라고 부르는 것이 가장 합당하다. 그리고 성령도 또한 본질이다. 왜냐하면 하나님은 본질이시고,

---

39. 위의 책, Book V. 5 & 6. NPNF. First Series, Vol. Ⅲ. pp. 89-90.

기록된 대로 '하나님은 사랑이시기' 때문이다.[40]

삼위의 통일성을 이렇게 설명한 다음에 어거스틴은 삼위의 존재유비를 하나님의 창조세계에서 찾았다. 어거스틴은 삼위일체의 '흔적'(vestigia trinitatis)이 모든 것에 있다고 보았다. 창세기 1:26 에서 "우리의 형상을 따라 우리의 모양대로 우리가 사람을 만들고"라고 말한 것으로 볼 때에, 인간의 영혼에는 창조주와 창조주의 삼위적 본성이 새겨져 있다고 보았다. 이 가운데서 기억(memory), 지성(understanding), 의지(will)를 강조하였다.

> 그렇기 때문에 이상 세 개, 즉 기억과 지성과 의지는 별개로 사는 것이 아니고 하나로 살아간다. 세 마음이 아니고 한 마음이다. 이들은 세개로 된 본질이 아니고 한 본질임이 분명하다. 기억은 삶, 마음, 그리고 본질이라고 부르는데, 그 자체와의 관계에서 그렇게 부른다. 그러나 다른 어떤 것에 비교해서 기억이라고 부른다. 그리고 지성과 의지에 대해서도 똑같이 말해야 한다. …… 그리고 이 셋이 하나이므로 이 셋은 하나의 삶이며, 마음이며, 본질이다. 그리고 이들 각자를 개별적으로 어떻게 부르든지 간에, 동시에 한꺼번에 부를 수도 있다. 그렇다고 복수적인 뜻은 아니고 단수적인 의미에서 그렇다.[41]

어거스틴은 삼위간의 개체성보다는 통일성을 더 강조함으로써 형태론적 군주신론에 가깝다는 우려를 씻어 버릴 수 없으며(이것은 어거스틴이 아리우스적인 이단을 물리치기 위함이었기 때문이라고 본다.), 성령의 이중 발출 논쟁을 해결하였다는 점과, 삼위일체의 흔적 사상, 특히 인간의 심리적인 면에서 분석하였다는 점에서 높이 평가할 수 있다.

---

40. 위의 책, Book Ⅵ. 5, NPNF. First Series, Vol. Ⅲ, p. 100.
41. 위의 책, Book Ⅹ. 11, 18, NPNF. First Series, Vol. Ⅲ, pp. 142-143.

# 제8장
# 기독론 논쟁

 기독론과 삼위일체론은 서로 별개로 발전한 것이 아니라 상호관계성을 가지고 있다. 이것은 성경으로부터 시작하였다. 그러다가 순서적으로 삼위일체 논쟁이 끝나고 그리스도의 양성에 관한 논쟁으로 이어졌을 뿐이다. 삼위일체 논쟁은 동일본질이라는 철학적인 개념을 빌려서 설명할 수 밖에 없었지만, 기독론 논쟁은 순수하게 성경적인 배경에서 해결하였다.

## 1. 성경에 나타난 기독론

 신약성경은 예수님의 족보로 시작함으로써 예수님의 인성을 인정하였지만, 동시에 예수님의 탄생에 관한 예언과 탄생에 관한 초자연적인 기술을 덧붙임으로써 신성도 인정하였다. 복음서는 예수님의 인성과 신성의 균형을 잃지 않고 기술하였다.
 마태복음은 "이는 그 가르치시는 것이 권세있는 자와 같고 저희 서기관들과 같지 아니함일러라."(마 7 : 29)고 기록함으로써 예수님께서 구약시대로부터 내려온 선지자 이상의 어떤 존재임을 인정하였으며 동시에 예수님의 신적 본성을 말하려고 하였다. 그리고서 결론적으로 베드로를 통해서 "주는 그리스도시요 살아 계신 하나님의 아들이시니이다."(마 16:16)라고 고백케 하였다. 그러나 요한복음은 예수께서 나면서부터 소경된 자를 일으키시는 사건을 소개하면서 단순한 인간 예수라는 사람으로부터(요 9:11) 선지자로 고백케 한 다음에(요 9:17) 구주로 고백케 하였다(요 9:38). 그래서 복음서는 예수님의 인성과 신성을 다같이 인정하고 고백하였다.

바울에 이르러서는 예수님을 복음으로 소개하면서 "이 복음은 하나님이 선지자들로 말미암아 그의 아들에 관하여 성경에 미리 약속하신 것이라. 이 아들로 말하면 육신으로는 다윗의 혈통에서 나셨고, 성결의 영으로는 죽은 가운데서 부활하여 능력으로 하나님의 아들로 인정되셨으니 곧 우리 주 예수 그리스도시니라."(롬 1:2-4)고 고백하였다. 이 말씀으로써 바울은 예수님의 인성과 신성을 동시적으로 말하였다. 즉, 지상적 기원으로는 다윗의 혈통에서 나셨고, 천상적 기원으로는 하나님의 아들로 인정되셨다. 그러므로 여기에서 말하는 인정되셨다는 양자설적인 의미를 가지고 있는 것이 아니라, 아직까지 명확한 두 본성 교리에 이르기 이전의 표현이라고 이해해야 옳을 것이다.[1]

## 2. 사도 후기시대와 변증신학자

사도시대가 끝나고 예수님의 재림이 지연되면서부터 예수님에 대한 견해가 몇 가지로 나뉘어서 나타나기 시작하자 기독교는 재림공동체로서의 결속력을 상실하였으며, 외부로부터 밀려드는 박해와 자체내에서 일어나는 이단을 막기 위해서 체제지향적이며, 이론적인 입장을 취하였다.

첫째는 예수님의 신적인 면을 완전히 부정하는 입장이었다. 예수를 요셉과 마리아 사이에서 태어난 보통 사람으로 보면서 처녀탄생을 부인하

---

1. Bernhard Lohse, *A History of Christian Doctrine*, 차종순 역, 「기독교 교리의 역사」, 서울 : 목양사, 1986. p. 112.

였다. 이들을 흔히 에비온주의자(Ebionite)라고 부른다. 짐작하는대로 이러한 유형의 기독론은 유대인 계열의 기독교인들 사이에서 성행하였다. 둘째는 예수는 보통 사람보다도 특출한 재능을 지닌 보통 이상의 사람이라고 보았다. 이러한 주장은 인간의 노력에 의해서 성화될 수 있다고 보았던 고대로부터 내려온 덕사상으로서 소크라테스, 플라톤, 스토아 철학에서 흔히 찾아볼 수 있었다. 이들은 따라서 헬라적 배경에서 기독교로 개종한 철학적-기독교인들 사이에서 성행하였다. 셋째는 예수의 인간성을 제거해 버리고서 오로지 신성만 남겨 놓았던 해석이 있었다. 이들은 흔히 가현설주의자(deoetist)라고 부른다. 이들은 헬라 신화적 배경에서 예수님을 해석하였으며, 예수님의 성육신, 수난, 죽으심, 부활 등을 모조리 부인하였던 사람들이었다. 짐작하는 대로 이들도 헬라적 배경을 가진 개종자들 사이에서 성행하였다.

그리스도에 대해서 이처럼 의견이 나뉘어져 있을 때에, 박해적 상황에서 등장한 변증신학자들(apologists)은 새로운 장을 열었다. 멜리토(Melito of Sardis)는 예수 그리스도가 "본성상 하나님이시고 인간이셨다."고 하였으며, 순교자 저스틴은 "전에는 로고스로 선재하였다가 때로는 불의 모양으로 때로는 비물체적 방식으로 나타났으나 그분이 마지막에 하나님의 뜻으로 인류를 위해서 사람이 되셨다."라고 말하였다. 물론 저스틴의 로고스 이론은 스토아적인 씨앗적 로고스(logos spermatikos)에 근거하기 때문에 구약성경에서 아브라함에게 나타났던 로고스는 동정녀 마리아에게서도 얼마든지 태어날 수 있음을 말하곤 하였다. 그렇기 때문에 그의 로고스 이론은 많은 문제점을 안고 있었다.

그렇지만 그는 로고스를 그리스도와 연결시켜서 직접적으로 이렇게 말하였다. "기독교는 다른 모든 인간적 가르침보다도 명백하게 우월하다. 왜냐하면 그리스도가 우리를 위하여 몸과 로고스와 영혼을 가진 온전한 이성적 존재가 되셨기 때문이다."[2] 이 말은 로고스가 인간적 이성적인 영

---

2. Justin Martyr, *The Second Apology of Justin Martyr*, Ch. Ⅹ. ANF. Vol. Ⅰ, p. 191.

혼을 가진 인간 예수 속에 자리를 잡았다는 뜻으로 이해할 수 있을 것이다. 다른 말로 하자면, 로고스는 사람이며 동시에 인간이신 예수 안에서 지배적 원리라는 뜻이었다. 이것은 나중에 설명할 말씀-육신(Word-Flesh) 기독론의 선구적 언급이었다.[3] 이렇게 설명하였던 저스틴의 기독론을 로고스 기독론(logos christology)이라고 부르며, 오리겐과 아리우스에 이르기까지 하나의 흐름으로 남아 있었다.

## 3. 이레니우스와 터툴리안

이레니우스는 그리스도를 조직적으로 설명하거나 연구하지는 않았다. 그는 다만 영지주의자들을 반대해서 그리스도의 성육신적 대속을 말하려는 데 주된 목적이 있었다. 다시 말해서, 그는 인간의 타락과 그리스도의 구원이라는 방식을 취하였다. 영지주의자들은 앞에서 이미 살펴본 대로 우주론으로 시작해서 선재적 창조와 선재적 타락, 그리고 물질창조와 인간의 구원이라는 희랍철학적 구도를 가지고 있었다. 여기에 반대해서 이레니우스는 성경말씀에 근거해서 에덴동산에서의 아담의 타락을 말하였다. 타락의 결과로서 인간은 첫째로 성장이 저지당하였으며, 둘째로 사단의 두 가지 권력, 즉 죄와 사망에 붙들리게 되었다. 그렇지만 이러한 타락까지 선하게 사용하셔서 하나님은 타락한 인간으로 하여금 하나님의 구원의 선하심을 찬양케 할 수 있는 기회로 사용하였다.

인간의 구원을 위해서 하나님은 구원 경륜 혹은 섭리(dispensation)에 따라서 단계적으로 인간들에게 하나님의 구원계획을 알리셨다. 첫째는 아담의 계약으로서 노아 홍수 때까지, 둘째는 노아의 계약으로서 출애굽까지, 셋째는 모세의 계약으로서 그리스도의 강림으로 끝났으며, 넷째는 그리스도의 계약으로서 시간의 마지막까지 지속될 것이다. 이레니우스는 셋째의 모세의 계약으로 생겨난 율법에 관하여 논하면서, 율법은 하나님

---

3. J.N.D.Kelly, *Early Christian Doctrines*, 김광식 역, 「고대 기독교 교리사」, 서울 : 한국기독교문화연구소 출판부, p. 169.

의 사랑의 한 부분으로서 인간의 죄를 억제하기 위해서 주어진 것이었지만, 이것으로는 하나님의 창조 목적에 따른 자유를 얻을 수 없었다. 그렇기 때문에 율법은 율법보다 훨씬 더 우세한 새로운 계약의 설립을 약속해 주는 보장에 불과하였다. 즉, 율법은 그리스도의 성육신을 말하기 위한 것이었다. 따라서 구약의 제의적인 율법은 그리스도의 성육신과 함께 폐지되었다. 이렇게 해서 신약과 구약의 연속성과 통일성을 말하면서 영지주의자들처럼 신구약을 분리적으로, 대립적으로 말하는 것을 배격하였다.

이레니우스는 그리스도의 성육신적 구속을 복원(recapitulation)이라는 용어로써 설명하였다. 첫사람 아담이 에덴동산에서 마귀에게 넘겨 주었던 자유를 둘째 아담인 예수 그리스도 안에서 총괄적으로 회복한다는 것이었다. 그러므로 그리스도의 성육신은 과거사에 대한 요약이며, 앞으로를 향한 새출발이었다. 여기에서 이레니우스는 그리스도의 이중적 본성을 말한다.

> 한 분 하나님이 계신다. 이 하나님은 말씀과 지혜로서 만물을 만드시고 질서있게 하셨다. 하나님의 말씀은 우리 주 예수 그리스도이시며, 이 마지막 날들에 사람들 사이에 사람으로 나타나셔서 시작과 마지막을 연합시키고, 사람을 하나님과 연합시키신다. 그는 '우리를 미워하는 자들의 손으로부터, 즉 타락의 영으로부터' 우리를 자유케 한다. 그리고 '우리의 모든 날 동안에 거룩함과 의로움으로 섬기게 한다.' 이렇게 해서 사람은 하나님의 영을 받아들여서 아버지의 영광으로 옮기우게 될 것이다.[4]

이레니우스의 관심은 하나님의 말씀이시며 사람이신 예수 그리스도께서 인간으로 오셔서 사단의 세력을 물리치시고 인간을 구원하셨다는 사실을 밝히는 데 주된 관심이 있었으므로, 기독론적인 도식에 따라서 예수는 참하나님이시며 참인간이시다라고는 말하지 않았다.

터툴리안은 영지주의자들을 물리치기 위해서 다양한 저서를 남겼으나[5]

---

4. Irenaeus, *Against Heresies*, Book Ⅳ. XX. 4, ANF. Vol. Ⅰ, p. 488.

그의 가장 대표적인 책이 「취득시효」(On Prescription against Heretics) 이다. 그는 이 책에서 "이단들이 성경을 근거로 해서 기독교의 교리를 논하는 것 자체가 순서가 틀렸다. 이단들은 성경을 소유하지 않고 교회만이 성경을 소유하였으므로 이단들이 성경에 대해서 이것 저것을 말한다는 사실 자체가 틀린 것이다."[6]라고 주장하였다. 이렇게 말하고 나서 터툴리안은 취득시효란 장기간 한 재산을 사용해 온 사람이 그 물건에 대해서 사용자로서의 법적 권한을 갖듯이, 성경도 장기간 사용해 온 교회만이 소유할 수 있으며, 해석할 수 있다고 하였다. 성경은 이단들에게 속하지 않았다. 이단들은 성경을 해석하는 것이 아니라 성경을 욕할 뿐이라고 하였다.

성경은 그리스도께서 먼저 신앙을 선포하셨으며, 사도들이 그것을 전파하였으며, 사도들이 그리스도의 말씀의 기초 위에 교회를 세웠다고 기록하였다. 그러므로 교회로부터 나온 믿음은 사도적이며, 이러한 교회야말로 사도적 교회이다. 따라서 이러한 사도적 전승에 의해서 가르쳐지지 않는 신앙은 거짓이다.[7]

이렇게 영지주의자들을 물리친 다음에 터툴리안은 형태론적 군주신론주의자들을 맞이해서 삼위일체 이론과 기독론을 전개하였다. 터툴리안은 프락세아스가 예수와 그리스도 사이의 구별을 무시한 것을 발렌티누스 계열의 이단과 동일선상에 있다고 규명한 다음에 기독론의 핵심을 다루었다.

 이것이 우리들의 연구의 초점이다. 말씀이 어떻게 육신이 되셨는가? 소위 말하는 육체로 변형되셨다는 말인가, 아니면 참으로 육신을 입으셨다는 것인가? 확실히 그 자신이 육신을 입으셨다는 말이다. 변형이란 변형되기 이

---

5. 터툴리안의 반-영지주의적 저서는 「발레티누스를 반대하여」, 「그리스도의 육체에 관하여」, 「육체의 부활에 관하여」 등이 있다.
6. Tertullian, On Praescription against Heretics, ⅩⅤ, ANF. Vol. Ⅰ, p. 250.
7. 위의 책, ⅩⅩ, ⅩⅩⅠ, ANF. Vol. Ⅰ, p. 252.

전의 존재는 파괴되었음을 말한다. 말씀이 변형에 의해서 육신을 입었다면 그것은 본질의 변화를 뜻한다. 그리고 이것은 그리스도가 육체와 영을 가진 두 개의 본질의 복합체라는 것을 의미한다. 우리는 분명하게 이중적인 상태를 본다. 한 개체 안에 혼합되지 않고 연결되어 있는 예수, 즉 하나님이시며 인간이신 그분을 본다.[8]

그렇다면 한 개체 예수 안에서 하나님에 속하는 신성과 사람에 속하는 인성이 어떻게 연결되어 있는가? 여기에 대해서 터툴리안은 속성의 교류라는 이론으로 설명하였다. "기능의 전달(transfer of functions)에 의해서 영은 육이 감당해야 할 일을 하였으며, 육도 이와 같이 영이 감당해야 할 일을 하였다." 이렇게 확정시킨 터툴리안의 기독론은 '한 개체 두 본성'(One Person Two Natures)이라는 도식으로 정립시킬 수 있으며[9], 서방교회의 대표적인 이론으로서 후대의 칼케돈 신조에도 많은 영향력을 주었다.

## 4. 오리겐

오리겐의 기독론은 극히 사변적이었으며, 영지주의적인 색채를 완전하게 벗어버린 것은 아니었다. 그는 예수께서 인간적 영을 가졌다고 주장하면서도 영적 존재이며 선재했었다고 이중적으로 말하였다. 다른 영들은 타락으로 인해서 하나님으로부터 멀어졌지만 예수의 영은 이미 선재적 상태에서 로고스와 연합하였으므로 죄를 짓지 않았다. 뿐만 아니라 성육신 때에도 이 영이 로고스와 연합하여서 예수의 몸 안으로 들어왔다. 영은 영원한 로고스와 예수의 한정적인 몸 안에서 중재자의 역할을 감당한다. 그러므로 예수 안에는 신적인 로고스와 인간적인 몸이 영의 중재로 인해서 동시적으로 존재한다. 이 두 본성은 교류(communion)에 의해서 하나됨 혹은 연합을 이룬다. 그러나 오리겐은 항상 신성과 육신이 본질적

---

8. Tertullian, *Against Praxeas*, XXVII, ANF. Vol. III, pp. 623-624.
9. 위의 책.

으로 연합되어 있으나 신·인의 구조 가운데에서는 언제나 신성이 실재적인 요소라고 보았다.

그렇다면 이러한 변화가 어떻게 일어나느냐고 묻는 데 대해서는 언제나 두 가지 대답이 있었다.[10] 여기에 대해서 플라톤 철학과 아리스토텔레스 철학적인 접근이 있었다. 전자는 플라톤의 인간론에 근거해서 사람이란 영 혹은 정신에 의해서 활력을 부여받은 몸이라고 보는 인간론에 입각해서 그리스도의 인간성이 인간적 영혼을 전혀 포함하지 않고, 그분의 구성 속에 있는 영혼의 모든 기능은 성육신하신 말씀이 행하였다고 주장하였다. 간단하게 말해서 그리스도의 몸은 껍질에 불과하였으며, 오로지 그 안에 있는 영혼이 몸을 움직이게 하였다는 주장이었다. 이러한 주장은 알렉산드리아를 중심으로 해서 성행하였으며, 교리사에서는 이것을 '말씀-육신 기독론"(Word-flesh christology)라고 부른다.

후자는 아리스토텔레스의 인간론에 근거해서 몸과 영이 더불어서 하나의 통일체를 이루고 있다고 보았다. 그래서 하나님의 아들이 참으로 사람이 되심으로써 신·인의 구조 안에 두 요소, 즉 말씀과 육신이 있다고 하였다. 더 나아가서 성육신의 효과로서 그 몸이 기적적인 방식으로 로고스의 거처가 되었다고 하였다. 이러한 주장은 안디옥을 중심으로 성행하였으며, 교리사에서는 이것을 "말씀-인간 기독론"(word-man christology)이라고 부른다.

따라서 다음 세대의 기독론은 이상의 상이한 견해로 나뉘어서 알렉산드리아와 안디옥이 싸울 수밖에 없었다.

## 5. 라오디케아의 아폴리나리스

삼위일체 논쟁이 그러하였듯이 기독론 논쟁도 첫째는 영지주의, 아리우스주의, 그리고 군주신론 등의 이단에서 예수님에 대해서 그릇되게 말하는 것을 배격하려는 기본적인 의도가 있었다. 그러나 둘째는 이것과 더

---

10. Bernhard Lohse, 차종순 역, 위의 책, pp. 119-120.

불어서 안디옥과 알렉산드리아는 기독론을 이용해서 자파의 정치적 세력을 확보하려는 욕심을 가지고 있었기 때문에 불순한 장난을 서슴치 않았다(이점에 있어서는 삼위일체 논쟁 때보다도 훨씬 더 심했다). 셋째는 동방교회에서 전면으로 표출된 논쟁이 서방교회의 기독론 도식으로 확립되었다. 넷째는 니케아회의 이후 알렉산드리아 중심의 동일본질파와 안디옥 중심의 유사본질파가 서로 세력다툼을 늦추지 않은 상황에서 양자가 서로를 비방하고 배척하는 상황이었으므로, 니케아의 연속선상에서 해석해야 할 것이다.

니케아회의 이후 아리우스파에서는 알렉산드리아의 아타나시우스파에 대해서 공격을 퍼부었으며, 이것이 실제적으로 상당히 많은 지역의 감독들로부터 동조를 얻기도 하였다. 이러한 변화는 첫째는 니케아의 결정이 황제의 지나친 간섭에 의해서 일방적으로 주도되었다는 주장이 설득력을 가졌기 때문이다. 둘째는 니케아 신조가 과연 삼위일체를 빈틈없이 주장해 주었는가라는 의문이 곳곳에서 제기되었기 때문이다. 셋째는 교구로 되돌아간 감독들은 아리우스주의보다는 사벨리우스주의가 교회에서 더욱 골치 아픈 이단으로 남아 있음을 간파하였기 때문이었다. 이렇게 해서 안디옥 학파는 알렉산드리아 학파에 속하는 세 사람을 무너뜨렸다. 안디옥의 유스타티우스(Eusthatius), 안키라의 마르켈리누스(Marcellinus of Ancyra), 그리고 알렉산드리아의 아타나시우스(Athanasius of Alexandria)였다.[11]

그렇지만 기독론 논쟁에 있어서는 안디옥의 유스타티우스가 분수령이

---

11. 맨 먼저 무너진 사람이 안디옥의 유스타티우스였다. 니코메디아의 유세비우스는 그를 간음한 자로 고소하였다. 안디옥에 회의가 소집되었으며, 한 여인이 어린아이를 품에 안고서 이 아이의 아빠가 저 사람(유스타티우스)이라고 하였다(물론 이것은 나중에 거짓이었음이 판명되었다). 또한 교회의 제반 업무처리에 있어서 폭군이라고 하였다. 그리고 마지막으로 사벨리우스주의자라고 하였다. 회의는 이 세 가지를 받아들여서 이단으로 정죄해서 퇴위시켰다. 두 번째로 무너진 사람은 아타나시우스였다. 알렉산드리아의 감독 알렉산더가 328년에 죽고, 그의 뒤를 이어서 아타나시우스가 감독으로 취임하였다. 그러나 그에 대한

었다.[12] 그는 말씀-인간 유형의 기독론이었다. 그는 그리스도의 신성을 지나치게 강조해서 그리스도 안에 있는 신성은 비인격적이라고 함으로써 인성을 무시해 버릴 정도였다. 그러면서도 그리스도 안에 있는 신성과 인성은 인성의 의지가 신성의 의지와 결합되어 있기 때문에 인성의 의지는 신성의 의지와 항상 동일하게 의지한다고 주장하였다. 동시에 예수는 인간적 영과 인간적 몸을 지닌 참인간으로서 다른 사람과 같이 성장하였다고 하였다. 그러므로 그리스도 안에는 하나님의 비인격적인 지혜가 성전 안에 거주하지만, 그리스도의 인격은 어디까지나 인간이었다고 주장하였다. 이것을 성전 이론(temple theory)이라고 부르며, 후기 안디옥 학파의 가장 주된 기독론이었다. 이러한 이론을 이어받은 안디옥 학파는 다소의 디오도르(Diodore of Tarsus), 몹수에스티아의 테오도르(Theodore of Mopsuestia), 그리고 안디옥의 네스토리우스(Nestorius of Antioch)였다.

 이상과 같은 안디옥 학파의 이론에 맞서서 알렉산드리아의 이론을 제기한 사람이 라오디케아의 아폴리나리스(Apollinaris of Laodicea)였다. 유스타티우스가 주장하는 것처럼 말씀이 인간적 몸에 연합되어 있다면 그러한 몸은 본성상 가변적이며, 따라서 말씀 그 자체도 가변적임에 틀림없다는 결론에 이르렀다. 그래서 아폴리나리스는 불변적인 말씀이 어떻게 가변적인 인간성과 연합되어 있을 수 있는가에 대해서 말하려 하였다.[13] 그는 안디옥 학파를 반대해서 예수 그리스도의 완전한 인간성과 아리우

---

아리우스파의 공격은 집요하였다. 331년에는 황제 앞에서 자신에게 쏟아진 불리한 고소에 대해서 해명하였다. 그러나 고소가 끊임없이 몰아치자 황제는 아타나시우스가 알렉산드리아에서 곡물을 로마로 수송하지 못하도록 거절하였다는 이유를 내세워서 추방하였다. 세 번째로 안키라의 마르켈리누스는 명백한 군주신론을 가르침으로써 퇴위되고 말았다.

12. 유스타티우스는 안디옥의 감독을 지낸 사람으로서 정치적으로는 알렉산드리아 학파에 속하였지만, 이론적으로는 안디옥 학파와 동일하였으므로 네스토리우스의 선구자라고 부를 수 있다.
13. Justo Gonzales, *A History of Christian Thought*, 이형기 차종순 역, 「기독교 사상사」, 제1권, 서울 : 대한예수교장로회총회출판국, 1988, p. 411.

스주의자들을 반대해서 하나님의 말씀의 불변성을 옹호하려고 하였다.

그는 데살로니가 전서 5 : 23의 삼분법적인 인간론으로 출발하였다. 그는 삼분법적인 인간론에 의해서 그리스도의 불변성을 잃지 않으면서도 그리스도 안에 말씀이 인간성과 연합되어 있음을 설명할 수 있다고 믿었다. 그리스도 안에서 말씀은 영의 자리를 차지하였기 때문에 그리스도에게 있어서는 인간적 몸과 영이 신적 이성과 연결되어 있다고 보았다. 그리스도는 몸과 혼-생명의 활력소-을 지녔다는 점에서 인간이다. 그러나 그리스도의 이성은 하나님의 말씀 그 자체이므로 신적이다. 여기에서 아폴리나리스는 그리스도의 이성적 기관을 제거시켜서 그의 인간적 본성을 희생시키고 그 빈 자리에 말씀을 채워 넣었다.

아폴리나리스는 '하나님이 육신이 되셨다' 혹은 '육신을 입으신 하나님'이라고 말하였다. 그리스도는 임신 때부터 하나님과 육신이 연합되어 있으므로 인간이라는 복합적 존재이다. 그러므로 아폴리나리스는 '육신이 되신 하나님의 한 본성'이라는 도식을 확립시켰다. 이 말은 그리스도는 성육신 이후까지도 한 본성이며, '인간'과 '말씀'으로 나누이지 않았음을 강조하려는 의도였다.

아폴리나리스는 말씀-육신 기독론에 입각해서 예수는 로고스를 안내자로서, 다시 말해서 로고스는 능동이고 육신은 수동으로서 하나의 본성을 이끌어 간다고 생각하였다. 아폴리나리스는 니케아 전통의 수호자로서 많은 사람의 존경을 받았지만, 그의 기독론으로 인해서 점차적으로 반대에 부딪치기 시작하였다.[14] 즉, 그의 기독론은 로고스가 영을 입은 것이 아니라 영의 자리를 차지하였다고 유추할 수 있었다. 이것은 또다시 하나님과 인간의 혼합을 말하는 것이며, 아폴리나리스가 설명한 대로 불과 불붙는 금속 사이의 연합이 아니라 혼합인 것이다. 이렇게 해서 아폴

---

14. 아폴리나리스를 반대한 사람으로는 서방에서는 교황 다마수스(Damasus : 366-384)였으며, 동방에서는 갑바도키아의 세명의 교부들이었다. 나지안주스의 그레고리는 아폴리나리스의 기독론은 그리스도의 인성을 배제하였으므로 우리의 구원이 이루어질 수 없다고 하였다.

리나리스의 '육신이 되신 신적 로고스의 한 본성'이라는 도식은 정죄받았지만, 나중에 알렉산드리아의 시릴과 여러 신학자들에게 영향력을 주어서 단성론으로 결말을 맺고 말았다.

## 6. 네스토리우스와 시릴

아폴리나리스의 말씀-육신 기독론이 두 본성의 혼합을 말할 위험성이 있다는 것을 간파한 교회는 예수의 완전하고 실재적인 인간성을 주장하면서, 동시에 예수의 개체 안에 신성과 인성을 성공적으로 연결시켜 주는 기독론을 필요로 하였다. 이러한 작업을 안디옥에 근거를 둔 다소의 디오도르(Diodore of Tarsus), 몹수에스티아의 테오도르(Theodore of Mopsuestia), 그리고 안디옥의 네스토리우스(Nestorius of Antioch)가 발전시켰다. 이들은 말씀-인간 기독론에 입각해서 예수 그리스도의 완전하고 감소되지 않은 완전한 인간적 본성을 주장하려고 하였다. 즉, 이들은 예수가 인간적 영과 동시에 인간적 지성을 지녔다는 것을 주장하려고 하였다.

다소의 디오도르는 아폴리나리스가 말하는 로고스와 육체의 혼합이 아니라, 사람이 성소에 들어가 있듯이 로고스가 육체내에 거주하는 것으로 이해함이 옳다고 하였다. 몹수에스티아의 테오도르는 아폴리나리스의 기독론은 예수 안에서 로고스가 항상 주도적인 원리로써 지배하고 있음을 간파하고서, 만일 이 주장이 옳다면 예수의 인간성은 연약함, 고난, 배고픔, 목마름 등등으로부터 자유로워야 옳다고 볼 수 있었다. 그러나 실제는 정반대였으므로 테오도르는 로고스가 그리스도의 몸만을 빌려 온 것이 아니라, 완전한 인간이었다고 하였다. 그러나 디오도르나 테오도르는 다같이 아폴리나리스와 마찬가지의 약점을 가지고 있었다. 첫 번째로 아폴리나리스가 예수의 완전한 인간성을 주장하지 못한 것처럼, 이들은 예수의 참신성, 즉 성육신을 설명하지 못하였다. 두 번째로 예수 그리스도 안에 있는 신성과 인성을 갈라 놓을 염려를 가지고 있었다. 즉, 예수 그리스도 안에 있는 하나님과 인간의 연합을 적절하게 표현하지 못하였다.

그러나 교회는 일반적으로 안디옥의 말씀-인간 기독론이 알렉산드리아의 말씀-육신 기독론보다는 위험성이 적다는 것을 간파하고서 아폴리나리스는 정죄하였지만, 디오도르와 테오도르는 정죄하지 않았다. 그러나 시간이 지나서 이들의 후배인 네스토리우스로 인해서 상황은 달라졌다.

네스토리우스는 428년 콘스탄티노플의 대주교 자리에 취임하였다. 네스토리우스는 모든 사람이 욕심내는 콘스탄티노플의 대주교가 됨으로써 시기와 모함의 대상이 된 셈이었다. 여기에 그의 자만심까지 곁들여져서 자신의 정죄뿐만 아니라, 두 분 선배들까지 정죄받게 하였다. 논란의 기폭제는 초대교회로부터 전통적으로 마리아 앞에 붙여 놓았던 수식어 '하나님 임신자'(theotokos)에 대해서 자신의 소신을 피력한 데 있었다.

네스토리우스는 마리아가 신적 로고스를 낳은 것이 아니라, 신성과 연합되어 있는 인간 예수를 낳았다고 주장하고 싶었다. 그러나 그는 하나님 임신이라는 골치 아픈 문제들을 안고 있었다. 이것을 인정하면 예수 안에서의 신성과 인성의 연합을 인정하게 된다. 그러나 이것을 거절하면 예수를 어느 시점부터 하나님이라고 부를 수 있으며, 어떠한 방식으로 신성과 인성이 연합되어 있는가라고 질문할 수 있었다. 그리고 이 용어를 사용하면 이방인들이 기독교를 어떻게 보겠으며, 더욱이 이 용어는 니케아 신조에서도 찾아볼 수 없는 조항이었음을 간파하였다.

그러므로 네스토리우스는 하나님-임신보다는 인간-임신(anthropo-tokos)이라고 불러야 한다고 주장하면서도, 십분 양보해서 그리스도-임신(christotokos)이라고 부를 수 있다고 하였다. 그런데 네스토리우스는 이상과 같은 주장을 전개하는 과정에서 상대방과 일반인들의 감정을 상하게 할 수 있는 표현을 사용하였다. 즉, 신성이 어떻게 여인의 자궁 안에 9개월이나 갇혀 있을 수 있으며, 신성이 어떻게 기저귀에 싸여 지낼 수 있겠으며…… 등등의 표현을 서슴치 않았다.

네스토리우스는 예수 그리스도 안에서 신성과 인성이 말씀-육신 기독론처럼 구별없이 혼합되어 있지 않다고 주장한 반면에, 반대자들은 그의 주장을 따르면 신성과 인성의 본질적 연합은 없어지고 도덕적이고 윤리적인 연결만 있을 뿐이라고 하였다. 이렇게 반대를 하고 나선 사람이 알렉산드리아의 시릴(Cyril of Alexandria)이었다.[15] 430년 로마대회는 시릴을 네스토리우스의 주장을 철회하도록 종용하는 대표자로 삼았다. 시릴은 네스토리우스의 비위를 거스리기에 충분한 용어를 사용하면서 12개의 저주문을 보냈다. 이에 맞서서 네스토리우스도 시릴을 정죄하는 12개의 저주문을 보냈다. 이렇게 해서 문제의 수습노력이 수포로 끝나고 더욱 어려워지자, 황제는 431년 6월 7일 에베소에 회의를 소집하였다.

시릴은 네스토리우스가 회의장에 도착하기도 전에 자기편 사람들을 움직여서 네스토리우스를 정죄해 버렸다. 시릴의 입장은 이것이었다. 네스토리우스의 기독론을 따르면 신적 로고스가 참으로 인간이 되셨다고 말할 수 없으므로 인간의 구속이 있을 수 없다는 것이었다. 시릴의 출발점은 구속이었으므로 성육신 이후의 두 본성의 상호관계에는 별로 관심이 없었다.

그는 인성과 신성의 차이성에 대해서는 육체 밖의 로고스(*logos asarkos*)와 육체 안의 로고스(*logos ensarkos*)로 구별하였다. 그리고 인성과 신성의 통일성에 대해서는 "육체가 되신 신적 로고스의 한 본성"[16]이라고 하였다. 여기에서 말하는 육체란 인간적 영을 포함한 완전한 인간적 본성을 의미하며, 신성과 인성이 본질적으로 하나를 이루고 있다는 뜻으로 사용하였다. 따라서 예수는 임신 순간부터 온전하게 로고스에 속하며,

---

15. 시릴은 네스토리우스를 무너뜨리기 위해서 몇 가지 수단을 동원하였다. 첫째는 알렉산드리아의 막대한 재력으로 돈에 눈이 어두운 고위 관직자들을 끌어들였다. 둘째는 펠라기우스가 서방에서 정죄를 당하고 네스토리우스 밑에서 은신처를 구하자, 만일 서방이 네스토리우스를 정죄해 주면 펠라기우스를 정죄해 주겠노라고 흥정하였다. 셋째로 이집트의 수도자들을 끌어들여서 자신의 주장을 열성적으로 옹호하고 전파케 하였다.
16. 이 형식은 아폴리나리스가 사용하였다가 이단으로 정죄당한 것이었지만, 시릴은 운이 좋게도(?) 이단으로 취급되지 않았다. 그 이유는 구속론적 관점에서 당시 교회에서 통용되고 있던 신앙과 성경적 증언들을 끊임없이 반복하였기 때문일 것이다.

로고스의 인간 본성이나 다름이 없기 때문에 마리아에 대해서 '하나님-임신'이라고 말할 수 있었다.

이상과 같은 견해를 가지고서 정통으로 등장하였기 때문에 시릴은 네스토리우스를 정죄하였다. 그러자 4일 뒤에 도착한 네스토리우스는 시릴의 회의를 강도회의라고 하면서 자기편 사람들을 소집해서 시릴을 동일하게 정죄하였다. 회의를 통해서 평화를 얻기는 곤란하였다. 황제는 두 사람을 다같이 수감시키고서 협상을 벌였다. 이때로부터 정치적 수완이 능숙한 사람이 이기게 되어 있었다. 시릴은 황제 앞에서 개최된 회의장에서 황제와 많은 지지자를 확보한 반면에 네스토리우스는 콘스탄티노플의 감독직에서 쫓겨나고 말았다.[17]

네스토리우스와 시릴은 다같이 약점을 가지고 있었다. 네스토리우스의 주장은 앞에서 살펴본 대로 성육신 이후의 신성과 인성을 다같이 긍정하였다는 점에서는 높이 평가할 수 있으나 신적인 말씀의 성육신을 말하지 못하였다. 반대로 시릴은 신적 말씀의 성육신을 말하면서 신성과 인성의 통일성을 말하는 점에서는 높이 평가할 수 있으나, 이 통일성을 지나치게 강조한 나머지, 성육신 이후의 신성과 인성의 구별을 무시함으로써 단성론으로 빠질 위험을 다분히 가지고 있었다.

## 7. 에베소에서 칼케돈까지

에베소회의까지의 분위기는 시릴 쪽이 유리하였다. 그렇다고 네스토리우스 쪽에서 잠잠하고 있을 수는 없었다. 다시금 시끄러워지자 황제는 양쪽 진영을 모아서 433년 회의를 개최하였다. 여기에서 결정된 신조를 재연합 신조라고 한다. 양쪽 측은 다같이 이 신조에서 말하는 "우리와 동일

---

17. 네스토리우스는 안디옥의 수도원에서 4년 동안 지내다가 좀더 외진 페트라 성으로 보내졌다. 그러다가 나중에는 리비아 광야에 있는 한 오아시스에서 일생을 마감하였다. 그리고 칼케돈회의가 소집되고 자기의 주장이 받아들여지는 것을 보았다.

본질이시며" 또한 "성육신 이후에도 두 본성"이라는 도식을 확립시켰다.

그러나 시릴을 추종하는 사람들 가운데에서 염려하였던 단성론이 나오고 말았다. 콘스탄티노플의 수도사로서 모든 사람들로부터 존경을 받고 있던 유티케스(Eutyches)를 안디옥파에 속하는 디오스쿠르스(Dioscurus)가 448년에 소집된 콘스탄티노플 지방대회에서 도릴레아의 유세비우스(Eusebius of Dorilea)를 통해서 정죄하고 나섰다. 즉, 유티케스가 재연합 신조의 핵심 형식인 "그리스도는 성육신 이전에는 두 본성이다"라는 것은 인정하였으나, 그리스도는 "우리와 동일본질이시다"와 "성육신 이후에도 두 본성이시다"라는 형식을 거절하였다고 고소하였다. 유티케스는 고소의 내용대로 주장한 것으로 판명되었으며, 후대는 이러한 유티케스의 주장을 단성론(monophysitism) 이라고 부른다.

다시금 천하가 어지러워졌으며 서방교회가 개입하였다. 로마의 교황 레오 1세는 449년 6월 13일 콘스탄티노플의 플라비안을 통해서 서신을 보냈다. 이것을 레오의 교서(Leo's Tome)라고 부른다. 교서는 유티케스가 진리를 깨닫지 못하는 매우 어리석고 무식한 자라고 하였다. 그렇다면 레오의 교서의 핵심은 무엇이었는가? 서방은 터툴리안으로 시작해서 힐라리, 암브로스, 그리고 어거스틴으로 이어지는 기독론을 가지고 있었다.

> 우리 인간들이 마땅히 지불해야 할 빚을 갚으시기 위해서 죽을 수 없는 거룩한 본성이 죽을 수밖에 없는 본성과 연합하였으며…… 이렇게 해서 참 인간으로서 완전하고 온전한 본성을 다 갖춘 참하나님이 나셨으며, 신으로서의 본래적인 면에서나 우리들 인간으로서의 면에서나 다같이 완전하셨다. 말씀은 말씀에 속한 고유한 일을 수행하셨고, 육신은 육신에 속한 고유한 일을 수행하였다. 한 쪽 본성이 기적과 함께 빛을 발하면 다른 한 쪽 본성은 상처를 입으셨다. 그리고 말씀이 아버지의 영광과 동등되게 계셨으므로 육신도 우리 인류의 본성을 앞질러 나아가지 않았다.[18]

---

18. Leo the Great, *Letter* XXVIII, Chs. 1-4, NPNF, Second Series, Vol. XII, pp. 38-41.

레오의 주장은 다음과 같았다. 첫째는 하나님-인간으로 이루어진 그리스도의 육체는 신적 로고스와 동일하다는 것이었다. 둘째는 성육신하신 로고스의 한 개체 안에 신적이며 육체적인 두 본성이 혼합되지 않고 협력하여 있음을 말하였다. 셋째는 속성의 교류가 이루어졌다는 것이었다. 이렇게 해서 451년 5월 칼케돈(Chalcedon)에서 회의를 소집하였으며, 안디옥 학파, 알렉산드리아 학파, 그리고 서방교회 등 3가지 방향으로 나뉘어졌던 기독론에 관한 최종적인 신조를 채택하였다.

그러므로 우리는 거룩한 교부들을 따라서 다음과 같이 가르치기를 만장일치로 결정한다. 우리 주 예수 그리스도는 한 분 동일하신 하나님이시며, 신성에 있어서 동일하게 완전하시고, 인성에 있어서 동일하게 완전하시고, 참하나님이시며, 참인간이시고, 이성적 영과 몸을 동일하게 가지신다. 그는 신성에 있어서 아버지와 동일본질이시고 인성에 있어서 우리와 동일본질이시나 죄를 제외하고 우리와 똑같다. 그는 신성에 있어서 시간 이전부터 아버지로부터 나시고, 동일하신 분이 마지막 날에 우리와 우리의 구원을 위해서 동정녀 마리아에게서 나셨으니, 그의 인간성에 대해서는 동정녀 마리아가 하나님의 어머니이다.
우리는 한 분 동일하신 그리스도, 아들 주님을 독생자로 인정하며, 두 본성이 혼돈이 없고, 변화도 없고, 분리도 없고, 별거도 없는 연합체로 알려졌으나 두 본성의 차이가 연합으로 인해서 결코 없어지지 않았으며, 각 본성의 속성은 한 위격과 한 본체 안에 (다같이)보전되고 함께 역사한다. 두 위격으로 나누이거나 떨어지는 것이 아니고 한 분 동일하신 아들로서 독생하시고, 하나님의 말씀이시며, 주 예수 그리스도이시다. 옛 선지자들이 예언한 대로 예수 그리스도 자신에 대해서 우리에게 가르쳤으며, 우리에게 전달된 교부들의 신조가 그렇게 가르친다.[19]

칼케돈 신조는 유티케스와 네스토리우스를 다같이 반대하였다. 앞에서도 말씀드린 대로 네스토리우스는 그리스도의 신성과 인성의 구별을 지나치게 강조한 나머지 양성의 연합을 말하지 못하였으며, 시릴과 유티케

---

19. Bernhard Lohse, 차종순 역, 위의 책, 서울 : 목양사, 1986, p. 137.

스는 그리스도의 통일성을 지나치게 강조한 나머지 그리스도의 참인간성을 말하지 못하였다. 그러나 이 신조의 핵심적인 이론을 제공하였던 레오의 신학은 네스토리우스와 크게 다르지 않았었다. 그럼에도 불구하고 네스토리우스 이론은 반대를 받았다.

그것은 이 신조가 그리스도의 신성과 인성에 대해서 긍정적으로 말하지는 못하였지만, 그릇되게 말하는 것을 금하였다는 것을 말한다.

## 8. 기독론 논쟁의 계속

451년 니케아회의의 결정은 제국에서 원하는 대로 온전한 통일을 이룩하지 못하였다. 칼케돈 신조의 신학적 흐름은 알렉산드리아의 시릴 쪽에 더욱 유리하였기 때문에 안디옥 계열에서는 자연적으로 안디옥 신학적 흐름에 서서 반대하는 사람들이 많았다. 특히 칼케돈 신조를 전체적으로 반대하면 제국의 통일을 반대하는 위험스러운 인물이 된다는 정치적인 문제를 제외하더라도 신조의 내용 가운데에서 '두 본성으로 된'이라는 부분을 싫어하였다. 이들은 정통신앙을 지닌 사람들로서 유티케스를 반대하면서도 동시에 예수 그리스도는 하나님과 본질공존체이면서 또한 인간과도 본질공존체라고 고백하였다. 그래서 이들을 '말씀-단성론자'(verbal monophism)라고 부르기도 하고, 이들의 대변자가 세베루스(Severus of Antioch)이기 때문에 간혹 이들을 '세베루스주의자'(Severians)라고 부르기도 하였다. 말씀 단성론자들은 '두 본성' 형식보다는 '한 본성' 형식을 더욱 옹호하면서 끝까지 시릴 쪽으로 흐르는 면이 있었다.

이러한 상황에서 황제의 자리를 찬탈한 찬탈자 바실리쿠스(usurper Basilicus)는 자신의 정당성과 동시에 반-칼케돈파를 끌어들이기 위해서 476년 '엔싸이클리온'(Encyclion)을 발표하였다. 그러나 이러한 노력도 원하는 만큼의 지지를 얻지 못하였으며, 쫓아낸 제노(Zeno)가 다시금 복위함으로써 허사에 그치고 말았다.

제노는 복위와 더불어서 바실리쿠스의 '엔싸이클론'을 물리칠 수 있는 '통일칙령' 혹은 '헤노티콘'(Henoticon)을 428년에 발표하였다. 그렇지만 헤노티콘도 칼케돈 신조보다는 단성론을 더욱 옹호하였으며, 더 나아가서 칼케돈 신조 결정에 크게 공헌하였던 레오의 교서마저도 무시할 정도였다. 따라서 로마는 헤노티콘의 작성을 책임맡았던 콘스탄티노플의 대주교 아카시우스를 퇴위시킨다고 발표함으로써 동·서 교회의 분열을 조장하였다. 그래서 서방역사에서는 이 사실을 '아카시우스의 분열'이라고 부른다. 이 사건은 519년 황제 저스틴과 교황 호르미스다스 사이의 협상으로 해결되었다.

헤노티콘은 이렇게 해서 동방교회의 패배로 끝났으며, 결과적으로는 단성론자들 내부의 분열을 가져왔다. 할리카르나수스의 줄리안(Julian of Halicarnasus)은 그리스도의 몸은 썩을 수 없다고 주장하면서 말씀-단성론자들은 '썩은 것을 예배하는 자'(phthartolatry)라고 비난하였다. 여기에 맞서서 말씀-단성론자들은 그리스도께서 육체를 입으셨다면 육체도 썩어야 마땅하다는 논리를 내세워서 자신들의 주장을 반대하는 자들은 '썩지 않는 가현설주의자'(Aphthartolatry)라고 하였다. 그리고 또다시 말씀-단성론자들 사이에서 예수님에게는 인간으로서는 모르는 부분이 많이 있다고 하면서 '불가지론자'(agnosticist)들이 생겨났으며, 이들의 대표자가 니오베의 스테판(Stephen of Niobe)이었으므로, 이들은 '니오베주의자'(Niobites)라고 부른다.

헤노티콘으로 야기된 논쟁은 "삼위일체 가운데 한 위격이 수난을 당하였다."라고 주장하는 '하나님의 수난의 논쟁'(theopaschite controversy)으로 이어지면서 교회를 어지럽히다가 황제 저스틴(Justin)과 저스티니안(Justinian)에게서 일단락 되었다. 저스티니안은 옛 로마제국의 건설을 꾀하였다. 그는 북아프리카, 로마, 이탈리아의 외교 등에 간섭하였다. 그리고 자신의 원대한 꿈을 이루는 데에는 교회의 통일이 절실하게 요구되었다.

저스티니안은 단성론자들과 칼케돈 옹호론자들을 하나로 묶으려 하였으나 좌절되자 그 책임을 안디옥 학파의 지도자에 속하는 3명의 참사-몹수에스티아의 테오도르(Theodore of Mopsuestia), 사이러스의 테오도렛(Theodoret of Cyrus), 그리고 에뎃사의 이바스(Ibas of Edessa)-에게 있다고 판단하고서 이들을 정죄하였다. 더 나아가서 황제가 로마 교황 요한 2세(John II)에게도 힘을 가해서 이들 3참사를 정죄하는 교서 "유디키움"(Judicium)을 발표케 하였다. 저스티니안은 553년 5월 콘스탄티노플에 회의를 개최해서 3참사를 정죄함과 동시에 이들의 이단적 사상의 근원이라고 판단되는 오리겐(Origen)마저도 정죄케 하였다. 이것을 제5차 에큐메니칼회의라고 부른다.

 기독론 논쟁은 여기에서 그치지 않았다. 황제 헤라클리우스(Heraclius)는 페르시아와 전쟁하고 있었으므로, 시리아와 이집트의 협조와 더불어서 이들 나라로부터의 반발을 무마시켜야 했다. 이러한 필요성에 따라서 콘스탄티노플의 대주교였던 세르기우스(Sergius of Constantinople)는 그리스도 안에는 구세주의 모든 활동을 통제하는 단 하나의 위격이 있음과 같이 단 하나의 활동원리인 말씀이 있어서 신성과 인성에 동시에 활동한다고 보았다. 즉, '단 하나의 위격적 에너지'라는 신앙형식을 발표하였다. 그러자 예루살렘의 소프로니우스(Sophronius of Jerusalem)가 너무나도 강력하게 나서자, 세르기우스는 자신의 첫 번째 주장을 철회하고서 단의지론(monotheletism)을 발표하였다.

 이렇게 해서 황제는 의도하였던 제국의 통일을 이룰 수 없었다. 그래서 에너지론과 의지론을 다같이 정죄하였으나, 세르기우스는 로마의 교황을 움직여서 결국에는 황제로 하여금 단의지론에 찬성케 하는 데 성공하였다. 여기에 반대해서 고백자 막시무스(Maximus the Confessor)는 구세주 안에는 '두 개의 본성적 에너지와 두 개의 본성적 의지'가 있다고 고백해야 한다고 반대하고 나섰다. 결국 681년 콘스탄티노플에서 모인 제6차 에큐메니칼회의에서 단에너지론자들과 단의지론자들을 다같이 정죄하고서, '두 개의 본성적 의지'가 있다고 선언하였다.

 기독론 논쟁은 처음부터 결론이 없었다. 칼케돈 신조로부터 제6차 에큐메니칼회의에 이르기까지 기독론 논쟁은 부정적인 해답을 내렸다. 이 사실은 그리스도의 신성과 인성에 관한 지식이 인간의 한계를 넘어서 있다는 증거로서, 이 주제에 대해서는 오로지 신앙고백만 있을 수 있음을 말하였다. 따라서 교회는 철학적인 개념으로써 두 본성의 상호관계를 말하려는 모든 시도를 정죄하였다. 동시에 이 논쟁을 이용해서 정치적인 우위를 차지하려는 시도를 또한 배격하였다. 기독론 논쟁은 인간의 부족함을 깨닫게 해 주는 또 하나의 주제로서 영원한 신비로 남아 있어야 한다.

## 제2부
# 중세교회

1. 중세의 시작과 어거스틴의 신학
2. 그레고리 1세의 확립
3. 중세 학문의 두 방향
4. 중세 초기의 신학의 발전
5. 사고백제도의 확립
6. 보편논쟁과 교회론적 해석
7. 교권확보를 위한 신학의 뒷받침
8. 후기 유명론적 구원론
9. 신비주의의 등장

# 중세교회

## 들어가는 말

중세는 어거스틴으로 시작해서, 어거스틴을 곡해하였다가, 다시금 어거스틴의 기본적인 사상으로 되돌아가는 종교개혁에 의해서 끝을 맺는다고 해도 과언이 아닐 것이다. 중세가 이렇게 될 수밖에 없었던 이유는 410년 알라릭(Alaric)에 의해서 서로마가 점령당하자 정치적 혼란과 더불어서 학문적 발전은 정체된다. 교회는 어거스틴의 신학에 관한 논쟁을 거듭하게 된다. 529년 오렌지회의(The synod of Orange)에서 어거스틴의 사상을 정립해서 반(半)-어거스틴주의(semi-augustinianism)를 몰아냈으나, 하나님의 은총을 목회적 차원으로 발전시켜서 교회론을 강화시키고 그레고리 1세(Gregory I)에 의해서 확정되기까지 어거스틴에 대한 해석으로 나뉘어져 있었다.

동시에 중세가 활발하지 못하였던 이유는 3대의 외침이 크게 작용하였기 때문이다. 회교도의 발흥과 세력의 확장, 게르만족의 끊임없는 침입, 그리고 북유럽의 해양족의 침입으로 힘을 갖지 못하였다. 이렇게 서유럽의 몰락이 거듭되는 과정에서 동유럽은 기독론 논쟁을 거듭하면서 내부적인 힘을 소진하였다.

이러한 상황에서 프랑크 왕조는 스페인을 점령하고서 북진을 거듭하던 회교도를 저지시키고서 확고부동한 세력으로 서유럽을 석권하였다. 이러한 힘을 바탕으로 로마의 교황권과 합세해서 신성로마제국을 건설함으로써 새로운 전기를 마련하였다. 이때로부터 서로마 교회는 학문의 발전을 꾀함과 동시에 세력을 확장시켜 나갔다. 수도원이 정비되고 학문의 발전이 이루어졌으며, 교권이 확보되어서 교황이 서유럽 제국에 대한 지배권을 누리기 시작하였다. 그렇지만 이러한 발전과 세력확보는 내부적인 타락과 부패를 초래하였다.

여기에 불만을 품은 반-교세적인 힘들이 반대하고 나섰다. 카타리파, 왈도파 등의 이단들이 나섰으며, 각종 신비주의적인 미신까지 확장되었다. 뿐만 아니라 개혁을 부르짖는 목소리까지 있었다. 교회는 돌파구를 필요로 하였다. 새로운 교단을 창설시키고, 수도종단을 창설해서 대중들의 불만을 풀어 주고, 새로운 대안을 제시하려고 하였으나 역부족이었다. 이렇게 해서 대중의 눈길을 저 멀리 예루살렘 성도로 돌림으로써 눈앞의 불길을 끌 수 있었다.

십자군 전쟁은 예상대로 성공적이었다. 실추되었던 교권이 확보되었을 뿐만 아니라 강화되었으며 대중들의 불만은 신앙심으로 승화되었다. 그러나 교회는 강화된 교권을 신학적으로 정치적으로 지나치게 강화시킨 나머지 내부적으로 썩어들어갔다. 반면에 십자군 전쟁에 참여하였던 유럽의 여러 나라들은 각각의 지분을 고집하면서 로마의 말에 고분고분하지 않았으며, 급기야 아비뇽 교황청이라는 분열까지 초래하였다. 동시에 대중들은 로마의 교권적인 신앙과 신학노선과 더불어서 각종 미신적이며 신비적인 신앙이 일반 기층에 흐름으로써 중세는 상부의 지배층과 하부의 피지배권이 별개로 이원화되기 시작하였다. 여기에 곁들여서 동로마의 멸망으로 많은 학자들이 희랍문화를 서유럽에 소개함으로써 고전에 대한 열망이 눈뜨기 시작하였다. 동시에 십자군 전쟁 이후로 발전하기 시작한 자연과학은 대양개척과 더불어서 인간의 이성의 발전을 가져왔다.

 이러한 도전이 움트는 가운데에서 중세는 후기 유명론 신학을 극대화 시킴으로써 더욱더 대중으로부터 멀어졌으며, 대중들 사이에는 새로운 대안에 대한 기대감이 퍼져나갔다. 중세교회내의 개혁에 희망을 걸었으나 좌절되었다. 일부 지식인들의 신랄한 비판으로 변화가 일어나는 듯하였으나 냉소적인 만족감에 그쳤을 뿐이었다. 중세는 어거스틴의 하나님의 도성을 이 땅에 실현시키려 하였으나 인간들의 욕심으로 인해서 꿈을 이루지 못하였다. 어거스틴의 값없는 은총론을 보상으로 해석함으로써 인간의 노력과 공로를 강조하였다. 인간의 구원을 손에 쥔 교회는 교인들에게 충성을 강요하였으나 대중들은 새로운 돌파구를 원하였고, 진정한 신앙을 원하였다. 현세에서 하늘나라를 구현하는 것도 좋지만, 죄사면에 관한 확신과 내세에 대한 보장을 원하였다. 교회는 개혁을 원했다. 이렇게 해서 중세는 끝나고 개혁시대로 진입하였다.

# 제1장
# 중세의 시작과 어거스틴의 신학

어거스틴은 3가지의 질문으로부터 철학과 신학을 출발하고 마무리지었다고 말할 수 있다. 첫째는 악의 근원은 어디로부터인가? 둘째는 어느 교회가 참교회인가? 셋째는 사람은 하나님으로부터 해방을 얻어야 하는가 아니면 하나님에게 종속되어야 하는가? 첫 번째 질문은 기독교로 개종하기 이전에 키케로의 철학으로부터 마니교를 거쳐서 신플라톤 철학에 이르기까지 끊임없이 물었던 신정론 논쟁이었다. 두 번째 질문은 목회사역을 시작할 즈음에 부딪쳐야 했던 도나투스 이단과의 논쟁에서 결론지어진 교회론이었다. 세 번째 질문은 펠라기우스와 대면하였던 은총론 논쟁이었다.

## 1. 악이란 무엇인가?

어거스틴의 신학적 사상의 저변에는 그가 기독교로 개종하기 이전부터 히포에서 감독으로 봉직하다가 임종을 맞이할 때까지 악의 문제가 끊임없이 그를 따라다녔다.[1] 그는 악의 문제를 다루면서 맨 먼저 "악이란 무엇인가? 악이란 형이상학적인 개념인가? 아니면 실제적인 실체인가"에 대해서 다루었다. 두 번째로 "악은 어디로부터 오는가"의 문제를 다루었다. 여기에 대한 답이 그 유명한 자유의지론이다.

### a. 악이란 무엇인가?

마니교에서는 신을 절대적인 단일체로 보지 않았다. 마니교는 두 개의 상반된 힘이 서로 투쟁상태에 있을 뿐만 아니라, 더 나아가서 이러한 이중적인 상태는 인간 안에서도 발견된다고 보았다. 마니교에 입문한 어거스틴은 빛의 조명을 받았다. 그 빛은 어거스틴에게 자아의 본래적 상태를 깨닫게 해 주었다. 즉, 자아의 선한 부분과 악한 부분이 뒤섞여 있음을 알았다. 열정, 분노, 성욕, 육체 등이 붉은 이빨과 발톱을 내밀면서 자신을 엄습해 왔다.[2] 어거스틴이 마니교에 9년 동안 청문자(hearer)의 단계에 있으면서 해결하지 못하였던 질문은 이와 같은 이원론적인 선과 악은 혹은 선의 신과 악의 신은 본래적으로 어디로부터 왔는가? 하는 질문이었다.

마니교의 존경받는 주교 파우스트(Faust)에게 이 질문의 해답을 기대하였으나 실망에 그치고 말았다. 어거스틴은 기본적으로 하나님의 선하심의 통전성과 하나님의 통치의 우주성을 강력하게 주장하였다. 즉, 하나님에게는 악이 전혀 없으며, 악의 가능성도 또한 전혀 없다는 것이었다. 그러나 이 세상에는 악이 실제적으로 존재하기 때문에 여기에 대한 해답을 내려야 했다. 어거스틴은 마니교에서 얻지 못한 해답을 신-플라톤주의(Neo-Platonism)에서 얻었다.

신플라톤주의의 완성자인 플로티누스(Plotinus)는 맨 먼저 악이란 비-

---

1. 악의 문제를 다룬 어거스틴의 저서는 마니교를 반대해서 쓰여진 각종 저서들을 포함해서, 「하나님의 도성」(The City of God), 「고백록」(Confessions), 「신학적 입문서」(Enchiridion), 그리고 「자유의지에 관하여」(On Free Will) 등이다.
2. Peter Brown, Augustine of Hippo, 차종순 역, 「어거스틴의 생애와 사상」, 서울 : 대한예수교장로회총회출판국, 1992, p. 62.

존재(Non-Being)라고 규정짓는다. 모든 존재는 선한 것이므로 비-존재는 자체적으로 악한 것이며, 바로 악의 자리라고 보았다.

> 만일 악이 존재한다면, 그것은 오로지 비-존재의 영역에만 자리할 뿐이다. 그리고 악이 비-존재라는 양식으로 존재한다면 악은 비-존재와 관계있는 어떠한 자리에 위치할 뿐이며, 어느 정도는 비-존재 안에서 교제할 뿐이다. 이 비-존재란 존재하지 않는 어떤 것이라고 이해해서는 안 되며, 순수-존재(Authentic Being)와는 전혀 다른 어떤 것이라고 보아야 할 것이다.[3]

그렇다면 어떻게 해서 이러한 악은 생겨났는가? 여기에 대해서 플로티누스는 지고의 존재가 충만한 가운데에서 헤아릴 수 없는 수많은 존재들을 쏟아 내는 창조의 과정에서 더이상 쏟아 낼 수 없는 창조의 마지막 단계, 즉 선과 존재의 마지막 단계인 공허한 어두움과 비-존재로 내려가는 것이다.

> 선이란 그것으로부터 끊임없는 하강으로 인해서 혹은 그것으로부터 끊임없이 멀어져 감으로 인해서 결국에 가서는 마지막의 어떤 것, 더이상 어떠한 것이 산출될 수 없는 마지막을 산출한다. 이것이 악이다. 첫 번째로부터 어떤 것이 만들어졌다면, 필연적으로 마지막이 있어야 한다. 이 마지막이 물질이다. 그 안에 선이란 전혀 없는 어떤 것이다. 바로 여기에 악의 필연성이 있는 것이다.[4]

플로티누스가 말하는 물질(hyle)이란 자연과학적인 물질이 아니다. 그것은 플라톤적인 물질 개념으로서 자체로서는 무형이며, 헤아릴 수 없는 어떤 존재이지만, 영원한 이데아가 어떠한 형태를 주어서 감각적인 세계를 만들어 내게 한 그것을 말한다. 그러므로 악이란 비-존재이며, 부족

---

3. Enneades, trans. *Stephen MacKenna*, (London: Faber & Faber Ltd., 3rd., ed., 1962), i. 8. 3.
4. Enneades, i. 8. 7.

이며, 결핍이며, 비-실체이다.

  그렇다면 인간 안에 있는 악은 어떻게 설명할 것인가? 플로티누스는 여기에서 절대적인 악을 말하면서 물질과 동일시시켰다. 이 악은 구체적인 형체와는 구별되는 것으로서 무엇인가 첨가됨으로써 드러날 뿐이다. 다른 말로 하자면, 사람은 그 자체적으로 악의 근원이 아니다. 악은 사람이 있기 이전에 있었다. 이 악이 인간을 의지와 반대되게 붙들고 있을 뿐이다. 따라서 타락한 영혼이 물질적인 몸을 가지고 있는 것은 인간이 고통을 당하고 어려움을 겪는 원인인 것이다. 이 육체가 물질적인 것에 참여하기 때문에 이러한 악이 인간에게 있는 것이다. 따라서 인간의 육체가 물질적인 것을 벗을 때에 선을 얻고 자유을 얻는다고 말할 수 있다.[5]

  이상과 같은 신플라톤주의의 악의 개념에 대해서 어거스틴은 무엇이라고 말하였는가? 어거스틴도 하나님은 완전한 선이며, 무한한 아름다움이며, 영원이며, 불가변이며, 지고의 실체적 존재라고 하였다. 이 하나님은 '무로부터' 존재하는 모든 것을 창조하였다. 전능하신 선하심으로 만드신 창조세계는 물질세계의 거역으로 인해서 아무런 영향도 받지 않으심으로 피조세계는 전체적으로 선하다.

  그렇다면 피조세계에 있는 각종 차이는 무엇인가? 어거스틴은 플로티누스처럼 유출에 의해서 비-존재로 하강하는 것으로 보지 않고, "어떤 존재에게는 하나님께서 더욱 풍성하게 전달하였으며, 또 다른 어떤 존재에게는 제한적으로 전달하였다. 따라서 존재하는 것들을 계층적으로 만드셨다." 존재는 다만 계층적으로 존재할 뿐이다. 그러므로 물질이라고 해서 악한 것이 아니다. 물질은 다만 창조자의 불가변성이 결여되어 있을 뿐이며, 부패의 가능성을 가지고 있을 뿐이다. 그러므로 하나님의 창조 가운데에서 악의 단계는 있을 수 없다. 저급한 단계의 피조물이란 악이 아니라 선이 부족하게 있는 것이다.

  어거스틴은 여기에 머무르지 않고서 하나님의 피조물은 창조자의 선하심을 나타내는 놀라운 복합체이므로, 그 어느 것이라도 경멸해서는 안 된

---

  5. 위의 책.

다고 하였다.

피조물의 질서는 맨 위로부터 아래에 이르기까지 단계에 의해서 이루어진다. 그러므로 어떠한 존재는 없었으면 좋겠다든지, 혹은 이것이 우월하다고 말해서는 안 된다. 또한 어떤 존재가 규모가 더 큰 다른 존재와 같아야 한다고 말해서도 안 된다. 왜냐하면 모든 사물은 나름대로의 완전한 존재이며, 거기에 다른 어떤 것도 덧붙일 수 없기 때문이다. 어떤 사물은 존재하지 않았어야 한다고 말하는 사람은 마땅히 있는 그대로 찬양해야 할 그 저급한 사물이 존재하지 않기를 바랐기 때문에 사악하고 악랄한 것이다. 예를 든다면 달은 태양보다는 밝기에 있어서 저급하지만, 나름대로의 아름다움을 가지고 있으며, 지상의 어두움을 장식하며, 밤의 용도에 알맞다.[6]

결론적으로, 어거스틴에게 있어서 악이란 없다. 하나님께서 만드신 모든 것은 다 선하며, 하나님의 완벽하신 선하심과 아름다움을 나름대로 나타낼 뿐이다. 이러한 의미에서 어거스틴은 플라톤적이며, 신플라톤적이며, 마니교적인 이원론적 세계관을 다같이 거부한다. 오로지 우리는 하나님의 은혜로우신 선하심에 감사할 따름이다. 그렇다면 실제적인 악은 무엇인가? 악이란 근본적으로 선한 어떤 것들의 잘못된 기능이다. 하나님의 피조물로서 '모든 자연은 선하다.' 따라서 불변하신 하나님을 제외하고서, 무로부터 만들어진 모든 가변적인 것들이 부패하게 된 그것이, 즉 선의 결핍(privatio boni)이며[7] 바로 악이다.

b. 악은 어디로부터 오는가?
악을 규정한 어거스틴은 악의 출처에 대해서 언급하였다. 앞에서 언급

---

6. Augustine, *On Free Will*, Ⅲ. ix. 24, J. H. S. Burleigh, *Augustine: Earlier Writings*, Philadelphia : Westminster Press, 1953, pp. 185–186.
7. 어거스틴이 가장 자주 사용하는 선의 결핍이란 선의 부족, 부패, 잃어버림, 악, 불완전, 무자격, 부정 등을 의미한다. John Hick, *Evil and the God of Love*, New York:Harper and Row, Publishers, 1966, p. 53.

한 대로 마니교에서는 악이란 우주의 본래적인 구성요인으로써 스스로 존재하는 것이었다. 그러나 어거스틴은 이것을 단호하게 거절하였다. 즉, 하나님의 모든 피조물은 선하다. 그리고 악은 선한 본질이 부패한 데서 기인한다. 악은 하나님께서 만드신 이 세계의 고유한 선이 결핍된 것이다.

그렇다면 논리적으로 이러한 선의 결핍은 어떻게 해서 생기는가? 신플라톤주의에서는 형이상학적인 필연성으로 보면서, 비존재로 흐르는 모든 존재의 필연성이라고 하였다. 그러나 어거스틴은 단호하게 거절하면서 자유로운 선택권을 가진 합리적인 존재의 그릇된 선택이라고 하였다. 어거스틴의 말을 직접적으로 인용해 보면 :

> 그러므로 악한 의지가 모든 악의 원인이다.[8] 악의 원인은 불가변적인 선으로부터 가변적인 선으로 만들어진 존재의 의지의 결함에 있다.…… 자유의지는 우리들의 악한 행동의 원인이다. 그리고 주님의 의로우신 심판은 악한 행동에 대해서 우리가 받아야 할 정당한 결과이다.

이상과 같은 인용으로 보더라도 어거스틴은 악의 원인을 자유의지에 두었다. 인간은 가장 높으신 선, 즉 하나님 자신으로부터 벗어나서 저급한 선으로 의도적으로 돌아서는 것이다. 한마디로 말해서 "하나님으로부터 돌아서서 피조물에게로 향하는 것"(aversio a Deo, conversio ad creaturas)이다. 어거스틴은 사람이 고개를 돌리는 그 대상이 악한 것이 아니라, 고개를 돌리는 그 자체가 나쁘다고 하였다. 이러한 일은 이 세상이 있기 이전에 천사들의 타락에서 찾아볼 수 있었으며, 인간의 원초적인 타락에서도 찾아볼 수 있는 것으로서, 인간의 현재적인 죄악이 바로 여기로부터 나온 것이다.

불가변적이며 공통적인 선으로부터 돌아서서 개인적인 선 혹은 외적인 어

---

8. Augustine, *On Free Will*, Ⅲ, xviii, 48, J. H. S. Burleigh, 위의 책, pp. 199-200.

떤 것으로 혹은 저급한 어떤 것으로 돌아서는 것이 곧 죄이다. 의지는 의지 자신의 권위로써 다스리려고 할 때에 개인적인 선으로 돌아선다. 그리고 의지 자체에 속한 것이 아니라 다른 것을 알려고 할 때에 외적인 것이 되며, 육체적인 쾌락을 즐길 때에 저급한 것이 된다.[9]

그렇다면 이러한 악한 의지는 어디로부터 나오는가? 어거스틴은 악한 의지는 자아—발생적인 행위로서 원인이라는 개념으로써 설명되어질 수 있는 어떤 것이 아니라고 하였다. 그러므로 악의 기원은 한정적인 자유를 가진 우리에게는 감추어져 있을 뿐이다. 왜냐하면 의지가 있기 이전에 의지의 원인이 결코 있을 수 없기 때문이다. 다만 죄인을 곁길로 이끌어 가는 동기가 있을 뿐이다. 즉, 죄의 시작인 교만이 있다. "어떤 천사는 모든 천사에게 공통적으로 선한 일을 꾸준하게 붙드는 반면에…… 다른 천사들은 스스로 선할 수 있다고 보면서 스스로의 능력에 도취되어서, 자신의 개인적인 선을 추구하는 데로 흘렀다.…… 그리고 영원에 속한 고상한 근엄함을 부풀어 오른 교만으로 바꿈으로써 교만하고, 속이고, 시기하게 되었다."[10]

하나님께서 무로부터 만든 피조물은 완전한 선을 지녔다기보다는 중간적인 선, 가변적인 선을 지녔을 뿐이다. 가변적인 선의 존재로서의 인간의 의지는 선택할 수밖에 없으며, 악하고, 외적이고, 저급한 것을 선택할 때에는 악으로 기울고 또한 이에 대한 처벌을 받을 수밖에 없다. 그러므로 악의 기원은 가변적 선으로서의 인간의 의지 그 자체이다.

## 2. 참된 교회는 어디에 있는가?

도나투스 논쟁은 단순하게 이단과 정통의 문제가 아니었다. 이 논쟁은 3가지의 중요한 신학적 주제가 깔려 있었다. 성례의 효력이라는 대주제

---

9. Augustine, *On Free Will*, Ⅱ. ix. 53, J. H. S. Burleigh, 위의 책, p. 168.
10. Augustine, *Commentary of Genesis*, xii. i.

이외에도, 로마인들(침략자)과 이들을 대변하는 정통 가톨릭교회와 아프리카인들(피수탈자)과 이들을 대변하는 도나투스 교회라는 민족적인 힘의 대결이 있었으며, 동시에 신앙생활에 있어서의 은총과 율법이라는 주제가 깔려 있었다.

도나투스 교회는 대중적 지지를 얻은 교회였다. 특히 아프리카의 누미디아 지역에서는 압제자 로마의 박해에 맞서서 성경을 건네 주지 않고서 죽음으로써 맞섰다는 사실은 신앙의 차원을 떠나더라도 떳떳하고 거룩한 모범된 행동으로서 인정받기에 충분하였다. 도나투스 교회는 이렇게 해서 누미디아 산악지방과 평야지대에서 유일하게 인정받는 교회로서 자부심과 단합심을 가진 교회로 자리를 굳혀 갔었다. 자기네들은 가해자가 아니라 압박자라는 동지의식으로, 순교자의 뒤를 이어가는 유일한 순수한 교회라고 자처하였다.

따라서 도나투스 교회는 율법을 중요시하였다. 도나투스 감독의 표현을 빌리자면 교회는 노아의 방주와 같았다. 안과 밖에 역청이 잘 발라져 있었다. 방수효과가 훌륭한 방주였다. 이 방주 안에 세례용의 순수한 물이 보관되어 있으며, 세상의 불결한 물을 계속적으로 배척시켰다.[11] 도나투스주의자들은 주변의 악과 철저하게 단절시킴으로써 자신들을 악으로부터 보호하려고 하였다. 이러한 태도는 폐쇄적인 공동체로 발전할 수밖에 없었으며, 문을 잘 단속함으로써 도둑의 침입을 막으려는 자세였다.

한마디로 말해서 도나투스주의자들은 일종의 피해의식으로부터 출발해서, 자기네들만이 그리스도의 순교에 동참하는 순수한 선택된 백성이라는 선민의식으로서 심리적인 보상을 받으면서, 집단적인 동료의식으로 외부와 차단된 공동체를 이루면서 윤리적으로 완벽을 추구하는 율법주의에 흘렀던 것이다.

목회지 히포에서 어거스틴이 겪었던 최초의 고민은 도나투스주의자들이 도시인구의 대다수를 이루면서 가톨릭 교인들에게 은근한 압박을 가

---

11. Peter Brown, 차종순 역, 위의 책, 서울 : 대한예수교장로회총회출판국, p. 318.

하기 시작한다는 사실이었다. 즉, 가톨릭 교인들에게는 빵을 팔지 않았던 것이다. 그리고 가톨릭교회의 일부 지도자들까지 도나투스 교회를 인정하면서 혼합결혼을 시키는 사례가 발생함으로써, 머지않아서 누미디아 지역이 온통 도나투스주의로 바뀔 전망에 있었다.[12]

어거스틴의 접근은 극히 목회적이었다. 그리고 나서 이론이 뒤따랐던 것이다. 첫 번째로 어거스틴은 도나투스주의자들과의 혼합결혼을 금지시켰으며, 도시 전체를 뒤엉키게 하였던 축제, 특히 쾌락축제를 금지시켰다. 뿐만 아니라 도나투스주의자들에게는 일체의 구제까지 베풀 수 없다고 하였다. 이렇게 함으로써 불만이 고조되자, 근엄하신 감독님께서는 대중가요까지 작사하였던 것이다.[13] 대중들에게 어거스틴은 새로운 대안을 마련해 주었다.

그러나 정작 어거스틴으로 하여금 승리를 얻게 한 것은 이상의 대안적 조치가 아니라 도나투스주의자들 내부의 분열과 과격한 행동이었다. 지금까지 어거스틴은 도나투스주의자들을 간접적인 방법으로 공격함으로써 대중적인 지지를 얻지 못하게 하려고 하였다. 이렇게 되자 도나투스주의자들은 위협을 느꼈다. 흔히 말하는 떠돌이 열광주의자 서컴셀리온(circumcellion)들은 최후의 수단을 강구하였다. 도나투스 노선을 이탈한 자들에 대해서 가혹한 처벌을 가함으로써, 어느 누구도 감히 도나투스 교회를 떠날 수 없도록 본보기를 삼았었다. 더 나아가서, 도회지의 가톨릭교회를 침범해서 기물을 파괴하고, 곡물창고를 방화하는 등 무력적인 방법을 택하였다. 이렇게 해서 대중의 지지를 잃어버렸다.

황제는 도나투스주의자들과 함께 아프리카의 반역자까지 진압하였다. 폭력의 정당성이 입증되었다. 이제는 어거스틴의 차례였다. 그는 가톨릭 교인들에게 도나투스주의자들에 대한 지금까지의 자신의 태도가 정당하였음을 입증하는 일이었다. 그리고 그것은 교육과 훈련을 통한 폭넓은 지지를 얻어냄으로써 이루어졌다.

---

12. Peter Brown, 차종순 역, 위의 책, pp. 326-333.
13. Peter Brown, 차종순 역, 위의 책, pp. 326-330.

도나투스주의자들은 국가의 권력을 인정하지 않으려 하였다. 더 나아가서 하나님의 거룩한 공동체에 속하는 자신들은 국가의 권력이 미칠 수 없다는 치외법권의식을 가지고 있었다. 이들에게는 영적인 힘만이 유일한 권력이었다. 그러나 어거스틴은 영적인 권력과 국가의 권력까지 동시에 인정함으로써 통치자들이 하나님의 대리자라는 개념을 세웠다. 따라서 어거스틴으로서는 국가의 공권력에 기초한 종교재판의 가능성을 인정하였다.

더 나아가서 어거스틴은 교회의 거룩성은 장소적인 개념으로서 이곳과 저곳이라고 결정할 수 없었다. 순수한 영적인 거룩성을 인정한다면, 인간으로서는 그 기준을 세울 수 없는 일이다. 그것은 어디까지나 하나님의 고유한 권한에 속하는 일이며, 어거스틴의 표현에 의한다면 하나님의 예정에 속하는 것이다. 그러므로 사람으로서 성과 속을 구별한다는 것은 주제넘은 뻔뻔스러운 태도일 뿐이다. 교회의 거룩성은 순수한 자들이 모여서 성경의 율법을 빠짐없이 지키는 데 있는 것이 아니다. 교회의 거룩성은 서로 뒤섞여 있는 가운데에서 서로의 부족을 보여 줌으로써 완성을 향해서 움직이는 조그마한 진전에 있는 것이다. 이렇게 순례자처럼 더러움을 안고서 완성을 향해서 가는 자에게 내리시는 하나님의 은총 가운데에서 교회는 성숙한 단계로 접어드는 것이다. 따라서 교회는 알곡과 가라지가 섞여 있으며, 양과 염소가 함께 살아가는 혼합된 공동체(*ecclesia mixta*)이다.[14]

그렇기 때문에 성례전의 효력은 순수한 사람이 집전해서가 아니라, 불결한 사람이 집전하더라도 하나님께서 성령으로 임재하심으로써 효력을 가지는 것이다. 하나님의 성례전을 집행할 만큼 순수하고 부끄러움이 없는 사람이 과연 있는가? 누가 하나님 앞에서 자신있게 말할 수 있겠는가? 그러므로 성례전은 그 자체적으로 효력을 갖는다(*ex opere operato*)는 아프리카 교회의 결정은 옳은 것이었다.

도나투스주의자들은 자신들의 정당성을 유지하기 위해서 외부와의 단

---

14. Peter Brown, 차종순 역, 위의 책, pp. 318-320.

절 속에서 내부적인 순수성을 유지하려고 하였다. 그러나 이들은 사회성을 부인하였다. 순수하게 모인 자기네 공동체를 유지하기 위해서 규율을 만들고, 이탈자에게 형벌을 가하는 등 그토록 경멸하던 불순자들의 사회에서 보는 모습을 그대로 재현하고 말았던 것이다. 그러므로 순수성을 유지한다는 명목으로 사회로부터 격리된다는 것은 또 다른 사회를 만드는 것이므로, 기존 사회 안에서 최선을 다하려는 마음가짐이 더욱 진실된 인간의 모습일 것이다. 순수하게 격리된 교회가 참교회가 아니라, 사회 안에서 보편성과 통일성을 가지고서, 가장 평범하게 살아가는 듯한 모습이 그래도 인간다운 한계를 인정하는 태도일 것이다.

### 3. 해방인가, 종속인가?

고대사회에서 결혼도 하지 않은 독신 성직자들이 어린아이에 관해서 그토록 관심을 갖는다는 것이 우스운 일처럼 느껴질지 모르지만, 여기에는 인간의 자유, 영혼의 기원, 하나님의 능력과 선하심 등등을 어린아이의 죽음과 연결해서 해결하려는 신정론이 달려 있다. 즉, 인간의 자유를 부르짖음으로써 하나님의 절대적인 주권성으로부터 인간을 해방시키려는 주장이 있었던 반면에, 인간의 자유를 부정함으로써 하나님의 절대적인 주권성에 인간을 종속시키려는 주장이 있었다. 전자의 대표자는 펠라기우스(Pelagius)였으며,[15] 후자의 대표자는 어거스틴(Augustine)이었다.

인간의 자유의지를 긍정하면 율법주의에 빠지게 된다. 그리고 율법주의는 이신론(Deism)에 빠지게 된다.[16] 펠라기우스의 주장은 확실하였다.

---

15. 어거스틴은 펠라기우스를 영국 섬놈(Brito)이라고 불렀다. 제롬은 영국 변방에 위치한 스코틀랜드 사람이라고 하였다. 어거스틴도 그를 가리켜서 수도원적 생활을 하는 사람이라고 하였으나, 교황 조지무스는 평신도라고 하였다. 펠라기우스는 당시 로마의 부패한 도덕의 개혁을 부르짖었던 점에서 많은 사람들로부터 진실된 기독교인으로 존경을 받았다. 동시에 그는 헬라어까지 말할 수 있었던 지식인이기도 하였다.

16. Phillop Schaff, ed., *Nicene and Post-Nicene Fathers*, Vol. V. Saint

인간이 능력을 발휘해서 하나님의 율법을 지킨 사람이 일찍이 없었다고 할지라도, 사람은 원하기만 한다면 죄가 없을 수 있을 뿐만 아니라 그리스도 이전의 많은 사람들도 일찍이 죄없이 살았었다고 말하였다. 이렇게 해서 인간의 능력을 긍정하게 되면 인간이 의를 순종하기 위해서 초자연적인 도우심이 필요치 않다는 결론에 이르게 되며, 인간의 연약성을 지원하기 위해서 인간이 가지고 있는 본래적인 능력으로 충분하며, 외적으로 오는 하나님의 은총의 필요성과 사실성을 부인하게 된다.

펠라기우스는 본인이 은총을 부인한다고는 말하지 않았다. 그렇지만 그가 말하는 은총이란 인간이 최초로부터 타고난 자유의지를 말하며, 율법의 계시와 복음의 가르침으로 인해서 이 자유의지를 올바르게 사용하게 하는 후속적인 도우심을 말하며, 동시에 그리스도 안에서 그리고 그리스도의 거룩한 모범을 통해서 과거의 죄를 용서해 주시는 것이라고 하였다. 따라서 당연히 인간이 죄로 인해서 자유를 잃어버렸다고 하는 주장을 부인할 수밖에 없었으며, 더 나아가서 아담의 죄가 후손들에게 유전적으로 전달되었다는 것을 부인할 수밖에 없었다. 그렇다면 어린아이의 죄는 어디로부터 오는가? 펠라기우스는 너무나도 당연하게 그것은 아담의 악한 모범을 모방하는 데서 오며, 이러한 모방이 습관이 된다고 하였다.[17]

어거스틴은 펠라기우스가 특별하게 다섯 가지의 주장을 폈다고 지적하였다. 그들은 언제나 그랬던 것처럼 하나님께서 만드신 피조물을 높이며, 하나님께서 제정하신 결혼을 높이며, 하나님께서 주신 율법을 높이며, 하나님께서 인간들에게 수여해 주신 최상의 선물인 자유의지를 높이며, 하나님의 지도를 따른 성인들을 높인다. 이렇게 해서 그들은 각자가 이 세상에 태어났을 당시의 죄없었던 완성을 인간본성 안에 성취할 수 있다고

---

Augustine : Anti-Pelagian Writings. B.B. Warfield, Introductory Essay on Augustine and the Pelagian Controversy, xiv. Grand Rapids : Eerdmans.

17. Phillip Schaff, ed., Nicene and Post-Nicene Fathers, Vol. V. Saint Augustine, 차종순 역, 「공로와 죄와 용서에 관하여, 그리고 유아세례에 관하여」, 제9장. 이 책은 한국장로교출판사를 통해서 곧 출간될 것임.

선포함으로써 원죄의 교리를 반대하였다. 결혼과 성욕의 성스러움과 순결성을 들어서 죄의 유전 교리를 반대하였다. 율법의 우수성과 더불어서 율법은 복음과 별개로서 인간을 영생으로 이끌어 줄 수 있다고 믿었으므로 내적인 은총의 필요를 반대하였다. 그리고 성도들의 완벽한 생활로써 우주적인 죄악성을 반대하였다.[18]

이제부터는 어거스틴이 공격할 차례였다. 어거스틴은 빌립보서 3 : 6~16을 본문으로 해서 설교하면서 "사람이 율법에 의해서 흠이 없게 되었더라도, 그럼에도 불구하고 그리스도에게 버림을 받는다면 그것이 나에게 무슨 소용이 되겠는가?"라고 말하였다. 이렇게 시작한 어거스틴은 설교의 단계를 넘어서 논문으로 공격하였다. 첫 번째가 412년 로마의 집정관이며 공증인이었던 마르켈리누스(Marcellinus)에게 보낸 "죄의 사면과 공로에 관하여, 유아세례에 관하여"(On the Merits and Remission of Sins and On the Baptism of Infants)였다. 펠라기우스주의자들은 갓 태어난 유아가 세례를 받는 것은 출생 이후로 범한 모든 죄의 사면과, 보다 차원 높은 구원을 얻기 위함이며, 현재보다 앞선 단계에서 지은 죄때문이라고 하였다.[19] 여기에 맞서서 어거스틴은 펠라기우스의 주장이 모순임을 밝히면서 그리스도께서 죄인을 구하시기 위해서 오셨으며, 세례는 죄사면을 위해서 있으며, 세례에 참여하는 모든 사람은 원죄를 가진 근본적인 죄인임을 밝혔다.

마르켈리누스는 어거스틴의 첫 번째 논문을 받아 보고서 적잖이 놀라운 부분을 발견하였다. 즉, 어거스틴은 위의 책에서 일찍이 선례는 없었지만, 사람은 이 지상에서 의롭게 살 수 있다고[20] 주장하였다. 따라서 마르켈리누스는 어거스틴에게 이 부분을 다시금 명확하게 밝혀 줄 것을 요구하였다. 이러한 요구에 응해서 어거스틴은 고린도 후서 3 : 6을 기초로 해서 "영과 의문에 관하여"(On the Spirit and the Letter)를 작성하였

---

18. Augustine, *Against Two Letters of the Pelagians*, iii. 25 and iv.
19. Augustine, 차종순 역, 「공로와 죄의 용서에 관하여, 그리고 유아세례에 관하여」, 제23장.
20. Augustine, 차종순 역, 「영과 의문에 관하여」, 제1장. 한국장로교출판사를

다. '의문'은 죄를 없애 주기 보다는 죄를 드러내 주는 교훈적 체계를 가진 율법으로서 사람들에게 율법 안에서 걸을 수 있는 힘을 주기보다는 오로지 길을 제시해 주는 데 불과하므로, 사람의 영혼을 죄 아래 가두어서 죽이는 것이다. 반면에 '영'은 우리에게 올바른 길을 걸을 수 있는 힘을 우리의 마음 속에 넓게 뿌려 놓아 주는 하나님의 성령이다. **율법은 은총을 추구하기 위하여 있으며, 은총은 율법을 완성하기 위해서 있는 것이다.**[21] 이렇게 말하고 나서 어거스틴은 자유의지, 믿음, 은총의 상호관계를 설명하였다. 즉, 우리는 자유의지에 의해서 믿게 되지만, 그러나 그것은 은총의 감동을 받을 때에 한해서 가능하며, 이렇게 은총에 의해서 자유의지가 믿음으로 인도함을 받으면 우리는 다른 모든 선한 것들을 획득할 수 있게 된다고 하였다.

그로부터 3년 뒤에 어거스틴은 아나스타시우스(Anasthasius)에게 보내는 편지에서 율법과 은총의 관계를 다시 한번 정립하였다. "인간의 의지로는 하나님의 은총이 없으면 영원한 정욕으로부터 벗어날 수 없다. 그러므로 율법은 은총이 없으면 결코 성취되어질 수 없는 계명과 가르침으로서 인간들에게 연약함을 나타내 보여 주며, 이러한 연약함을 인정하고서 곧바로 구세주를 의지하게 만들며, 구세주의 치료를 힘입어서 지금까지 연약함으로 인해서 할 수 없었던 그것을 행하게 만든다. 그러므로 율법은 우리를 믿음으로 이끌어 주며, 신앙은 성령을 충만하게 획득케 하며, 성령은 우리 안에서 하나님의 사랑을 넓게 뿌려 주며, 사랑은 율법을 완성시킨다."[22] 라고 하였다. 이러한 의미에서 율법은 몽학선생이다.

펠라기우스주의는 어거스틴과 교회의 활약으로 인해서 411년 이단으로 정죄받고서 수면 아래로 일단 수그러들었으나, 414년 시실리 섬으로부터 힐라리(Hilary)라는 사람의 호소문이 전달되었다. 힐라리에 의하면 이상

---

통하여 곧 출판될 것임.
21. 위의 책, 제34장.
22. Phillip Schaff, ed., *Nicene and Ante-Nicene Fathers*, Vol. V, Saint Augustine : *Anti-Pelagian Writings*. B. B. Warfield, *Introductory Essay on Augustine and the Pelagian Controversy*, xxvii.

스러운 교리를 전하는 사람들이 있는데, 이들은 1) 사람은 죄가 없을 수 있다. 2) 원하기만 한다면 하나님의 계명을 쉽사리 지킬 수 있다. 3) 갓 태어난 유아는 세례를 받지 않고 죽었다고 할지라도 죄가 없이 태어나기 때문에 즉각적으로 멸망하지 않는다. 4) 부자는 자신이 가진 모든 재산을 팔기 이전에는 하늘나라에 들어갈 수 없다. 5) 우리는 절대로 맹세해서는 안 된다. 6) 교회는 이 세상에서 흠이나 티가 없다[23]고 분명하게 말하였다. 이러한 힐라리의 호소문을 접하고서 어거스틴은 카르타고회의가 412년에 카일레스티우스(Caelestius)에게 취하였던 결정사항을[24] 통보함과 동

---

23. 위의 책, B. B. Warfield, 위의 책, xxxi.
24. Augustine, *On the Proceedings of Pelagius*, 차종순 역, 「펠라기우스의 재판진행에 관하여」, 제65장(한국장로교출판사에 의해서 출판될 예정임)에서는 이렇게 정리하였다. "아담은 죽을 수밖에 없는 숙명적인 인간으로 피조되었으므로 그가 죄를 지었거나 혹은 짓지 않았거나를 막론하고 죽었을 것이다. 아담의 범죄는 그 자신에게만 손상을 입혔으며, 인류 전체에게 손상을 입히지는 않았다. 율법은 복음과 마찬가지로 우리를 천국으로 이끌어 준다. 갓 태어난 어린 유아는 아담의 범죄 이전의 상태와 동일하다. 인류 전체는, 한편으로는 아담의 범죄와 사망으로 인해서 죽지 않으며, 다른 한편으로는 그리스도의 부활로써 다시 일어나지도 않는다. 갓 태어난 어린 유아는 세례를 받지 않고 죽는다고 하더라도 영원한 생명을 갖는다. 부자는 세례를 받았다고 하더라도 그들이 가진 모든 것을 버리고 또한 포기하지 않는다면, 그들이 아무리 좋은 선한 일을 행하였다고 하더라도 그것들이 그들의 선행으로 간주되어지지 않으며 또한 하나님의 나라를 소유할 수도 없다. 그리고 하나님의 은총과 도우심은 단 하나의 행동으로 주어지는 것이 아니라 자유의지 안에 그리고 율법과 가르침 안에 있다. 하나님의 은총은 우리들의 공로에 따라서 수여되어지므로 은총은 사람이 그것을 받기에 합당하든지, 혹은 합당하지 못하든지를 막론하고 사람의 의지 안에 있다. 망각과 무지는 의지에 의하지 않고 필연성에 의해서 이루어지므로 죄의 범주 아래 있다고 할 수 없다. 사람이 무엇인가를 행하거나 혹은 그것을 행하기를 자제할 수 있는 능력을 자신의 정상적인 의지 안에 가지고 있는 한에서 하나님의 도우심을 필요로 한다면 거기에는 자유의지가 없을 것이다. 우리 인간의 승리는 하나님의 도우심으로부터 오는 것이 아니라 자유의지로부터 온다."

시에 자신이 이미 작성하였던 "공로와 죄의 사면에 관하여" 그리고 "영과 의문에 관하여"를 들어서 설명하였다.

어거스틴은 두 사람의 젊은이들을 설득시켜서 펠라기우스주의를 버리고 정통 가톨릭으로 돌아서게 하였는데, 이들의 이름은 티마시우스(Timasius)와 야코부스(Jacobus)였다. 이들은 펠라기우스를 따라서 이 세상을 버리고 금욕적인 삶을 영위하기로 작정하였다가 어거스틴의 권유를 힘입어서 교회로 돌아왔다. 이들은 어거스틴에게 펠라기우스의 저서를 건네 주었는데, 여기에 대해서 어거스틴이 기록한 답변서가 "본성과 은총에 관하여"(On Nature and Grace)이다.[25] 펠라기우스는 자신의 저서에서 '가능성'과 '현실성' 사이를 설득력있게 구별해서 사람은 죄가 없을 수 있는 가능성을 가지고 있으므로, 따라서 정죄받지 않을 수 있는 가능성을 가지고 있다고 말하였다.

그러나 어거스틴의 핵심은 인간이 죄없을 수 있다는 사실보다는 죄없을 수 있는 인간의 능력에 더욱 관심을 가져야 한다는 데 있었다. 펠라기우스는 이 능력이 모든 사람에게 있다고 주장한 반면에, 어거스틴은 "우리 주 예수 그리스도, 그리고 십자가에 죽으신 그분을 통한 하나님의 은총으로 말미암아 의롭게 되지 않으면" 어느 누구에게도 불가능하다고 말하였다. 은총이란 펠라가우스가 말하는 대로 하나님께서 창조하신 인간의 본성 안에 머무르는 어떤 것이 아니다. 부패해 버린 인간의 본성이 선택의 기능을 단순하게 가졌다고 해서 죄짓지 않을 수 있는 기능을 사용할 수 있는 능력을 가졌다고 말할 수 없다.

어거스틴이 힐라리에게 장문의 편지를 보내고 어느덧 일 년의 시간이 흘렀다. 시실리의 문제에 펠라기우스주의가 개입하였을 것으로 보았던 추측은 스페인으로부터 추방당한 두 사람의 감독, 유트로피우스(Eutrophius)와 바울(Paul)에 의해서 어거스틴의 손에 전달된 책에 의해서 확인되었다. 이 책의 제목은 "카일레스티우스가 기록하였다고 보는 정의들"(Definitions ascribed to Caelestius)인데 3부분으로 짜여져 있었다.

---

25. 한국장로교출판사를 통해서 곧 출간될 것임.

어거스틴은 즉각적으로 이 문서에 대한 반박 문서를 저술하였는데, "인간의 의의 완성에 관하여"(On the Perfection of Man's Righteousness)라는 제목이다. 어거스틴은 카일레스티우스의 3가지 추론을 하나씩 반박하였다. 첫째로 하나님께서 인간들에게 죄가 없을 것을 명령하셨다는 구절에 맞서서 어거스틴은 이 주장의 요점은 인간이 주님을 멀리한 채 이 사망의 육체 안에 머무는 동안에 하나님의 도우심이 없이 그러한 명령들을 수행할 수 있느냐에 있다고 지적하였다. 두 번째로 하나님의 명령은 무겁지 않다고 선언한 데에 맞서서 하나님의 모든 명령은 오로지 사랑으로 완성될 수 있으므로 결코 무겁지 않다고 하였다. 세 번째로 만일 하나님께서 원하시기만 한다면 사람은 말에 있어서까지도 죄를 짓지 않을 수 있다고 선언한 데 맞서서, 어거스틴은 카일레스티우스가 "만일 하나님께서 도우심을 주신다면"이라는 말을 빠뜨렸음을 지적하였다.[26]

이러한 즈음에 어거스틴은 디오스폴리스(Diospolis)에 소집하였던 14명의 감독들이 "사람은 죄없이 살 수 있으며, 원하기만 한다면 하나님의 계명을 쉽사리 지킬 수 있다."고 선언한 펠라기우스의 주장을 인정해 줌으로써 지금까지 자신을 못살게 굴었던 모든 사악한 무리들이 잠잠케 하였다라고 큰소리치는 펠라기우스의 허구로 가득 찬 문서를 접하게 되었다. 여기에 맞서서 아프리카의 카르타고와 밀레베에서는 회의를 소집하였으며, 로마의 인노센트(Innocent)에게 팔레스타인에서 거의 인정될 뻔하였던 펠라기우스 이단에 대해서 정죄해 줄 것을 당부하였다. 이상의 두 회의의 공식적인 문서에 덧붙여서 어거스틴은 개인적인 편지를 곁들여서 인노센트가 결정을 내리기에 충분한 자료를 제공하였다. 이 편지에서 어거스틴은 펠라기우스가 말하는 은총이란 우리가 창조될 때에 부여받은 자유의지에 불과한 것으로 본다고 지적하였다. 한편으로 어거스틴은 예루살렘의 요한(John of Jerusalem)에게[27] 편지를 보내서 14명의 감독이 펠라기우스를 재판하였던 디오스폴리스회의의 기록 원본을 보내 줄 것을

---

26. Phillip Shaff, 위의 책, xxxv.
27. 예루살렘의 요한은 디오스폴리스에서 개최된 회의(재판)의 의장이었다.

부탁하였다.

  교황 인노센트는 선한 생활을 위해서 "매일같이 하나님의 은총과 도우심이" 필요하며, 펠라기우스와 카일레스티우스는 "마귀의 간계에 붙잡혀서 마귀의 의지에 사로잡혀 있으므로 올바른 정신을 회복하지 않는 한 교회의 성만찬으로부터" 격리시킨다고 선언하는 답변서를 보내왔다. 그와 더불어서 재판기록의 원본이 도착함으로써 어거스틴은 417년 동안에 "펠라기우스의 재판진행에 관하여"(On the Proceedings of Pelagius)를 저술해서 펠라기우스의 이단성을 다시 한번 폭로하였다.

  그러나 교황 인노센트가 죽고 조지무스(Zosimus)가 새로운 교황으로 선임되자, 펠라기우스와 카일레스티우스를 복귀시키려는 노력이 시도되었다(417년 9월)[28]. 이 시기에 어거스틴은 요한복음 6:54~66을 중심으로 설교하면서, "주님께서 우리가 주님을 믿게 되는 것이 우리의 공로가 아니라 선물이라고 하시면서 '나를 보내신 아버지께서 이끌지 아니하시면 아무라도 나에게 올 수 없느니라.'고 하신 말씀의 뜻이 무엇입니까? 이끈다고 하셨지 인도하신다고 말씀하시지 않았습니다. 이러한 폭력(이끄심)은 우리의 마음에 가하는 것이며 우리의 육체에 가하는 것은 아닙니다. 이것이 힘들고 마음을 상하게 하는 폭력이라고 생각하지 마십시오. 이것은 부드러우며 달콤한 폭력입니다. 여러분을 이끄는 이 폭력은 달콤한 폭력입니다. 사도께서 '우리가 만일 의롭게 되는 것이 율법의 행위로 말미암는다면 그리스도께서 헛되이 죽으셨느니라.'고 말씀하신 것은 인간의 육체에 대해서 말씀하시는 것입니다. 따라서 만일 의롭게 되는 것이 인간의 본성으로 말미암는다면 그리스도께서 헛되이 죽으신 것입니다. 우리는 그리스도를 통해서 전달되는 하나님의 은총으로 인해서 도움을 받으며, 이 은총이 없으면 경건에 속한 어느 것 하나라도 가질 수 없으며, 생각할 수 없으며, 말할 수 없으며, 행할 수 없습니다."[29]라고 하였

---

28. 교황 조지무스는 희랍 사람으로서 헬라어를 말할 수 있는 두 사람에게 우호적이었으며, 실제로 두 사람은 조지무스의 취임소식을 듣고서 곧바로 로마로 가서 적극적으로 활동하였다.
29. Phillip Schaff, 위의 책, xl-xli.

다.
 이러한 사이에 조지무스의 조치에 대처하기 위해서 418년 5월 1일 카르타고에 회의를 소집하였으며, 이 사이에 어거스틴은 "그리스도의 은총에 관하여"(On the Grace of Christ)와 "원죄에 관하여"(On Original Sin)라는 두 권으로 된 책을 저술하였다. 이 책에서 어거스틴은 펠라기우스가 은총의 필요성을 인정하면서도, 그 은총의 필요성은 우리가 우리의 죄를 끊임없이 기억하게 되기 위해서, 그리스도의 모범을 따르는 데 있어서, 그리고 율법의 가르침을 수행하는 데 있어서 필요하다고 보았음을 지적하였다. 그리고 나서 펠라기우스는 자신의 저서 "자유의지를 옹호하여"(On Defence of Free Will)에서 인간의 기능을 가능성(possibilitas), 의지(velle), 행동(actio)으로 구별하면서, 가능성은 하나님으로부터 오지만 의지와 행동은 전적으로 인간의 능력 안에 있는 인간적인 것이라고 주장하였음을 지적하였다. 여기에 맞서서 어거스틴은 율법과 은총의 상관관계를 들어서 설명하였다. 즉, 율법은 은총을 가르치는 몽학선생이라고 밝혔다. 어거스틴은 두 번째의 책 "원죄에 관하여"(On Original Sin)에서 펠라기우스가 갓 태어난 유아의 세례를 인정하면서도 원죄의 유전을 부인하며, 동시에 어린아이들은 타락하지 않은 상태를 유지하고 있음을 보여주려고 하고 있음을 지적하였다.
 로마에는 펠라기우스주의를 옹호하는 교황 조지무스와 더불어서 또 다른 고위직 교직자 장로 식스투스(Sixtus : 그는 나중에 교황으로 취임하여서 식스투스 3세가 되었다.)가 있었다. 그런데 이 두 사람도 418년 후반에 이르러서는 펠라기우스주의를 반대한다고 밝히기 시작하였다.
 여기에 힘을 얻은 어거스틴은 로마의 주교좌로 편지를 보내서 펠라기우스 이단의 정죄의 타당성을 밝힌 다음에, 은총은 값없이 주어지므로 사전의 어떠한 공로도 필요로 하지 않는다는 것을 강조하였다. 뿐만 아니라 부모들이 세례를 통해서 죄의 사면을 받았는데도 그들에게서 태어나는 자녀들에게 죄가 유전된다는 것은 수수께끼에 속한다고 하였다. 문제는 죄의 유전으로 건너갔기 때문에, 다시금 유아세례를 거쳐서 결혼 그 자체에 이르기까지 명확하게 밝혀야 했다. 이러한 작업은 419년에 함께 시작하였다.

펠라기우스주의자들은 어거스틴에게 "결혼으로 인해서 다만 죄 많은 후손들만 태어난다면 결혼 그 자체가 죄 많은 것이 아닌가?"라고 질문하였다. 여기에 대해서 어거스틴은 "결혼과 현세욕에 관하여"(On Marriage and Concupiscence)를 저술하였다. 어거스틴은 결혼의 순결성과 이것보다 차원이 높은 자매-은총으로서의 절제도 하나님의 선물임을 말하였다. 따라서 성적 결합은 다만 자녀의 생산을 위해서 하나님께서 허락하시는 것이다. 그러나 음욕 혹은 '현세욕'은 본질적인 것이 아니라 결혼이라는 우연에 의해서 파생된 것이라고 하였다. 에덴동산에서는 진정한 결혼이 있었음에도 불구하고 음욕은 존재하지 않았으며, 다만 죄가 들어온 다음에 발생하였다고[30] 지적하였다. "현세욕은 그것이 없을지라도 결혼이 여전히 존재하기 때문에 결혼의 설명으로 사용되어서는 안 된다는 것이 분명하게 밝혀졌다. 그렇지만 숙명적인 인간에게 있어서는 그와 같은 상황이 불가피하므로 결혼의 성적 관계와 정욕은 동시에 행동으로 옮겨진다. 따라서 갓 태어난 유아들은 죄지을 수 있는 능력이 없다고 하더라도 죄의 오염을 벗어나서 태어난다고 말할 수 없으며 합법적인 것으로 인해서라기보다는 부적절함으로 인해서, 즉 합법적인 것으로부터 본성이 태어나고 부적절한 것으로부터 죄가 태어난다."고 밝혔다.[31]

419년 마지막에 이르러서 어거스틴은 빈센티우스 빅토(Vincentius Victor)라는 젊은이가 영혼의 창조설을 주장한 데 맞서서, 영혼의 기원이라는 골치아픈 주제를 다루지 않을 수 없었다. 어거스틴은 "영혼과 그 기원에 관하여"(On the Soul and its Origin)라는 제목의 4권으로 된 논문에서 빅토의 주장 11개를[32] 반박하였다. 즉, 어거스틴은 영혼의 기원에

---

30. 위의 책, li.
31. 위의 책, liii.
32. 빅토의 그릇된 주장은 1) 영혼은 하나님께서 만드신 것이다. 2) 하나님께서는 영원토록 계속적으로 영혼을 창조하신다. 3) 영혼은 출생 이전에 공로를 쌓았다. 4) 이율배반적으로 영혼은 출생 이전에 악행을 쌓았다. 5) 영혼은 죄를 짓기 이전부터 죄책을 받기에 합당하다. 6) 세례를 받지 않은 유아들도 구원을 받

관한 확신있는 견해를 표명하기를 거절하면서, 이 주제는 하나님 한 분을 제외하고는 아무도 자신있게 말할 수 없다고 하였다.

논쟁은 새로운 국면을 맞이하였다. 조지무스의 "트락토리아"(*Epistola Tractoria*)[33]에 서명하기를 거절하였다가 쫓겨난 이탈리아의 감독 가운데에서 어거스틴의 친구의 아들인 젊은 엑크라눔의 율리안(Julian of Eclanum)이 선두주자였으며, 어거스틴의 가장 강력한 마지막 대적자였다. 율리안은 어거스틴의 "결혼과 현세욕에 관하여"를 반대하는 책을 써서 널리 유포시켰다. 이 책을 손에 쥔 어거스틴은 "펠라기우스주의자의 두 개의 편지를 반대하여"(*Against Two Letters of the Pelagians*)를 저술하였다. 여기에 그치지 않고 어거스틴은 "율리안을 반대하여"(*Against Julian*)라는 가장 긴 저서를 집필하였다. 이 책에서 어거스틴은 율리안이 원죄를 주장하는 사람들을 마니교의 이단으로 몰아부침으로써 라틴과 희랍의 역대 교부들까지 이단으로 몰고 있음을 지적하였다. 어거스틴은 율리안의 원죄의 유전 반대에 맞서서 올리브나무와 열매의 예화를 빌려서 기독교인 부모들이라도 중생하지 않은 자녀를 낳을 수 있으며, 죄가 현재적으로는 유전에 의해서 전달되지만 본래적으로는 자의적인 의지에 의해서 전달되었음을 강조하였다.

이 작업을 마친 후에 어거스틴은 기독교적 은총의 마지막으로서 "입문서"(*Enchiridion*)를 저술하였다. 그러나 은총론은 여기에서 끝나지 않았다. 비자키움(Byzacium)지방의 대도시인 아드루멘툼(Adrumentum)의 수도원에서 수도생활을 하던 수도사 플로루스(Florus)는 426년 자신의

---

을 수 있다. 7) 하나님께서 예정하신 것이라도 실제적으로 일어나지 않을 수 있다. 8) 지혜서 4:1은 갓 태어난 유아에게 한 말씀이다. 9) 하나님의 궁전의 일부는 하늘나라 밖에 있다. 10) 그리스도의 보혈의 희생은 세례를 받지 않은 사람들을 위해서 드려졌다. 11) 세례를 받지 않은 사람이라도 부활에서 하늘나라를 얻을 수 있다.

33. 트락토리아란 라틴어의 전달하다는 뜻을 가진 단어로서 조지무스가 지금까지 펠라기우스주의를 지지하다가 자신의 견해를 바꾸어서 발표한 회의의 결정사항 통지문이었다. 이 문서는 실종되었다.

고국인 우잘리스(Uzalis)로 자선여행을 떠났다가 어거스틴이 교황 식스투스에게 보낸 서신을 접하게 되었으며, 그것을 통해서 값없는 은총과 선행적 은총을 배우게 되었다. 그는 이 편지를 수도원으로 가지고 돌아갔으며, 결과적으로는 수도원내에서 커다란 동요를 일으켰다. 수도원에서는 대표를 어거스틴에게 파송해서 은총과 자유의지의 상호관계를 배우게 하였다. 어거스틴은 이들이 수도원으로 돌아갈 때에 편지와 "은총과 자유의지에 관하여"(*On Grace and Free Will*)라는 장문의 논문까지 곁들여서 보냈다.

어거스틴은 편지에서 오른쪽으로든지 혹은 왼쪽으로든지 치우치지 말 것을 당부하면서, 은총을 부인하게 될 정도로 자유의지를 강조하는 펠라기우스적인 왼쪽으로 기울어지지 말 것과, 동시에 우리가 악을 범하더라도 벌을 받지 않는다고 말할 정도로 은총에 빠지지 말 것을 당부하였다. 더불어서 은총과 자유의지는 다같이 동일하게 주장해야 하며, 은총은 공로에 따라서 주어지지 않으며, 동시에 우리가 마지막 날에 우리들의 행위에 의해서 심판을 받는다는 것도 또한 옳다[34]고 하였다.

이상의 편지의 내용을 더욱 자세하게 밝힌 내용이「은총과 자유의지에 관하여」라는 책이다. 이 책에서 어거스틴은 사람이 자유의지를 가지고 있으나, 동시에 어떠한 선을 행하려 한다면 은총이 필연적이라는 두 가지 기본적인 명제를 증명하였다. 그리고 나서 마지막으로 은총의 전적인 무상적인 특성을 묘사하면서도, 단 하나 유일한 신정론은 온 세상의 주님께서 만물을 올바르게 다스리신다고 인정하는 데서 가능할 뿐임을 보여 주었다. 왜 하나님께서 이 사람은 택하시고 저 사람은 버리시는가를 알 수 없기 때문에 하나님께서는 적법하게 강퍅케 하시고, 은혜롭게 구원하신다고 말할 수밖에 없다고 하였다. 하나님께서는 강퍅케 됨을 받을 만한 자격이 없는 자를 강퍅케 하시지는 않지만, 하나님께서 구원하시는 자는 어느 누구인들 구원을 받을 만한 자격이 있는 것이 아니라고 하였다. 그리고 마지막으로 이 논문을 기도하는 마음으로 반복적으로 연구해 줄 것

---

34. Augustine, 위의 책, p. lix.

을 당부하였다.

어거스틴은 아드루멘툼의 수도원 원장인 발렌티누스(Valentinus)에게 문제를 일으켰던 수도자 플로루스를 다시금 자신에게 보내줄 것을 당부하였다. 어거스틴은 플로루스를 지도하는 가운데에서 "비난과 은총에 관하여"(On Rebuke and Grace)를 저술하였다. 그는 이 책에서 인간의 행위와 하나님의 은총의 상호관계를 설명하였다. 즉, 하나님의 값없는 무상의 은총의 주권성은 이 은총을 획득하고 지속시킬 수 있는 인간측에서의 수단을 빼앗아 버릴 만큼 일방적이지 않다는 것을 설명하였다. 그리고 나서 어거스틴을 반대해서 제기된 주제에 답하였다. 즉, "내가 그 일을 행할 수 있는 은총을 받지 않았기 때문에 그 일을 행하지 않았다면, 그것은 나의 잘못이 아니다."라고 하는 반대가 있었다. 여기에서 어거스틴은 견인의 선물과 하나님의 선택이라는 중요한 주제를 설명하였다. 하나님께서 마지막까지 지켜 주지 않으면 구원을 받지 못하며, 예정된 모든 사람들은 혹은 "하나님의 목적에 맞게 부르심을 입은 자들은 마지막까지 지켜 주시며 우리는 모든 선한 일에 있어서 우리들의 자의적인 의지로 협동하게 되며, 만일 그렇게 하지 않았을 경우에는 비난을 받아 마땅하다."고 하였다. 여기에서 다시금 예정과 견인이라는 주제를 말하게 되었다.

이즈음에 어거스틴은 "이단에 관하여"(On Heresies)의 집필을 마치고서 바쁜 나날을 보내고 있었다. 그러나 어거스틴과 일찍이 서신교환을 나누었던 두 사람의 평신도 프로스퍼(Prosper)와 힐라리(Hilary)는 어거스틴에게 마르세이유 지역에 새로운 이단이 나타났는데, 이들은 모든 사람이 아담 안에서 죄를 지었음을 인정하며, 어느 누구도 자신의 자유의지로써 이 상태를 회복할 수 없음을 인정하며, 구원에 있어서 하나님의 은총의 도우심을 인정한다고 하였다. 그렇지만 이들은 선행적인 은총과 불가항력적인 은총 교리를 거부하며, 사람이 먼저 하나님께로 돌아섬으로써 구원의 과정이 사람으로부터 시작하며, 모든 사람은 은총을 거부할 수 있으며, 특히 은총의 선물이 실제적이거나 혹은 예견적이거나를 막론하고 인간의 공로와 무관하게 주어진다고 주장하였다. 이들은 더 나아가서 어거스틴의 가르침은 운명론에 불과하며 교부들과 위배된다고 하였다.

이러한 보고와 부탁을 접하고서 어거스틴은 두 권의 책을 저술하였는데, "성도의 예정에 관하여"(On the Predestination of the Saints)와 "견인의 선물"(The Gift of Perseverance)을 저술하였다. 어거스틴은 첫 번째 책에서 신앙의 시작이 사람에게 있다고 주장하는 것은 공로에 따라서 은총이 주어진다고 하는 펠라기우스 이단과 다르지 않으며, 이것은 성경에 위배되며, 인간의 교만을 낳을 뿐이라고 하였다. 뿐만 아니라 어거스틴 자신도 예전에는 하나님께서 사람의 신앙을 예견하시고서 어떠한 결정을 내리시는 것으로 가르쳤는데, 그것이 잘못되었음을 이제는 깨닫게 되었다고 하였다. 은총은 하나님의 절대적인 주권이며, 예정도 은총의 준비에 불과하다. 이러한 하나님의 주권적인 은총을 반대하고서, 인간에게 믿음의 시작을 두는 것은 반(semi)-펠라기우스주의로서 펠라기우스주의 만큼이나 위험스러우며, 동시에 신·구약성경에 위배된다[35]고 하였다.

두 번째 책에서는 하나님께서 신앙을 처음부터 마지막까지 일관성있게 유지시켜 주시는 견인의 선물을 받은 사람은 어느 누구를 막론하고 은총으로부터 멀어지지 않음을 보여 주려고 하였다. 또한 "하나님의 목적에 부합되게 부르심을 받고서" 견인의 선물을 받은 사람은 어느 누구를 막론하고 은총으로부터 멀어지지 않으며 버림을 당하지 않는다는 것도 보여 주려고 하였다. 그리고 견인에는 일순간적으로 보살펴 주는 일시적인 견인과 마지막까지 지속되는 견인이 있음을 구별하였다.[36]

사람은 하나님 앞에서 자유를 누려야 하는가? 아니면 하나님에게 종속되어져 있어야 하는가? 펠라기우스는 한마디로 말해서 사람을 하나님으로부터 자유케 함으로써 그리스도의 대속적 죽으심의 은총을 약화시켰으며, 사람을 해방시키기보다는 오히려 인간의 노예가 되게 하였다. 그렇지만 어거스틴은 사람을 하나님에게 전적으로 종속시킴으로써 오로지 그리스도의 대속적 죽으심에 의해서만 구원을 받을 수 있다고 함으로써 사람을 죄로부터 자유케 하였다. 펠라기우스는 하나님에 대한 형이상학적 이

---

35. Augustine, 위의 책, p. lxiv.
36. Augustine, 위의 책, pp. lxiv-lxv.

해에 빠져서 하나님의 절대성을 강조함으로써 인간에게 좋은 것을 주시지 않을 수 없다고 하는 주장을 전개한 반면에, 어거스틴은 하나님을 개인적으로 구체적으로 십자가를 통해서 만났기 때문에 죄인을 용서하시는 아버지의 따뜻한 사랑으로써 하나님을 이해하였다. 그러므로 루터의 표현을 따르자면, 어거스틴은 하나님의 '예'가 하나님의 '아니오' 속에 숨겨져 있는 것을 보았으며, 사람의 연약함을 고백함으로써 이 '아니오'를 해결함으로써 '예'를 회복할 수 있음을 간파하였다.

## 4. 어거스틴의 은총론 논쟁의 계속

어거스틴에 대한 반대와 특히 그의 은총론에 대한 반대는 수도사들을 중심으로 크게 일어났다. 어거스틴의 살아 생전에는 아드루멘툼의 수도사들이 반대를 일으킨 일이 있었으나, 어거스틴이 죽은 사후에는 남부 프랑스에서, 특히 마르세이유에서 크게 일어났었다. 반대자들은 요한 카시안(John Cassian)[37], 레린의 빈센트(Vincent of Lerins), 리에즈의 파우스투스(Fautus of Riez)[38] 등이었다.

카시안은 어거스틴의 은총론을 극단적이라고 비판하면서 "하나님은 우리 안에서 선한 의지가 시작하는 것을 보시면, 이 의지가 구원에 이르도록 조명하시고 자극하시고 촉구하시고 하나님이 심어 주신 그것을 자라

---

37. 요한 카시안은 요한 크리소스톰의 제자로서 수도원제도 완성자 가운데 한 사람이다. 그의 저서로는 「수도원 제도에 관하여」(*On the Institution of Monasticism*), 「영적 강론」(*Spiritual Discourses*), 「네스토리우스를 반대하는 주님의 성육신에 관하여」(*On the Incarnation of the Lord against Nestorius*) 등이다.

38. 리에즈의 파우스투스의 저서는 「모든 이단들의 신성모독적인 새로운 주장에 대한 가톨릭 신앙의 유구함과 보편성에 관한 교훈」(*Commonitory for the Antiquity and Universality of the Catholic Faith against the Profane Novelties of all Heresies*)으로서 그의 수사학적인 재능을 잘 보여 준다.

게 하시며, 우리들 스스로의 노력으로 인해서 싹이 나오는 것을 보시고 그것을 성장시키신다."고 말함으로써[39] 신앙의 시작(initium fidei)이 사람에게 있음을 분명히 하였다. 이에 덧붙여서 레린의 빈센트는 수사학적 기지를 발휘해서 어거스틴이라는 이름을 전혀 밝히지 않으면서 어거스틴의 은총론을 반대하였다. 그의 논지는 "더욱이 가톨릭 교회 안에서 항상, 모든 사람에 의해서, 모든 곳에서 믿어지는 사항(quod ubique, quod semper, quod ab omnibus)을 우리도 계속 주장함을 분명하게 해야 한다."[40]고 주장함으로써 어거스틴의 은총론을 반박하였다.

이상의 반(anti)-어거스틴주의에 맞서서 어거스틴의 은총론을 끝까지 지켰던 사람은 아를르의 힐라리(Hilary of Arles)와 아퀴테인의 프로스퍼(Prosper of Aquitiane)였다.[41] 그렇지만 프로스퍼도 어거스틴의 은총론을 약간 완화시켜서 보편구원론까지 전개하지 않을 수 없었다.

이러한 상황에서 오렌지회의(The Synod of Orange)가 529년에 소집되었다. 이 회의에서 펠라기우스주의와 반(semi)-펠라기우스주의는 다같이 정죄되었으나, 어거스틴의 은총론을 100퍼센트 받아들이지는 않고 어느 정도 희석되었다고 말할 수 있다. 신앙의 시작이 사람에게 있다는 반-펠라기우스 이론을 강력하게 부인하고서 하나님의 은총에 있다고 확립하였다. 회의의 결정사항은 아래와 같다.[42]

---

39. Justo Gonzales, *A History of Christian Thought*, vol. Ⅱ, 이형기, 차종순 역, 「기독교 사상사」, 제2권, 서울 : 대한예수교장로회총회출판국, 1988, p. 80.
40. 위의 책, p. 8.
41. 프로스퍼의 저서는 「은총과 자유의지에 관해서 루피누스에게 보내는 서신」(*Epistle to Rufinus on Grace and Free Will*)과 「감사하지 않는 자들에 대한 찬송」(*Hymn on the Ungrateful*)이며, 대다수의 사람들이 그의 저작으로 간주하는 「모든 사람의 부르심에 관하여」(*On the vocation of All People*)가 있다.
42. John H. Leith, *Creeds of the Churches*, Atlanta:John Konx Press, 1982, pp. 37-45.

교회법 1 인간이 전체적으로, 즉 육과 영이 아담의 범죄로 인해서 '악화된다는 것'을 부인하고서, 영의 자유가 손상을 받지 않은 상태로 유지되며 다만 육체만 부패의 대상이 된다고 믿는 사람은 펠라기우스의 오류에 의해서 속임을 당하는 것이다.

교회법 2 아담의 죄가 그 자신에게만 영향을 줄 뿐이며, 그 후손에게는 아무런 영향을 끼치지 않았다고 주장하는 사람은, 또한 동시에 이보다는 약간 양보해서 그 죄에 대한 처벌이 육체의 사망에 국한될 뿐이며, 한 사람으로 말미암아서 전인류에게 전달된 것은 그 죄로 인한 영혼의 사망이 아니라고 선언하는 사람이 있다면, 그는 하나님의 공의로우심과 사도께서 말씀하신 로마서 5:12에 위배된다.

교회법 3 하나님의 은총이 인간의 기도로 인해서 수여될 수 있음을 인정하면서도, 우리로 하여금 기도하게 만드는 것은 하나님의 은총이 아니라고 하는 사람은 선지자 이사야의 말씀 이사야 65:1과 사도의 말씀 로마서 10:20에 위배된다.

교회법 4 하나님께서는 인간이 의지로써 죄로부터 깨끗하게 되는 것을 기다리신다고 주장하면서도 우리들의 의지가 깨끗하게 되는 것이 성령의 주입과 활동으로 이루어진다고 고백하지 않는 사람은 성령께서 친히 솔로몬을 통해서 하신 말씀(잠 8:35, 70인역)과 사도의 말씀 빌립보서 2:13에 위배된다.

교회법 5 불경건한 자를 의롭다 인정하시고 또한 거룩한 세례로써 중생하게 하시는 신앙의 증진뿐만 아니라 신앙의 시작, 그리고 신앙을 가지려는 욕망이 인간의 본성에 속하며 은총의 수여(선물)에, 즉 거룩한 성령의 감화로써 우리들의 의지를 교정시켜서 불신앙으로부터 신앙으로 돌아서고 불경건으로부터 경건으로 돌아서는 것이 아니라고 한다면, 그것은 사도께서 빌립보서 1:6에서 말씀하신 가르침에 위배된다. 그리고 빌립보서 1:29와 에베소서 2:8에 위배 된다.

교회법 6 하나님의 은총과 별개로 우리가 믿고, 의지하고, 욕망하고, 애쓰고, 일하고, 기도하고, 주시하고, 연구하고, 추구하고, 요구하고, 두드리면서도 우리가 이렇게 믿고, 의지하고 혹은 우리가 마땅히 해야 할 그 모든 것을 행할 수 있는 힘이 우리 안에 계시는 성령의 주입과 감화라고 고백하지 않는 자에게도 하나님의 자비가 내린다고 말하는 사람은, 혹은 은총의 도우심이 사람의 겸손이나 순종에 의존할 뿐 우리가 순종하게 되고 겸손하게 되는 것이 은총의 수여(선물)에 있지 않다고 주장한다면, 그는 사도의 말씀 고린도 전서 4 : 7과 15 : 10에 위배된다.

교회법 7 영원한 생명으로 이끌어 주는 구원과 관련해서 올바른 견해를 형성하고, 또한 올바른 선택을 내릴 수 있는 힘 즉, 복음의 선포에 동의할 수 있는 힘이 성령의 조명과 감화없이 인간의 본성적인 능력에 있다고 주장한다면, 그는 이단적인 영으로 말미암아서 곁길로 간 것이며, 요한복음 15 : 5에서 들려 주시는 하나님의 음성을 이해하지 못하는 것이며, 고린도 후서 3 : 5의 말씀을 이해하지 못하는 것이다.

교회법 8 만일 어떤 사람은 자비로 말미암아서 세례의 은총을 받을 수 있는 반면에, 또 다른 사람은 자유의지로 말미암는다고 주장한다면, 첫사람의 범죄 이후로 태어나는 모든 사람의 자유의지는 분명하게 타락하였으므로 그는 참된 신앙의 자리에 서지 못하였음을 증명해 준다. 왜냐하면 이렇게 주장하는 사람은 모든 사람의 자유의지가 첫사람의 범죄로 말미암아서 연약하게 되었음을 부인하는 것이기 때문이며, 혹은 최소한으로 줄이더라도, 그것은 하나님의 계시가 없더라도 스스로의 힘에 의해서 영원한 생명의 신비를 추구할 수 있는 능력은 잃지 않을 정도로 침해를 당하였다고 주장하는 것이 되기 때문이다. 주님께서 친히 이러한 주장이 "나를 보내신 아버지께서 이끌지 않으면 내게로 올 수 없다"(요 6 : 44)고 말씀하신 부분과 위배됨을 보여 주셨다.

교회법 9 우리가 올바른 목적을 가지며 또한 우리의 발이 위선과 불의로부터 멀어져 있는 것은 하나님의 은택이 우리와 함께 있음을 말해 준다. 왜냐하면 우리가 선을 행할 때마다 하나님께서는 우리 안에 계시며 그리고 우리와 함께하셔서 우리로 하여금 그렇게 하게 하시기 때문이다.

교회법 10 하나님의 원조에 관하여. 하나님의 원조는 중생한 자와 그리고 회심한 자가 다같이 언제나 추구함으로써 성공적인 목표에 이를 수 있으며 혹은 선행을 유지할 수 있다.

교회법 11 기도의 의무에 관하여. 하나님으로부터 기도의 목표를 받지 않았으면 참되게 기도할 수 없으며, 여기에 대해서 "주의 손에서 받은 것으로 주께 드렸을 뿐이니이다."(대상 29 : 14)라고 기록하였다.

교회법 12 하나님의 사랑을 입은 우리는 어떤 유형의 사람이어야 하는가. 우리가 하나님께로부터 선물로 받은 것에 의해서 꾸며지기 때문에 하나님께서 우리를 사랑하시는 것이지, 우리가 스스로 그럴 만한 값어치가 있는 것은 결코 아니다.

교회법 13 자유의지의 회복에 관하여. 첫사람에게서 파괴된 의지의 자유는 오로지 세례의 은총에 의해서만 회복될 수 있다. 왜냐하면 잃어버린 것은 그것을 다시금 줄 수 있는 사람에 의해서만 복구되기 때문이다. 따라서 이 진리에 대해서 "아들이 너희를 자유케 하면 너희가 참으로 자유하리라."(요 8:36)고 말하였다.

교회법 14 아무리 흉악한 범죄자라고 할지라도 하나님의 자비로 말미암아서 예견되신 그분 한 분으로 인해서 그가 처한 비참한 상태로부터, 그것이 아무리 크다고 할지라도 벗어날 수 있다.

교회법 15 아담은 그 자신의 사악함으로 인해서 하나님께서 그에게 만들어 주신 상태로부터 더 나쁘게 변화되었다. 그러나 믿는 자는 하나님의 은총으로 인해서 자신의 사악함이 자신에게 해악을 끼쳤던 상태로부터 더 좋게 변화된다. 그러므로 전자는 최초의 범죄자로 말미암아서 초래된 변화이며, 후자는 시편의 기자가 말한 대로 지극히 높으신 자의 오른손(시 77:10)에 의해서 이룩된 변화이다.

교회법 16 어느 누구도 자신의 어설픈 성취로 인해서 그것이 마치 선물도 아닌 양, 혹은 자신의 외부로부터 구두나 기록으로 된 어떤 공문서에 의해서 자신이 마땅히 받아야 된다고 하였기 때문에 받는 것처럼 착각함으로써 스스로를 높여서는 안 될 것이다. 왜냐하면 사도께서도 "만일 의롭게 되는 것이 율법으로 말미암으면 그리스도께서 헛되이 죽으셨느니라."(갈 2:21)고 말씀하셨기 때문이며, 또한 "그가 위로 올라가실 때에 사로잡힌 자를 사로잡고 사람들에게 선물을 주셨다."(엡 4:8, 비교 시 68:18) 라고 기록하였기 때문이다. 바로 이 원천으로부터 사람들은 자신의 행위의 근원을 만난다. 그러나 이러한 원천을 부인하는 사람은 참으로 그러한 원천을 가지지 않았거나, 아니면 "있는 것마저 빼앗겼거나"(마 25:29)이다.

교회법 17 기독교인의 용기에 관하여. 이방인의 용기는 단순히 욕심으로부터 나오지만 기독교인의 용기는 하나님의 사랑으로 말미암아서 우리 안에 있는 자유로부터 "우리의 마음 속에 부은 바 된" 것이 아니라, "우리에게 주신 성령으로 말미암은"(롬 5:5) 것이다.

교회법 18 은총은 공로를 선행으로 삼지 않는다. 선행을 행했으면 보상이 따른다. 그러나 우리에게는 아무런 권리도 없는 은총은 선행에 앞서서 선행이 행해질 수 있게 한다.

교회법 19 사람은 하나님께서 자비를 보여 주실 때에 한해서 구원을 얻을 수 있다. 사람의 본성은 창조될 당시의 건전한 상태에 있다고 할지라도 창조자의 도우심이 없으면 결코 자신을 구원할 수 없다. 사람은 선물인 하나님의 은총이 없으면 자신의 구원을 보장받을 수 없음을 감안할 때에, 하나님의 은총 없이 어떻게 잃어버린 것을 회복할 수 있으리요.

교회법 20 사람은 하나님이 없으면 아무런 선도 행할 수 없다. 하나님께서는 사람 안에서 선한 일을 많이 행하시는데 사람은 그것을 행하지 않는다. 그러나 사람은 하나님에게 책임을 물을 수 없는 그러한 선을 전혀 행하지 않으면서, 하나님에게 그러한 일을 시키려고만 한다.

교회법 21 본성과 은총에 관하여. 사도께서 율법에 의해서 의롭다 함을 받으려 하면서 은총으로부터 멀어진 자에 대해서 적절하게도 "만일 의롭게 되는 것이 율법으로 말미암으면 그리스도께서 헛되이 죽으셨느니라."(갈 2:21) 고 말씀하신 것처럼, 그리스도 안에 있는 믿음이 옹호하고 뒷받침하는 은총이 본성이라고 하는 자에 대해서 "만일 의롭게 되는 것이 본성으로 말미암는다면 그리스도께서 헛되이 죽으셨느니라."고 훌륭하게 선언하였다.

교회법 22 사람에게 속한 것들에 관하여. 사람이 가지고 있는 것은 비진리와 죄악 뿐이다. 그러나 만일 사람이 진리와 의로움을 가지고 있다고 한다면, 그것은 사막에서 목말라 애타게 그리는 샘으로부터 나오며, 우리는 그 샘물로써 목을 축이고 새 힘을 얻을 수 있지만, 중도에서 기절해서는 안 된다.

교회법 23 하나님과 사람의 의지에 관하여. 사람이 하나님을 근심시키는 일을 할 때에는 하나님의 의지가 아닌 사람의 의지를 따르기 때문이다. 그러나 사람의 의지를 따르면서 하나님의 의지와 일치할 수 있다면, 제아무리 자발적으로 그렇게 하였다고 하더라도, 그들의 의지가 준비되고 가르침을 받은 의지는 사람의 의지이다.

교회법 24 포도나무 가지에 관하여. 포도나무의 가지는 포도나무에게 생명을 주지 못하며, 다만 포도나무로부터 생명을 받을 뿐이다.…… 이와 같이 그리스도가 아닌 제자들의 유익을 위하여 그리스도께서 제자들안에 머무시게 하였으며, 또한 제자들이 그리스도안에 머물렀다. 왜냐하면 포도나무를 베어 내면 뿌리로부터 또 다른 새순이 돋아난다. 그러나 포도나무로부터 잘려 나간 것은 뿌리가 없으면 살지 못하기 때문이다.(요 15:5 이하).

교회법 25 우리가 하나님을 사랑하는 사랑에 관하여. 하나님을 사랑하는 것은 전적으로 하나님의 선물이다. 사랑하는 자는 비록 자기 자신이 사랑을 입지 않는다고 할지라도 사랑받을 수 있도록 자기 자신을 허락한다. 우리가 하나님을 기쁘시게 하지 않았을 때에도 우리는 사랑을 입었으므로 우리는 하나님을 기쁘시게 할 수 있는 수단을 가진 셈이다. 우리가 아버지와 아들과 더불어서 사랑하는 성령께서 아버지와 아들에 대한 사랑을 우리의 마음 속에 넓게 뿌려 주셨기 때문이다(롬 5 : 5).

결 론 최초의 사람의 죄악은 자유의지를 너무나도 손상시키고 또한 연약케 하였으므로 하나님으로부터 자비의 은총이 선행적으로 이끌지 않는다면 그 어느 누구도 하나님을 마땅히 사랑해야 할 정도로 사랑하지 못하며, 또한 하나님을 믿지도 못하고 또한 하나님을 위해서 선을 행하지도 못한다. 그러므로 우리는 의로운 아벨, 노아, 아브라함, 이삭, 야곱, 그리고 예전의 모든 성도들, 그리고 사도 바울께서 높이 칭찬하시는 분들(히 11장)은 아담 이전처럼 본래적인 선함을 부여받았기 때문이 아니라, 하나님의 은총으로 말미암아서 부여받았기 때문이라고 믿는다. 그리고 우리는 우리 주님께서 오신 이후까지라도 이 은총은 세례를 받기 원하는 모든 사람의 자유의지 안에서 발견되어질 수 없으며, 오로지 그리스도의 친절하심으로 말미암아서 수여되어질 수 있음을 알며 또한 그렇게 믿는다.

가톨릭 신앙에 따라서 우리는 또한 세례를 통해서 은총을 받은 다음이라도 세례받은 모든 사람은 신실되게 일하기를 원한다면, 자신들의 영혼의 구원에 관계해서 근본적으로 중요한 그리스도의 협력과 도우심을 받아서 일을 수행해야 할 의무와 재능을 갖는다고 믿는다. 우리는 어떠한 사람이라도 하나님의 능력으로 말미암아서 악으로 미리 예정되어 있다고 믿지 않을 뿐만 아니라, 또한 그와 같은 악한 사항을 믿으려는 사람이 있다면 그들에 대해서는 극한 혐오감을 느끼며, 동시에 저주를 받아 마땅하다고 말하겠다. 우리는 동시에 모든 선한 일에 있어서 우리가 먼저 일의 시작을 가진 다음에 하나님의 자비를 통한 도우심이 전달되는 것이 아님을 믿으며 또한 고백한다. 오히려 하나님께서는 우리 인간 쪽에서 보상을 받아 마땅한 어떠한 사전적인 선행도 없이 우리가 하나님을 사랑하고 믿게 되도록 우리를 먼저 감화시키신다고 믿으며 또한 고백한다. 그렇게 함으로써 우리는 신실되게 세례의 성례전에 참여하게 되며, 세례를 받은 다음에는 하나님을 기쁘시게 할 수 있는 그러한 일을 행하게 된다. 우리는 그러므로 주님께서 낙원에 불러가신 강도, 주의 천사를 보냈던 백부장 고넬료, 주님을 모시기에 충분하였던 삭개오 등의 높이 칭찬받아 마땅하였던 믿음은 본래적으로 수여되어서 가지고 있던 것이 아니라 하나님의 친절하신 선물이었다고 믿는다.

오렌지회의는 펠라기우스주의를 몰아내는 데에 성공하였으며, 어거스틴의 주장에 따라서 '오로지 은총으로만'은 받아들여졌지만, 죄와 인간의 타락은 그대로 받아들이지 않았다. 하나님의 불가항력적 은총의 개념은 약화되었으며 목회적 차원에서 하나님의 은총이 세례를 통해서 전달된다는 쪽을 더욱 강조하였다(13번).[43] 이렇게 함으로써 중세는 세례의 권한을 가진 교회의 위치를 확고히 할 수 있었다.

---

43. Reinhold Seeberg, *The History of Doctrines*, Grand Rapids:Baker Book House, Book I, p. 382와 Justo Gonzales, 위의 책, p. 86.

# 제 2 장
# 그레고리 1세의 확립

어거스틴에 대한 해석은 그레고리 1세에 의해서 마무리되어진다. 즉, 그레고리가 해석한 어거스틴 이해가 중세 1000년을 지배하는 기본 골격이 됨으로써 어거스틴의 본래적인 사상이 많이 왜곡되어진다. 죄로 인해서 멸망의 무리로 전락해 버린 인간을 구원하시기 위한 하나님의 무상의 은총이라는 개념은 사라지고, 목회적 차원에서 교회의 뜻에 순종함으로써 공로를 인정받은 자만이 세례의 은총을 통해서 죄사함을 받는다고 함으로써 다시금 펠라기우스적인 공로사상으로 흘렀으며, 중세는 이것을 더욱 강화시켜서 교회의 지상권으로 발전시켰던 것이다. 바로 이러한 어거스틴 해석의 기초가 그레고리 1세(Gregory Ⅰ)였던 것이다.

그레고리 1세는 전통적인 방법에 따라서 삼위일체 하나님과 인간론과 기독론을 전개하였다. 그러다가 죄와 은총에 이르러서는 어거스틴주의를 벗어나서 반(semi)-어거스틴주의로 흘렀다. 아담의 자유의지적인 행동에 따라서 죄가 세상에 들어왔으며, 후손들에게까지 전달되었다. 그리고 이러한 죄의 전달은 임신을 통해서 이루어지므로 갓 태어난 유아라 할지라도 세례를 받아야 한다고 하는 데까지 어거스틴을 따랐다. 그러나 죄에 대해서는 어거스틴적으로 인간의 절대적인 무능을 말하기보다는 인간의 연약성과 질병 등으로 해석하였다.

인간이 죄의 상태에 있을 때에 선행 은총(prevenient grace)은 자유의지를 선의 의지로 바꾸어 준다. 그래서 후속적 은총(subsquent grace)에 따라서 우리로 하여금 선을 행하게 한다. 그러므로 은총이 사람 안에서 행하는 첫 번째 일은 교회의 교리적인 가르침을 받아들이게 하는 것이다. 즉, 세례를 통해서 선행적인 죄, 특히 원죄를 사면하게 된다. 그 다음으로는 말씀의 선포를 통해서 은총은 사람에게 선한 의지, 혹은 사랑을 주입(*gratia spiritus infusi*)시켜 주며, 의지는 그 말씀을 통해서 주어진 하나님의 계명에 협동(co-operate)하게 된다. 이것이 곧바로 인간에게 보상(reward)을 안겨다 주는 공로(merit)가 된다.[1] 이렇게 함으로써 그레고리 1세는 예정의 의미는 약화시킴과 동시에 교회의 중재와 위치를 강화시켰다.

그레고리는 은총의 유일한 전달기관으로서 교회의 역할을 강화시켰다. 교회는 죄인이 회개할 수 있는 장소이며, 주의 만찬에 참여함으로써 죄의 사면을 받을 수 있다. 여기에서 그레고리는 미사의 희생설적인 의미, 즉 성체성사에서 그리스도의 육적인 임재를 발전시킴으로써 지금까지 내려오는 미사의 신비적인 힘을 강조하였다. 특히 미사의 힘을 연옥에 있는 죽은 자의 사면에까지 확대시킴으로써[2] 후기 중세에 이르러서 면죄부의 정당성까지 말할 수 있는 기초를 이루었다고 볼 수 있다.

제베르크(Reinhold Seeberg) 교수는 이렇게 말하였다. "어거스틴의 근본적인 정신은 사라지고 미신이 우위를 점하게 되었다. 하나님을 만남으로써 마음의 평화를 누린다는 핵심은 사라지고, 불확실성에서 오는 불안을 교회의 제도를 통해서 해결하려고 하였다. 그러나 말씀의 선포 등 어두움을 비치는 약간의 빛은 있었지만, 원시적인 기독교는 성례전적인 마

---

1. Reinhold Seeberg, *The History of Doctrines*, Grand Rapids : Baker Book House, Book 1, p. 382.
2. Reinhold Seeberg, 위의 책, pp. 24-25.

술, 영기어린 기적, 사제의 능수능란함, 피상적인 죄의 개념, 그리고 공로와 보상에 대한 강조등으로 물들어 있다."³⁾

이제 중세인들은 교회와 사제의 손에 갇히고 말았다. 불안과 불확실성을 미신적인 제도와 도피수단으로써 해결하려고 하였으나 불가능하였다. 이것을 해결한 것이 곧바로 종교개혁에서 되찾은 어거스틴의 은총이었다.

---

3. Reinhold Seeberg, 위의 책, Book Ⅱ, p. 26.

# 제3장
# 중세 학문의 두 방향

410년 서로마의 멸망은 기독교권에도 많은 변화를 가져다 주었다. 아리우스 신앙이 다시금 로마를 지배하게 되었다. 정통신앙은 퇴조하였다가, 프랑크 왕조에 의해서 회복되기까지 근 2세기의 시간을 필요로 하였다. 뿐만 아니라 북방민족의 침입과 회교도의 침입으로 교회는 극도로 축소되었다. 이러한 즈음에 일찍이 영국으로 전달된 기독교는 대륙의 혼잡을 피해서 성장하다가, 프랑크 왕조로 전달되어서 카롤링 왕조시대에 새롭게 출발하게 된다. 이렇게 이어지는 중세의 학문과 예술은 두 가지 방향으로 발전한다. 철학적 주지주의적 흐름을 따르는 방향과 신비주의적 묵상의 흐름을 따르는 방향으로 나누인다. 전자의 대표자는 보에티우스(Boethius)이며, 후자의 대표자는 위-디오니시우스(Pseudo-Dionysius)이다.

## 1. 보에티우스

기독교 신학의 발전은 비시고트의 통치 아래에서 고위직 관리를 지냈던 보에티우스(Anicius Manlius Torcuatus Severinus Boethius : 480-524)였다. 그는 황제 테오도릭(Theodoric)의 자문관으로 활동하였으며, 510년에는 집정관이 되기도 하였다. 그러나 전직-집정관 이었던 알비누스(Albinus)를 두둔하는 발언을 하였다가 반역죄로 수감되었으며, 얼마 지나지 않아서 처형되었다.

그의 학문적 업적과 중세에 끼친 영향력은 무엇보다도 그의 저서 「철학의 위로」(De Consolatione Pholosophiae)에 잘 나타나 있다. 이 책에서 그는 철학적 사유를 통해서 하나님 환상을 얻기까지를 묘사하였는데, 이 책은 알프레드(Alfred) 왕에 의해서 번역되어 영국으로 소개되었으며, 선교사 어거스틴에 의해서 세워진 수도원 학교에서 주된 교과서로 사용되기도 하였다. 두 번째로 그는 플라톤과 아리스토텔레스를 번역하였다. 그의 역서로는 아리스토텔레스의 「범주론」(Category), 포르피리(Porphyry)의 「이사고게에 대한 주석」(Commentary on Isagoge)이었는데, 이 두 권의 책은 중세가 아리스토텔레스를 아는 주된 원천이었다.

또한 그의 신학적 업적은 「거룩한 삼위일체에 관하여」(De sancta Trinitate)와 칼케돈 기독론을 옹호하는 「유티케스와 네스토리우스를 반대하는 책」(Liber contra Eutychen et Nestorium)이었다. 이상의 저서들에서 보에티우스는 정통 삼위일체론과 기독론을 옹호하였다. 그리고 그는 하나님에 대해서 '부동의 동자'(unmoved mover), 혹은 '전체적으로 규정지을 수 없으며 동시에 완전을 소유한 존재' 등등의 철학적 개념적 신관을 중세에 소개하였다.

보에티우스의 마지막 업적은 보편에 관한 새로운 접근이었으며, 중세로 하여금 끊임없이 보편논쟁을 지속케 함으로써 중세신학의 발전에 크게 공헌하였다. 그를 통해서 소개된 아리스토텔레스는 주로 논리학에 국한되어 있었으며 실재론의 기초를 이루었으나, 스페인 재탈환으로 인해서 소개된 아리스토텔레스의 "형이상학"(ta meta ta physica)은 토마스 아퀴나스(Thomas Aquinas)를 통해서 온건한 실재론 신학의 기초를 이루다가 곧바로 후기 유명론 신학의 기초를 이루었다.

## 2. 위-디오니시우스

사도 바울의 전도를 받고서 아테네에서 개종한 아레오파기테의 디오니시우스(Dionysius of Areopagite)[1]라고 알려진 사람에 의해서 몇 권의 중요한 책들이 쓰여졌다. 「신의 이름에 관하여」(*De Divinis Nominibus*), 「하늘의 계층구조에 관하여」(*De Caelesti Hierachia*), 「교회의 계층구조에 관하여」(*De Ecclesiastia Hierachia*), 「신비신학에 관하여」(*De Mystica Theologia*) 등이다.

디오니시우스는 신에게 이르는 길을 3단계로 제시하였다. 첫 번째가 긍정신학의 길(*via positiva*), 존재하는 모든 것들을 그대로 인정한다. 예를 들면 선(goodness)의 개념을 인정한 다음에 인간이 소유한 선을 찾아본다. 이렇게 하면 인간의 선을 초월한 초자연적인 선의 개념을 얻을 수 있다. 이것을 신이라고 한다. 따라서 신이란 선을 넘어서 있는 자라고 말할 수 있으며, 이와 같은 방법으로 완전함을 넘어서 있는 자, 일자를 넘어서 있는 자라고 하였다. 그러므로 긍정신학은 보편(universal)으로부터 시작해서 중간적 개념(intermediate term)을 거쳐서 개별자(particular)에게 이르렀다가 다시금 보편을 넘어서 있는 존재를 찾아가는 방법이다.

이상과 같은 긍정신학을 넘어서 있는 것이 부정신학의 길(*via negativa*)이다. 하나님으로부터 가장 먼 것으로부터 시작해서 하나님에게 없는 피상적 속성을 부정하면서 하나씩 제거해 올라가면 오로지 신적인 요소에 도착하게 된다. 예를 들어서 술취함, 추함, 부정등등 초본질적인 어두움

---

1. 흔히 사도행전 17:34의 디오니시우스로 알려진 이 사람은 신학자이며 교직자임에는 틀림없다. 다만 누구라고 확실하게는 말할 수 없지만, 5세기 말경의 신플라톤주의자 프로클루스(Proclus)혹은 시리아의 신비주의자 스테판 바사다일리(Stephen Barsadaili)라고 추정할 뿐이다.

에 이르게 된다. 따라서 하나님은 지고미 초월적인 존재이시므로 마치 예술가가 조각을 위해서 돌을 쪼개어 내듯이 하나님의 본질적 속성을 저해하는 모든 요소들을 제거해서 하나님의 잠재적인 형상을 드러내게 하는 방법이다.

이렇게 부정신학의 길을 거쳐서 인간의 마음 속에서 신에 관한 인간적인 사고유형과 신성의 부적절한 개념을 다 제거하면 인간으로서는 도저히 알 수 없는 무지의 어두움(darkness of unknowing)에 들어가게 된다. 이 상태에서 "모든 깨달음을 획득한다는 생각을 버리게 되고, 만져지지 않으며, 보이지 않는 것에 완전히 휩싸여서, 연합되고, 완전히 알 수 없는 자와 하나가 된다." 즉, 눈을 감고 침묵과 암흑에 가라앉아, 본질을 넘어서 있는 빛 속에서 모습도 없고, 소리도 없고, 개념도 없이, 신비적인 침잠과 탈아에 빠져서 신과 일치하게 된다. 이것이 신비신학(mystical theology)의 길이다.

하나님은 모든 만물의 시작으로서 원인이시며 동시에 모든 만물의 마지막으로서 목적이 되신다.[2] 위-디오니시우스는 하나님의 초월성과 동시에 내재성을 다같이 인정하였다. 만물의 근원이시며 동시에 만물의 목적이시기 때문에 만물은 신에게로 계속적으로 돌아가는데, 그 과정은 정화(purification), 조명(illumination), 완성(perfection)의 단계를 밟는다. 이와 같이 인간의 영혼도 신앙(faith), 관상적인 기도(contemplation), 일자와 탈아적인 일치(ecstatic unity with the One)의 길을 밟아서 신에게로 돌아간다.

위-디오니시우스의 신비신학의 길은 중세 전반에 걸쳐서 면면히 흐르는 신학과 신앙의 일면으로서 수도원적 계통에서 발전하였다.

---

2. 이러한 점에 있어서 John Scotus Erigena의 기본사상을 이루었다고 볼 수 있다.

# 제4장

# 중세 초기의 신학의 발전

410년 서로마의 멸망과 함께 영국은 독립을 획득하였다. 그러나 교황 그레고리 1세의 집념에 찬 영국 선교의 결과로서 영국에는 수도원이 세워지고 수도원 학교가 세워지고 더불어서 학문의 발전과 교회 예전의 발전을 가져왔다. 이렇게 영국을 중심으로 이룩된 학문적 예배적 전통을 우리는 켈트 전통(Celtic tradition)이라고 부르며,[1] 이러한 전통은 카롤링 문예부흥과 때를 같이해서 프랑크 왕조로 소개되었으며, 주후 800년의 신성로마제국의 설립과 더불어서[2] 새로운 전통으로 소개되었으며, 서로

---

1. 켈트 전통은 수도사의 머리의 앞부분을 반달형으로 깎고 머리 중앙을 면도하는 형식도 있다. 동시에 사고백제도를 발달시켜서 죄값을 돈으로 지급하게 하는 행위도 이에 속한다.
2. 프랑크족들은 일찍이 클로비스 왕이 기독교 정통신앙을 가진 부르군디의 딸 클로틸다를 왕비로 맞이하면서부터 강력한 힘을 가지기 시작하였다. 성 마우루스는 540년경에 프랑스에 수도원을 설립함으로써 학문적 발전에 크게 기여하였다. 그러다가 프랑스는 망치왕 찰스가 732년 피레네 산맥을 넘어서 침공하는 회교도를 투르(Tour) 전투에서 격퇴시킴으로써 정치적, 군사적 안정과 함께 학문적 발전을 거듭하였다. 이와 때를 같이해서 그의 손자 찰스 혹은 샤를마뉴는

마 교회의 전통으로 정착하였다.

카롤링 왕조는 샤를마뉴(Charlemagne)의 학문적 수용과 더불어서 크게 발전하였으며 성찬에 관한 논쟁, 예정론 논쟁, 사고백제도의 발전, 그리고 필리오케 논쟁의 마무리 등의 업적을 이루었다.

## 1. 성체성사 논쟁

초대교회는 성찬을 그리스도의 피와 살이라고 생각하면서 참여하였으나, 점차적으로 가벼운 죄를 사면하는 효과를 가지고 있다고 생각하면서부터 불멸의 약이라고 하였다. 그러나 성찬에 대해서 이렇다 할 이론을 가지고 있지 않았다. 성찬에 대해서 획기적인 이론을 제기한 시기가 바로 카롤링 문예부흥시대였다. 일찍이 교황 겔라시우스 1세(Gelasius Ⅰ:

---

이탈리아의 롬바르드와 로마까지 침략함으로써 명실공히 서로마 제국의 강력한 통치자로 등장하였다. 샤를마뉴 왕은 로마를 세 차례 방문해서 베드로좌의 대부로서의 활동까지 하였다. 교황 레오 3세는 796년 교황좌에 오름과 동시에 샤를마뉴에 대한 충성의 표시로서 로마시의 열쇠와 깃발, 베드로 무덤의 열쇠를 바쳤다. 여기에 반기를 품은 일부의 사람들이 레오 3세를 살해하려다가 실패에 그친 사건이 발생하자(799년), 샤를마뉴는 800년 또다시 로마를 찾아와서 친히 이 사건을 조사하였다. 800년 크리스마스를 맞이해서 베드로 성당에서 기념예배를 드리는 도중에 교황 레오 3세는 무릎을 꿇고 기도하는 샤를마뉴에게 갑작스러운 영감에 의해서 임금 왕관을 씌워 주었으며, 백성들은 "황제 샤를마뉴에게, 하나님으로부터 왕관을 받아 쓴 그분에게, 로마의 위대하시고 평화로우신 황제에게 장수와 승리를!"이라고 세 차례 외쳤다. 이렇게 해서 신성로마제국은 탄생하였으며 샤를마뉴는 프랑스로 돌아와서 스스로를 '카이사'라고 부르면서 "하나님으로부터 왕관을 쓴 가장 존귀한 아우구스투스이며, 위대하고 평화로운 황제이시며, 로마의 통치권이 미치는 모든 영토의 황제이시며, 하나님의 자비로써 프랑스의 롬바르드의 왕이시다."(Serenissimus Augustus a Deo coronatus, magnus et pacificus imperator, Romanum gubernans imperium, qui et per misercordiam Dei rex Francorum et Longoberdorum)라고 공식 명칭을 수여하였다.

492-496)는 성찬에 대해서 "성물 그 자체는 성령에 의해서 그리스도에게서 있었던 것처럼 신적인 본질로 바꾸어지지만, 빵과 포도주의 본질 혹은 속성은 그대로 존재한다. 그리고 이 신비를 거행함에 있어서 형상과 모습은 또한 영광을 받아야 한다."[3]고 하였다.

### a. 라드베르투스와 라트람누스

카롤링 왕조시대에 베네딕트파에 속한 파스카시우스 라드베르투스(Paschasius Radbertus)는 812년경에 12세의 나이로 코르비(Corbie) 수도원에 들어갔으며 844년에는 원장이 되었다. 그렇지만 그는 학문적 연구를 위해서 수도원장직을 851년에 사임하였다. 그는 831년에 제자인 플라키두스(Placidus)를 위해서 「주님의 몸과 피에 관하여」(De corpore et sanguine Christi) 라는 책을 저술하였다가, 좀더 쉽게 재편집해서 844년 대머리왕 찰스(Charles the Bald)에게 크리스마스 선물로 헌정하였다. 그는 그 당시 교회에 널리 퍼져 있던 사상과 어거스틴의 이론을 접합하려고 시도하였다.

그의 주장은 첫째로 하나님의 전능성에 기초한 하나님의 창조적 능력이었다. "동정녀의 자궁 안에 생식적인 종의 번식에 의하지 않고 예수를 탄생케 하신 하나님께서는 오늘날에도 불가시적인 능력에 의해서 성찬을 거룩케 하심으로써 빵과 포도주의 본질을 그리스도의 피와 살로 만드신다."고 하였다. 그러므로 사제의 봉헌으로써 그리스도의 참된 피와 살이 참으로 현존한다고 말할 수 있으며, 이 몸은 그리스도께서 태어나시고, 고난받으시고, 죽은 자리에서 일어나시고, 하늘나라 보좌에 앉아 계신 그 분의 몸이다[4]라고 하였다.

그리고 이러한 성찬의 거행으로써 "매일매일의 과오로부터 그리고 가벼운 죄로부터의 사면을 받으며", '가시적인 성찬'을 접함으로써 자신의

---

3. Reinhold Seeberg, *The History of Doctrines*, Grand Rapids : Baker Book House, Book Ⅰ, p. 34.
4. Reinhold Seeberg, 위의 책, pp. 37-38.

신앙을 시험하고 또한 확인하며, 그리스도와 육적인 연합을 이루며, 마지막으로 우리의 몸이 불멸과 썩지 않을 몸으로 회복되어진다. 그러나 이와 같은 효력을 가진 성찬에의 참여는 신앙을 가지지 않으면 무효라고 하였다. 이상과 같은 라드베르투스의 이론은 완전한 화체설까지는 이르지 않았어도 교회에서 일상적으로 통용되던 성찬에 얽힌 신비까지 곁들여서 이론화시켰다는 점에서 널리 받아들여 졌었다.

라드베르투스의 이론에 흡족하지 못하였던 황제 대머리왕 찰스는 835년경에 코르비 수도원에 들어간 라드베르투스의 후임자 라트람누스(Ratramnus)에게 성찬에 관한 이론을 정립해 줄 것을 요구하면서 두 가지 질문을 제기하였다. 즉, 주의 만찬은 오로지 믿음으로써만 획득할 수 있는 신비를 가지고 있는가? 그리고 주의 만찬은 이 땅에 태어나셨고, 죽으셨고, 다시 부활하셨던 그리스도의 역사적인 몸인가였다.

첫 번째 질문에 대해서 이렇게 대답하였다. 빵은 외적으로는 그대로 남아 있다. 그러나 내적으로 고려해 볼 때, 오로지 믿음의 영에 의해서만 보이고, 받아들여지고, 먹혀질 수 있는 고차원적인, 신적인, 천상적인 것으로 바뀌어진다. 그렇다. 분명히 고상한 것으로 바뀌어지지만, 그것은 영적으로(spiritually) 그리고 상징적으로(figuratively) 이해되어질 수 있는 것이다. "신체적인 빵과 신체적인 포도주의 휘장에 감싸여서 그리스도의 영적인 몸과 영적인 피가 존재한다." 가시적인 형식에 의해서 빵과 포도주는 상징에 불과하지만, 불가시적인 본질에 의해서는, 즉 신적인 말씀의 능력에 의해서 참으로 존재하시는 그리스도의 참된 몸과 피이다. 그러므로 그리스도는 영적으로 임재하신다.[5]

두 번째 질문에 대해서는 이렇게 대답하였다. 외관상으로는 빵이지만 성찬으로서는 그리스도의 참된 몸이다. 그러므로 외적으로 보이는 것은 사물 그 자체가 아니고, 사물의 형상에 불과하다. 그렇지만 마음으로 느끼고 깨닫는 것은 사물의 실재이다. 따라서 빵과 잔은 우리가 영적으로 받아들이는 것에 따라서 영적으로 받아들이는 기념적인 상징이다[6]라고

---

5. Reinhold Seeberg, 위의 책, pp. 38-39.

대답하였다. 이렇게 대답하고 나서 라트람누스는 성찬의 신비적인 기능을 덧붙였다. 성찬은 불가시적인 빵이며, 그리스도의 영이며, 로고스의 능력이다. 말씀이신 그리스도는 신비스러운 성찬으로써 우리들에게 영적으로 부여되어진다.

라트람누스의 견해는 후대에 상징설이라고 부르는 주장에 가까웠다. 그러나 시대적 요구에 맞추어서 성찬의 물질성과 신비성을 강조하는 라드베르투스의 견해가 받아들여졌으며, 라트람누스의 책은 널리 유포되지 못하였다.

b. 베렝가와 란프랑

11세기는 중세교회에서 이성이 꽃피기 시작하는 시기라고 말할 수 있다. 카롤링 문예부흥에서 시작한 신학에서의 이성적-학문적 출발은 수도원 학교들을 중심으로 해서 변증학의 발달을 가져왔다. 그리고 그 다음으로 이어지는 12세기와 13세기는 아랍세계에서 보존되어 오던 아리스토텔레스의 재발견으로 인해서 학문과 신앙의 접합이 활발하게 이루어짐으로써 이성의 전성기를 이루었다. 이러한 전통의 출발을 알리는 논쟁이 성찬을 놓고서 또다시 전개되었다.

투르의 베렝가(Berengar of Tour : 1000-1088)는 이러한 시대적 정신을 대표하는 지성인이었으며, 또한 동시에 경건의 사람이었으며, 또한 변증학의 대가였다. 그는 그 당시 대중들의 사랑을 받으면서 기독교 신학에 있어서 이성과 신앙의 조화를 꾀하려 하였던 기독교 합리주의자였다고 말할 수 있다.

성찬에 관한 그의 주장은 극히 합리적이었다. 그는 그리스도의 몸이 우주적으로 편재할 수 있다는 생각을 우선적으로 부정하였다. 그리스도의 몸은 단 하나이며, 하늘나라의 하나님 보좌에 앉아 계실 뿐이다. 따라서 그리스도의 몸이 제단 위의 성물에 신체적으로 임재하신다는 생각은 바보스러운 짓이라고 경멸하였다. 이러한 의미에서 화체설은 모순이며,

---

6. Reinhold Seeberg, 위의 책.

대중들의 어리석음이라고 하였다. 그의 이러한 주장은 조금 더 덧붙여져서 그가 성찬의 기적을 부인하였다고 악성소문으로 퍼져나갔던 것이다.[7]

베렝가의 주장은 다음과 같았다. 첫째로 제단 위의 성물은 봉헌된 다음으로 새로운 의미를 지닌다고 말할 수 있으나, 그 본질이나 외관에 있어서 봉헌 이전이나 전혀 다르지 않다. 그러므로 요한복음 6장의 '이것은 내 몸'이니라는 말씀은 상징적으로 이해해야 옳다. 여기에 대해서 베렝가는 이렇게 말하였다. "마리아에게서 나신 그리스도의 몸이 하늘에 계시기 때문에 그리스도의 육체의 일부분이 제단 위에 머문다고 할 수 없으며, 그리스도의 몸도 수없이 많다고 말할 수 없다. 예수 그리스도는 단 한 번 희생되셨으므로 성찬은 이러한 희생에 대한 기념일 뿐이다. 다시 말해서, 빵이 하늘로 올라갈 수 없고 그리스도의 몸이 땅으로 내려올 수 없다."[8] 둘째로 빵과 포도주는 공허한 상징이 아니라, 그 상징으로써 나타내고자 하는 그리스도의 피와 살이다. 봉헌으로 인해서 빵과 포도주는 물질로서의 본질을 잃지는 않지만, 믿는 자에게는 공허함을 벗어버리고서 효력을 지니게 된다. 이것은 마치 세례시에 물은 물이지만, 중생을 가져다 주는 매체가 되는 것과 같다. 그러므로 성물(sacramentum)은 또한 성스럽게 하는 것(res sacramenti)이다. 셋째로 그리스도는 성물에 영적으로 임재

---

7. 베렝가는 화체설 부인으로 인해서 두 번씩이나 교회재판에 회부되기도 하였다. 1054년 투르의 대회에 교황 레오 9세가 주재하는 재판에 회부되었다. 그러나 그 당시 교황의 대리인으로 참석하였던 힐데브란트의 도움으로 정죄를 면할 수 있었다. 그는 1059년 교황 니콜라스 2세가 주재하던 라테란회의에 참석해서 또다시 화체설을 부인하면서 영적 임재설을 주장하였으나, 흥분한 추기경 홈버트의 반대에 부딪쳤다. 그러나 마지막으로 1079년에 또다시 라텐란회의에서 재판을 받았다. 이때는 힐데브란트가 교황 그레고리 7세로 즉위한 다음이었기 때문에 보호를 받으리라고 생각하였으나 상황은 오히려 더 불리하였으며, 그는 화체설을 강조하는 문서에 서명하지 않을 수 없었다.
8. Justo L. Gonzales, *A History of Christian Thought*, Vol. Ⅱ, 이형기, 차종순 역, 「기독교 사상사」, Vol. Ⅱ, 서울 : 대한예수교장로회총회출판국, 1988, p. 191.

하며 또한 영적으로 받아들일 수 있다. 그리스도의 참된 몸이 제단 위에 있지만, 영적인 손길로써 그리스도의 지체가 된 사람만이 내적으로 가질 수 있다. 넷째로 주의 만찬을 나누어 먹음으로써 그리스도의 나누이지 않은 인격에 전체적으로 참여하는 것이다. 그리스도의 몸이 전체적으로 십자가에서 희생되었듯이, 그와 같이 영적인 방법으로 우리도 그리스도의 몸을 전체적으로 받으며, 이제 그리스도의 몸이 하늘에서 영광을 받으시듯이 우리도 영적으로 하늘로 올라간다.

결국 베렝가의 주장은 우리가 그리스도의 몸을 화체설에서 말하는 것처럼 문자적으로 먹고 마실 수 없으며, 우리는 다만 믿음에 의해서 하늘나라에서 영화된 몸으로 계시는 그리스도의 몸에 영적으로 참여할 뿐이라는 것이다. 이러한 점에서 베렝가는 칼빈의 영적 임재설에 가깝다고 말할 수 있다.[9]

베렝가의 성체성사 이론을 강력하게 반발한 사람이 그의 동문수학이었던 벡의 란프랑(Lanfranc of Bec : 1010-1089)이었다. 그는 파비아 출신으로서 1045년에 벡 수도원장이 되었으며, 1070-1089년까지 켄터베리의 대주교를 역임하였다.[10] 그도 베렝가에 못지않은 변증가였으나 제도권 교회의 권위와 전통을 유지하기 위함이었으며, 정통 스콜라주의를 확보하기 위함이었다. 그의 주장은 너무나도 단순하였다. 제단 위의 성물이 인간으로서는 이해할 수 없는 신비스러운 방법으로 그리스도의 피와 살로 본질적으로 변화된다. 그리스도는 성체성사에 참으로 임재하신다. 사제의 봉헌과 함께 성물이 참으로 변화하므로 봉헌 이전과 이후의 성물은 동일하다고 말할 수 없다.

란프랑은 라드베르투스를 이어서 화체설로 가는 길을 열었다. 성체성사에 임재하는 그리스도의 신비를 강조하였으며, 정통 신학자들과 교직자들에 의해서 널리 유포되었다. 그러므로 1215년 제4차 라테란회의에서

---

9. Phillip Schaff, *History of the Christian Church*, Vol. Ⅳ : Medieval Christianity, Grand Rapids:Eerdmans, 1979 reprint, pp. 554-567.
10. 이러한 점에서 란프랑은 켄터베리의 안셀름의 선구자였다.

교황 인노센트 3세(Innocent Ⅲ)가 화체설(transubstantiation theory)을 공식으로 선포한 것은[11] 오랫동안 지속되어 온 논쟁을 교리적으로 그리고 교회적으로 끝맺음하는 것이었다.

이렇게 해서 12세기부터 확산되기 시작한 대로 화체설은 점차적으로 평신도에게 잔을 거부하기 시작하였으며, 11세기부터는 그리스도의 성체에 대한 고양과 신비가 어우러져서 그리스도의 성체축제(corpus christi festival)가 1264년 교황 우르반 4세(Urban Ⅳ)에 의해서 선포되기에 이르렀다. 평신도에게 잔을 거부함으로써 거룩한 그리스도의 몸이 땅에 떨어뜨림을 당하지 않아야 한다고 주장하게 되자, 곧바로 신학계에서는 "일종성찬으로도 그리스도를 전부 가질 수 있다."고 하였다.[12]

성경에 의한 올바른 가르침은 사라지고 초자연적인 신비에 의존하는 미신적 신앙이 지배하게 되었다. 더 나아가서 일종성찬은 성찬의 가벼운 죄사면의 역할을 강조함으로써 후대의 교회에 엄청난 부정과 부패를 초래하는 결과를 가져왔다. 뿐만 아니라 1551년 트렌트회의 제13차 회기에서 개신교를 반대해서 화체설을 다시 한 번 재확인함으로써 오늘날까지도 가톨릭교회의 유지에 가장 필요한 신비가 되어 있다.

## 2. 어거스틴의 예정론 논쟁

카롤링 문예부흥시대에 교권이 강화되어 가는 과정에서 교권적으로 제정된 어거스틴의 은총론을 재확립하고서 이에 위배되는 어떠한 견해도

---

11. 1215년 제4차 라테란회의에서 선포한 화체설은 이렇다. "제단 위에 빵과 포도주로서 있는 [그리스도]의 몸과 피는 빵이 몸으로 그리고 포도주가 피로 변화됨으로써 신적인 능력을 진실로 갖는다······ Corpus et sanguis [Christi] in sacramento altaris sub speciebus panis et vini veraciter continentur, transsubastantiantis pane in corpus et vino in sanginem, potestante divina······

12. 이렇게 가르친 최초의 신학자가 켄터베리의 안셀름으로서 "in utraque specie totum Christum sumi."라고 하였다. Phillip Schaff, 위의 책, p. 569.

인정하지 않았다. 더욱이 오렌지회의에서 은총의 전달을 교회의 성례전-세례와 성찬-으로 국한시킴으로써 교권을 강화시켰다. 이러한 상황에서 무조건적이며 불가항력적인 어거스틴의 은총론을 그대로 강조함으로써 일평생을 감옥에서 보냈던 사건이 발생하였다.

이 사건은 수도사 고트샬크와 라바누스 마우루스 사이에서 제1차전이 있었다. 그 다음으로는 고트샬크와 힝크마 사이에서 제2차전으로 확전되었는데, 이번에는 성체성사 논쟁까지 개입함으로써 고트샬크와 라트람누스, 그리고 힝크마와 라드베르투스가 연결되어서 정죄하였던 사건이었다.

고트샬크(Gottschalk : 804-868)는 삭슨족의 귀족가문에서 태어났다. 아버지의 서원에 의해서 어렸을 때에 풀다(Fulda) 수도원에 들어갔으나, 성인이 되어서 자신의 수도원 서약을 해약해 줄 것을 829년 마인쯔대회에 청원하였다. 대회는 허락하였으나 수도원 원장이었던 라바누스 마우루스는 고트샬크를 풀다 수도원에서 오르바(Orbais) 수도원으로 옮겼다. 이렇게 해서 억지로 수도사 생활을 계속하게 된 고트샬크는 어거스틴 연구에 몰두하였으며, 자신의 깨달음을 주위의 사람들에게 알렸다.

이에 놀란 수도원장 라바누스 마우루스는 고트샬크를 반대하는 이론을 제기하였는데, 그의 주된 논지는 반-펠라기우스주의에 가까웠다. 고트샬크는 848년 마인쯔대회에 참석해서 이중예정론을 과감하게 주장하였다. 하나님께서는 영원 전부터 선택된 자를 값없는 은총으로 영원한 생명으로 예정하셨으며, 동시에 이와 유사하게 모든 유기된 자를 그들의 악한 행위에 따른 정의로우신 판단에 의해서 영원한 사망으로 예정하셨다. 더 나아가서 고트샬크는 하나님의 아들이 오로지 선택된 자를 위해서 죽으셨다고 주장하였다.[13]

문제는 여기에서 끝나지 않았다. 고트샬크는 곧바로 정죄되었으며, 라바누스 마우루스는 대주교인 힝크마(Hincmar)에게 고트샬크를 감금시켜 줄 것을 부탁하면서 압송하였다. 그러자 라트람누스, 트로이의 프루덴티

---

13. Phillip Schaff, 위의 책, pp. 527-528. 그리고 Reinhold Seeberg, 위의 책, pp. 30-31.

우스, 리용의 레미기우스, 페리에레의 세르바투스 루푸스 등이 고트샬크를 옹호하고 나섰다. 이렇게 해서 라바누스 마우루스, 힝크마, 그리고 라드베르투스가 다른 한 쪽이 되어서 서로 공격하게 되었다.

고트샬크는 힝크마가 주재하는 재판에서 끝까지 자신의 주장을 굽히지 않았으며, 베네딕트파의 계율에 따라서 채찍질을 당하였다. 그는 마지막 순간까지 자신의 주장을 철회하지 않았으며, 태형에 따른 후유증으로 죽음에 이를 때까지도 자신의 주장을 철회하지 않았다. 이렇게 해서 고트샬크는 869년에 죽은 것으로 전해진다.

양쪽의 의견은 이렇게 정리되어진다. 855년 황제 로테어(Lothaire)의 요청에 따라서 소집된 발렌스(Valence)대회는 이중예정론에 근거한 어거스틴의 입장을 옹호하는 결정을 내렸으며, 859년 황제 대머리왕 찰스의 요청에 따라서 소집된 랑그레(langres)대회도 이를 인정하였다. 이들 어거스틴 옹호파들의 주장은 다음과 같다.

1. 모든 사람은 죄인이며 아담의 타락으로 인해서 정죄를 받는다.
2. 본래적으로 사람은 자유의지가 없으며 죄의 노예이다.
3. 하나님은 영원 전부터 불가변적으로 값없는 은총으로써 인류가운데 일부를 거룩함과 구원으로 선택하셨으며 이들 선택된 자들의 선행의 장본인이시다. 그러나 나머지는 하나님의 헤아릴 수 없는 경륜에 의해서 그들의 행위에 합당한 정죄를 확정하셨다.
4. 하나님께서는 회개치 않는 자들과 고집스러운 죄인들을 영원한 처벌로 예정하셨지만, 그들을 죄짓도록 하시지는 않았다.
5. 그리스도는 오로지 선택된 자들을 위해서 죽으셨다.

여기에 맞서서 힝크마는 대머리왕 찰스의 요청에 의해서 소집되었던 치에르시(Chiersey)대회에서 자신의 입장을 확정지었다.

1. 전능하신 하나님께서는 사람들에게 선택의 자유를 주셨으나 인간들이 이 자유를 남용함으로써 전인류는 멸망의 무리가 되고 말았다. 그러나 이 멸망의 무리로부터 하나님께서는 선택된 자들을 은총으

로써 영원한 생명으로 예정하셨다. 반면에 나머지는 그들이 멸망받을 것을 미리 아시고서 의로운 판단에 의해서 버리셨다. 비록 그들을 멸망으로 예정하시지는 않으셨지만, 그들에게는 영원한 처벌을 예정하셨다.
2. 우리는 첫 사람으로 인해서 자유의지를 상실하였지만 그리스도를 통해서 회복한다.
3. 비록 모든 사람이 실제적으로 구원받는 것은 아닐지라도, 하나님께서는 모든 사람이 구원받게 하실 수 있다. 구원은 값없는 은총의 선물이며, 멸망은 죄를 고집하는 사람들이 받아야 할 합당한 몫이다.
4. 예수 그리스도는 과거, 현재, 미래의 모든 사람을 위해서 죽으셨다. 그렇지만 모든 사람이 이 수난의 신비에 의해서 구원받는 것은 아니다.

힝크마는 교권수호라는 명분을 위해서 중세가 의존하였던 어거스틴의 본래적인 은총론과 예정론을 거부하였다. 그가 주장하였던 은총-예정론은 반(semi)-어거스틴주의였으며 반(semi)-펠라기우스주의로서, 그것은 반(anti)-어거스틴주의와 같았다. 이때로부터 중세교회는 자유의지와 보편적인 부르심, 인간의 죄악과 공로, 그리고 구원을 위한 사제의 중재를 강조하게 되었다. 값없는 은총이라는 개념은 사라지고 공로에 따른 보상으로 대치되었으며, 무자격자에게는 성찬을 거부하고 일종성찬을 집행함으로써 중세의 평신도들은 이종성찬을 받기 위해서 수도원 서약을 서슴치 않았으며, 이로 인해서 막대한 돈이 교회와 수도원으로 흘러들어가서 한편으로는 부흥하였지만, 또 다른 한편으로는 타락의 소굴이 되기도 하였다. 순례, 선행, 구제 등의 인간의 업적을 강조함으로써 신앙은 점점 미신적으로 흘렀으며, 복음에 의한 구원의 확신은 사라져 갔다. 이러한 현상은 곧바로 다루게 될 7성례전의 확정과 함께 중세의 부패의 주된 원인이 되었다. 이러한 교권적 제도를 통한 불확실한 구원관을 무너뜨리고 중세인들에게 확실한 구원을 안겨다 준 대안이 종교개혁자들의 복음이었다.

# 제 5 장
## 사고백제도의 확립

교회의 죄사면 제도는 크게 공고백과 사고백이었다. 공고백제도는 초대교회로부터 프랑크 왕조가 들어설 때까지 통용되었으며, 사고백제도는 게르만의 풍습을 따라서 켈트교회로부터 수입되었다. 이상의 두 제도가 어떻게 발전하였으며, 어떻게 오용되었는가를 살펴보려고 한다.

### 1. 공고백제도

초대교회는 예수님의 임박한 재림을 기다리면서 그리스도의 신부로서의 정결함을 강조하였다. 그러므로 만일 죄가 있다면 세례를 통해서 죄사면을 받아야 했다. 그렇지만 죄사면의 세례는 단 한 번만 허용되었으므로 임종시까지 세례를 연기하는 습관이 유행되기도 하였다. 사도 후기시대를 거쳐서 교부시대로 들어서면서부터 대다수의 교인들이 유아세례를 통해서 입교하였기 때문에 자연히 세례 이후에 짓는 죄에 대한 사면을 생각하지 않을 수 없었다.

이렇게 해서 2세기 말 즈음에 이르러서는 용서받을 수 있는 죄(venial

sin)로서 구타, 저주, 맹세, 거짓말 등의 매일같이 반복할 수 있는 죄를 규정하였으며, 용서받을 수 없는 죄(mortal sin)로서 살인(*homicidium*), 우상숭배(*idolatria*), 사기(*fraus*), 증언 거부나 거짓 증언(*negatio*), 신성모독(*blasphemia*), 간음과 간통(*utique et moechia et fornicatio*), 그리고 하나님의 성전의 또 다른 훼손(*qua alia violattio templi Dei*) 등 7가지를 규정하였다. 이상의 용서받을 수 없는 중죄를 지은 자는 참회자(penitents)로 구별해서 공중예배에서 제외시켰으며, 요리문답과정부터 다시금 밟게 하였다. 이러한 훈련의 목적은 교회의 순수성 보전과 범법자의 영적인 회복을 위해서였다. 참회의 과정 동안에는 쾌락을 금하고, 옷에 장식을 금하고, 성적 관계를 금하고, 고백, 기도, 금식, 구제 등의 선행을 강요하였다.

터툴리안에 이르러서 이러한 참회과정을 하나님께 드리는 만족(satisfaction)이라고 하였다. 이 기간 동안에는 죄인들을 별도로 구별해서 죄인의 옷을 입고, 죄인석에서 금식과 통회, 간절한 기도에 힘쓰게 하였다. 또 다른 한 편에 있는 의인들과 장로들 그리고 회중들에게 자신들을 위한 중보기도를 간청하였다. 성찬 참여 금지, 공중예배 참여 금지, 축복기도(benediction)도 받을 수 없었다. 터툴리안은 이것을 하나님 찬양(*exhomologesis*)이라고 하였다. 이 기간은 짧게는 3~4년이었으며, 길게는 일생 동안 지속되기도 하였다. 이 참회의 기간을 만족스럽게 마치면, 회중 앞에서 공적인 고백(public confession)을 시켰으며, 회중은 그를 형제애의 입맞춤으로 재입교시켰다.[1] 한 가지 언급하고 넘어가야 할 사항은 이

---

1. 314년 앙키라회의에서는 참회의 과정을 이렇게 확정하였다.
   제1단계 : 우는 자(Weepers : fluens). 죄인의 옷을 입고서 교회의 죄인석 바닥에 부복해서 성직자와 교인들로부터 중보기도를 간청하는 기간
   제2단계 : 청문자(Hearers : audiens). 요리문답과정으로 재입교하면서 성서 교습이나 설교를 듣는 기간
   제3단계 : 무릎꿇는 자(Kneelers : genufluentes). 공중기도회에 참석할 수 있으나 무릎을 꿇은 상태로 참석한다. 성찬과 축복기도는 제외된다.
   제4단계 : 서 있는 자(Standers:consistentes). 예배의 전과정을 서 있는 상

러한 과정에서 병약자인 경우에는 만족의 기간을 단축시킬 수 있었으며, 단축된 기간에 비례해서 일정 금액의 헌금을 내기도 하였다. 이것이 바로 면죄부의 첫 번째 모습이었다.

그렇지만 박해로 인해서 집단적인 배교가 일어나고, 심지어는 성직자마저도 배교하게 되자 교회는 참회의 과정을 간단하게 축소시켰다. 여기에 반대한 사람이 히폴리투스였으나, 전체적인 분위기는 축소된 참회과정을 지지하는 분위기로 흘렀다.

중세로 접어들면서 새로운 상황이 전개되었다. 즉, 어거스틴으로부터 시작해서 인간에게 용서받을 수 있는 가벼운 죄가 성경에 의하면 중죄일 수 있다는 의문이 제기되었다. 그리고 일생 동안의 회개와 구제 및 선행으로써 죄를 다 사면받지 못하였을 경우는 어떻게 할 것인가라는 의문이 제기되었다. 그리고 인간이 무지로 인해서 또한 연약함으로 인해서 죄를 떨쳐버리지 못하였을 경우는 어떻게 할 것인가라는 의문이 제기되었다. 여기에 대해서 어거스틴은 "자신의 부끄러운 행동 기간과 비례되는 기간 동안 영원한 불은 아니지만 범죄의 무거움에 따라서 불로써 처벌을 받으면 구원을 얻는다."라고 하였다. 그리고 "세상에서 세속적인 것을 어느 정도 사랑했느냐에 따라서 연옥의 불을 거치면 어떠한 사람은 느리게, 혹은 빠르게 구원을 얻는다."라고 하였다.[2] 이상과 같은 어거스틴의 연옥 이론은 확정적인 체계를 갖추지 못하였으나, 그레고리 1세(Gregory I)에 의해서 확정되었다. 그레고리 1세는 미사의 희생설과 더불어서 마태복음 12:31, 고린도 전서 3:12 이하를 참조로 해서 이 세상에서 지은 가벼운 죄는 심판 이전에 연옥의 불로써 용서받는다고 하였다. 따라서 미사의 희생은 연옥에 있는 죽은 자의 영혼을 해방시키는 특별한 효력을 갖는다고 하였다. 이상의 미사와 연옥 이론은 후대 교회가 죽은 자를 위한 미사와 더불어서 면죄부가 연옥의 영혼에 대해서 효력을 갖는다는 이론의 기

---

태로 참여할 수 있다. 성찬과 축복기도는 제외된다.

2. *The Nicene and Post Nicene Fathers*, 1st. Series, Vol. Ⅲ, "Enchiridion", pp. 259–260.

초가 되었던 것이다.

## 2. 사고백제도

서방교회에서 사고백제도를 최초로 인정한 사람이 교황 레오 1세(Leo I : 440-461)였다. 5~6세기에 이르러서는 끔찍하게 큰 죄악이 아닌 경우에는 사적인 참회와 고백으로 대치하기 시작하였으며, 이렇게 해서 공고백은 점차적으로 실시하지 않게 되었으며, 참회제도는 성례전으로 격상되었던 것이다.

한편 영국, 독일, 아일랜드 등은 본래부터 공고백을 싫어하였다. 이들 나라들은 폭력과 피흘림을 방지하기 위해서 범죄에 대한 처벌을 금전으로 대치시켰던 게르만의 행습을 받아들여서 일반 관례에 적용하였으며, 결국 교회의 참회제도에까지 적용시켰던 것이다. 이러한 제도를 정립하였던 사람이 영국의 켄터베리 대주교였던 테오도르(Theodore of Canterbury : 602-690) 이다. 그는 이렇게 말하였다.[3]

> 어떤 사람이 가까운 사람의 복수를 위해서 사람을 넘어뜨렸다면 그리고 그 살인을 참회하였다면, 그는 죽은 자의 가까운 사람에게 금전을 계산해서 넘겨 주어야 한다. 이것이 참회를 경감시킨다. 다시 말해서 참회의 기간을 단축시킨다(si quis pro ultine propinqui hominem occiderit, peniteat sicut homicida. Si tamen reddere vult propinquis pecuniam aestimationis, levior erit penitentia, id eat, dimidio spatii).

라고 하였다. 이상과 같은 영국의 참회제도는 아일랜드를 거쳐서 선교사 콜롬바누스(Columbanus : 543-615)를 통해서 프랑크 왕조에 전달되었으며, 전유럽에 퍼져나갔으며, 샬롱회의(Chalon : 813년) 이후로 모든 교회가 긍정적으로 사용하였다. 이렇게 해서 확정된 사고백제도는 다음과 같

---

3. Phillip Schaff, *History of the Christian Church*, Vol. Ⅳ, Grand Rapids : Eerdmans, 1910, p. 384.

은 순서를 밟았다.

첫째로 가벼운 죄는 주의 기도(특히 제5기도문)를 암송함으로써 사면되었다.
둘째로 무거운 죄는 다음과 같은 복잡한 과정을 거쳐야 했다.

첫째, 죄를 찾아서 인정하고 슬퍼해야 한다(contrition).
둘째, 사제 앞에서 구두로 고백한다(confession).
셋째, 사제는 참회의 행위를 부과한다(work of penance).
넷째, 참회의 행위를 완수함으로써 하나님께 만족을 드리고 자비를 얻는다(satisfaction).
다섯째, 사제는 하나님께 죄사면을 위해서 기도한다(absolution).
"전능하신 하나님이 그대의 조력자가 되시고 보호자가 되어서 그대의 과거, 현재, 미래의 죄에 대한 면죄부를 허락하시기를 원하노라."

이상의 과정에서 중요한 것이 참회의 행위이다. 참회자는 죄를 뉘우치는 가시적인 일로써 금식(월, 수, 금에는 빵과 과자만 먹는다), 무명옷 착용, 맨발로 다니기, 순례, 수도원 서약, 채찍질 고행 등을 도입하였다. 그리고 기도, 구제, 맨주먹으로 땅바닥 치기 등도 포함시켰다.

그러다가 독일을 중심으로 참회의 행위가 돈으로 대치되기 시작하였으며, 돈으로써 참회의 기간을 단축시켰다. 예를 들면, 하루의 금식을 대신해서 시편 50편 이상을 암송하거나, 3데나리온을 내거나, 아니면 가난한 사람에게 3데나리온을 주었다. 일년의 금식을 대신해서 22솔리디(solodi : 금화로서 1solidi는 12데나리온)를 구제금으로 내게 하였다. 이것을 독일에서는 배상금이라고 하였다. 이 제도의 정착과 함께 동일한 죄에 대해서는 동일한 액수를 내게 해야 한다는 필요성으로 인해서 요율표가 작성되기도 하였다.

금식을 할 수 없고, 시편도 알지 못하는 경우에는 그에게 하루에 1데나리온을 구제금으로 내게 하라. 그에게 돈이 없으면 먹는 음식을 내게 하라. 일년 동안 빵과 물만 먹어야 하는 사람은 26솔리디를 내게 하라.[4]

895년의 트리부르(Tribur)회의에서 돈으로 대치하는 제도를 확인하였으며, 면죄부제도는 이렇게 해서 확립되었다.

## 3. 연옥과 면죄부의 오용

후기 중세로 넘어가면서 유명론 신학이 교회에 들어왔으며, 교황은 그리스도의 대리자이며 베드로의 후계자(vicar of Christ and successor of Peter)로서 활동하였다. 교황은 죄사면의 권한을 가지며, 그것도 현세에서 가능하였다. 동시에 사람이 자신의 최선을 다하면 하나님께서 자비를 베푸셔서 그에게 은총을 베풀어 준다고 보았다. 그러므로 후기 중세의 유명론 신학에 의한 구원론은 언제나 인간이 자신의 죄를 찾아서 고백하고 그에 따른 합당한 공로를 요구하였다. 이 과정에서 요구되는 첫 번째가 불완전한 회개(attritio), 두 번째가 교회의 보화, 세 번째가 참회제도가 성례전으로 바뀌는데서 오는 연옥과 면죄부 구매의 타당성이었다.

첫째로 불완전한 회개에 대해서 살펴본다. 사람이 참회제도에 의해서 죄를 찾아내고, 슬퍼하면서 양심의 가책을 느껴야 하는데, 죄사면을 받게 될 정도로 충분하게 양심의 가책을 느끼지 못하는 경우가 발생할 수 있다고 보았다. 이러할 경우에 지옥의 형벌을 연상하면서 죄를 찾고 뉘우치는 것이다. 이것을 불완전한 회개(attritio)라고 한다. 그러면 하나님으로부터 은총을 입어서 완전한 회개(contritio)로 바뀌게 된다.

그러나 문제가 제기되었다. 사람이 자신의 죄에 합당한 만큼 양심의 가책을 느꼈으며, 그만큼 고백했으며, 사제의 참회행위 부과는 합당하였으며, 참회자의 참회행위는 합당하였으며, 사람이 경죄라고 규정한 것이 참으로 옳았으며, 사람이 자신의 죄를 하나도 빠뜨리지 않고 모조리 찾아서 참회하였는가? 등등의 질문이 제기되었다. 이 질문에 대해서는 부정적일 수밖에 없었다. 그렇다면 당연히 연옥에 가야 한다는 결론에 이르렀으

---

4. Reinhold Seeberg, *The History of Doctrines*, Grand Rapids : Baker Book House, Book I, p. 45.

며, 후기 중세의 사람들에게는 연옥이란 너무나도 다행스러운 일이었다.

그러나 연옥의 고통을 경감시킬 수 있는 길이 있었는데 그것은 면죄부였다. 어떻게 보면 중세인들은 유아세례를 통해서 원죄를 사면받았기 때문에 지옥의 형벌은 면할 수 있었으나, 이 세상에서 지은 모든 죄를 완전하게 속죄하지 못하였기 때문에 연옥에 가야 한다는 당위적인 결론에 이르게 되었다.

면죄부의 타당성은 지금까지 살펴본 대로 참회의 과정을 경감시키는 금전적인 대치였다. 그러므로 면죄부의 효력과 가치를 보장해 줄 수 있는 확실한 신학적 이론이 필요하였다. 그것이 바로 교회의 보화(treasure of the church)라는 개념이었다. 신자는 다같이 하나의 지체라는 개념을 바탕으로 해서, 각 지체의 선한 행위는 모든 신자의 공통재산이라고 보았다. 그러므로 죄가 많은 사람은 거룩한 형제의 선한 행동에 의해서 이익을 얻을 수 있다. 살아 있는 신자들의 선한 행위, 하늘나라에 있는 성도들의 선한 행위, 그리고 메마르지 않는 그리스도의 무한한 공로 등이 교회의 보화의 창고에 가득 쌓여 있으며, 따라서 면죄부를 발부할 수 있는 교황은 한편으로는 고마운 은총의 수여자이며, 다른 한편으로는 생명을 손에 쥔 무서운 권력자이기도 하였다. 결과적으로 교황의 권위는 높아질 수밖에 없었다. 그래서 교황은 재량껏 신자들에게 나누어 줄 수 있는 권한을 가진다.

참회제도가 성례전으로 격상되면서부터 참회의 순서가 바뀌었다. 지금까지 contrition-confession-work of penance-satisfaction-absolution이었는데, 성례전으로 바뀌면서 contrition-confession-absolution-work of penance-satisfaction이 되었다. 성례전에 의한 죄사면은 죄에 대한 죄책감뿐만 아니라 영원한 처벌까지 현세에서 사면해 버렸다. 그러나 문제는 참회제도에서 발생하였던 질문이 다시금 제기된다는 것이었다. 사제가 현재적 처벌에 해당되는 합당한 처벌을 부과하였는가? 만일 하나님의 공의가 요구하는 양보다도 부족하게 부과되었다면, 참회의 성례전에 포함되지 못한 만큼 연옥의 고통을 감당해야 하는 것이었다. 그렇지만 면죄부는 이러한 연옥의 고통을 경감시켜 준다고 믿었기 때문에 면죄부 판매는 가능하였던 것이다.

이렇게 해서 후기 중세의 참회제도는 본래적인 의도를 상실하였으며, 교회의 재정적 수입을 늘리는 방편으로 사용되었다. 그리고 면죄부 판매, 수금, 송금 등등의 제반 과정에서 사욕을 누리는 사람이 있었으며, 면죄부는 진정한 회개를 약화시켜서 신앙을 미신화시키는 결과를 초래하였다.

# 제6장
# 보편논쟁과 교회론적 해석

중세교회는 앞에서 살펴본 대로 보에티우스 이후로 보편에 관한 논쟁을 끊임없이 지속하였다. 이 논쟁은 중세 초기에는 진리를 발견하기 위해서였지만, 후기 중세에 들어서서는 교권확보를 위해서 사용되었다. 특히 아리스토텔레스의 발견 이래로 보편논쟁은 후기 유명론 신학이론과 함께 교회의 지상권을 확보하는 데 결정적인 역할을 하였다.

## 1. 실재론

실재론(realism)은 가장 오래된 보편에 관한 개념으로써, 감각적인 접촉을 통해서 습득되는 모든 지식은 그 사물에 대한 허상으로 간주하고 부인하면서 오로지 사유를 통해서 얻은 개념적인 지식만이 그 사물에 대한 참이라고 인정하였다. 그러므로 '실재하는 것'은 심지어 인간의 정신까지 벗어나서 독립적으로 사물 그 자체적으로 존재한다고 보았다. 예를 든다면, 플라톤의 이데아 개념이나 스토아 철학의 우주정신으로서의 로고스, 파르메니데스의 존재 개념, 헤겔의 우주정신, 스피노자의 단자 개념 등을 말할 수 있다.

이상과 같은 초자연적인, 초감각적인 실재 개념을 교회론에 적용시키면 엄청난 결과를 가져온다. 중세 초기는 실재론에 가까웠기 때문에 지상의 불확실한 교회보다는 하늘나라의 완성된 교회를 참교회라고 보았다. 그러므로 중세 초기에는 교권과 교황의 권위보다는 눈에 보이지 않는 하나님의 권위를 강조할 수 있었다. 그러므로 교회론을 강조하는 데 있어서도 성찬의 기적 등 신비가 강조되었다. 십자군전쟁을 일으킬 때에도 하나님께서 원하셨다(Deus Vult)라는 구호 아래 군대가 동원되었지만 각종 신비한 환상, 자연현상에 대한 해석, 그리고 성창, 혹은 꿈이야기 등등을 첨가시켜야 했다.

## 2. 온건한 실재론

회교도들에 대한 공격으로 서유럽의 기독교는 스페인을 점점 재탈환하였다. 스페인은 회교도들의 손에 넘어갔지만, 회교도들은 희랍의 문화적 유산을 고이 간직하였으며, 그 가운데서 아리스토텔레스의 형이상학을 간직하고 있었다. 기독교권은 토마스 아퀴나스를 통해서 아리스토텔레스의 형이상학을 신학에 적용하였다.

아리스토텔레스는 플라톤의 이데아를 인정하면서도, 현상계의 물질을 통하지 않고는 이데아를 알 수 없다고 하였다. 즉, 질료와 형상의 고리적인 상향적 작용으로 인해서 질료는 형상을 아직 완성시키지 못한 미완성의 가능태라고 함으로써 질료를 통한 형상의 완성을 말하였다. 따라서 현상계의 저급한 질료는 이데아의 순수 개념을 알 수 있는 유추적인 길잡이였다. 즉, 존재유비(analogia entis)이다. 이렇게 해서 아리스토텔레스는 현상계와 이데아를 연결시켰으며, 플라톤적인 이원론을 벗어날 수 있었다. 이상과 같은 이론을 온건한 실재론(moderate realism)이라고 부른다. 아리스토텔레스에 의하면, 감각적 사물을 떠난 독립적인 보편자가 우리의 사유 안에 존재하고 있음을 인정하면서도 이 보편자에 대한 인식은 개별자에 해당하는 사물을 통한 감각적 지식이 선행되어야 한다는 주장이다.
 이상의 이론을 교회론에 적용시키면 많은 차이점을 가지게 된다. 즉, 아리스토텔레스의 이론에 기초한 토마스 아퀴나스는 눈에 보이는 현상계의 가시적인 교회는 눈에 보이지 않는 하늘나라를 알 수 있는 다리라고 말했다. 다시 말해서 눈에 보이는 교황에게 순종하는 자라야 눈에 보이지 않는 하나님에게 순종할 수 있다는 것이다. 이렇게 해서 교권이 점차적으로 확보되어 갔으며, 교권을 극대화시키는 우남쌍탐 같은 교서가 나왔던 것이다.

## 3. 유명론

 온건한 실재론에서 한 발 앞으로 나아간 이론이 유명론이다. 즉, 보편은 사물의 실재와는 아무런 일치도 없는 이름에 불과하다고 보면서, 사유 속에 있는 실재는 완전한 허구에 불과하므로 학문적 추구의 대상이 되지 못하며, 오로지 감각적 사물만을 인정하는 주장이었다. 이러한 주장을 철학에서는 유물주의(materialism)라고 부르는데 소피스트, 회의론자들, 홉스와 록크, 존 스튜어트 밀, 허버트 스펜서 등이며 신학에서는 유명론(nominalism)이라고 부르는데, 요한 둔스 스코투스, 그리고 윌리엄 오캄 등이다.
 따라서 유명론에 따르면 지상의 교회가 참이다. 그러므로 하나님께서도 지상에 내려와 계셔야 한다는 결론에 이르게 된다. 결과적으로 교황은 곧 하나님이라는 도식이 성립되며, 이러한 도식에 의해서 교황의 절대권, 우주권, 교구권 및 통치권 등이 성립하게 된다. 동시에 교회가 곧바로 신자의 구원을 선포할 수 있으며, 면죄부에 의한 죄사면도 얼마든지 가능해진다. 동시에 교황이 거처하는 건물도 하늘나라의 궁전처럼 화려하고 아름답게 지어야 한다는 논리가 성립된다. 또한 신자들도 하늘나라를 지상에서 획득하기 때문에 현재적인 조건에서 인간의 최선을 다해야 한다는 논리에 의해서 인간의 노력(공로)에 의한 은총의 수여가 성립하게 된다.[1]
 보편 이론은 진리탐구와 학문의 발전을 위해서 보에티우스 이후로 발전한 중세의 학풍가운데 하나였다. 그렇지만 교회론의 발달과 함께 교황권 확장을 위한 이론적 뒷받침으로 전락함으로써 본래적인 의미는 상실하고 말았다. 그러므로 종교개혁자들에 의해서 하나님에 대한 철학적 이해는 배격되고 성경에 근거한 이론으로 성장하였던 것이다.

---

1. 유명론 신학이론에 의해서 중세는 교권을 확보하였으나, 교회 내적인 문제에 지나치게 치중하였다. 교황의 지상권은 교회의 부패를 초래하였다. 이러한 즈음에 교회에 대한 도전의 세력이 나타났다. 첫 번째는 개량적 개혁주의라고 할 수 있는 운동이 일어났으며, 두 번째는 이단운동의 전개, 세 번째는 교회에 대한 지성인들의 냉소와 풍자, 네 번째는 제도권 교회를 떠나려는 수도원적 공동체운동, 다섯 번째는 신비주의적 은둔생활, 여섯 번째는 미신적 신앙의 유행 등이었다. 그러자 교회는 신학을 체제지향적으로 강화시키고, 새로운 수도적 교단을 창설하고, 종교재판을 만들어서 협박하고, 심지어는 십자군전쟁을 일으키기까지 하였다. 이상의 분석에 대해서는 차종순, 「교회사」, 서울 : 대한예수교장로회총회출판국, 1992, pp. 164-234를 참조.

# 제7장
## 교권확보를 위한 신학의 뒷받침

 신성로마제국의 강력한 정치적 힘을 배경으로 한 서방교회는 동방교회에 대한 우위를 점차적으로 확보하기 시작하였다. 더불어서 서방교회는 제국에 대한 우위권마저 확보하려고 하였다. 이렇게 해서 각종 문서와 교령집을 거짓으로 조작하기까지 하였으며, 주교의 임명을 놓고서 제국의 황제와 부딪쳤으나 결과적으로는 교회가 승리하였다. 힘을 얻은 교회는 내부적으로는 부패하였으나, 외부적으로는 신학의 정립으로써 위치를 굳세게 하였다. 그리고 도전세력에 대해서는 심지어 십자군까지 동원함으로써 단호하게 물리쳤으며, 종교재판까지 감행하였던 것이다.
 회교도의 침공을 물리치고서 막강한 제국으로 등장한 프랑크 왕조는 전쟁에서만 승리한 것이 아니라 학문과 신앙도 게을리 하지 않았다. 카롤링 문예부흥으로 신학의 정립을 꾀하였으며, 신앙생활에서도 성직자들의 모범을 요구하였다. 샤를마뉴는 789년 목회자들에게 보내는 훈계를 통해서 "하나님의 제단을 섬기는 목회자들은 선한 행위로 목회를 장식하게 하라. 우리는 목회자들이 복음서에서 하나님께서 명령하신 대로 부르심에 합당한 그와 같은 삶을 영위해 주기를 간곡히 부탁한다.······"라고 하였다.[1] 그렇지만 교직자들은 샤를마뉴의 부탁에 귀를 기울여 경청하지 않았다.

교회는 황제에 대한 우위권을 차지하기 위해서 거짓문서를 조작했는데, 첫 번째가 "콘스탄틴 증여문서"(The Donation of Constantine)이고, 두 번째가 "이시도르의 거짓 교령집"(Pseudo-Isidorian Decretals)이다.

## 1. 콘스탄틴 증여문서

이 문서는 동서로마를 통일시켰던 위대한 황제 콘스탄틴이 일인칭이 되어서 자신의 신앙고백적 차원에서 로마의 교황에게 로마의 통치권을 위임하고 자신은 동로마제국의 비잔티움(Byzantium)으로 옮겨간다고 기술한다.

> 끔찍스럽고 더러운 문둥병이 나의 온몸을 침범하고 펴져 나갈 때에, 나는 수많은 의사들에게 진찰을 받았으나 건강을 회복하지 못하였다. 이렇게 세월이 흐르고 밤의 고요 속에서 잠들었을 때에 사도 베드로와 바울께서 나에게 나타나서 말씀하시기를, '그대가 죄짓기를 그만두고 무죄한 자의 피흘리기를 그친다면, 주 하나님, 그리스도로부터 보내심을 받은 우리는 그대의 건강을 회복할 수 있는 계획을 알려 주겠노라. 그러므로 우리의 충고를 들으며 우리의 명령대로 행하기 바란다. 그대의 박해를 피해서 로마시의 감독인 실베스터는 지금 세라프테산의 바위동굴에 숨어 있다. 그대가 그를 부르면, 그대에게 경건의 연못을 가르쳐 줄 것이다. 그리고 그 연못에 3번 몸을 담그면, 그대 몸의 모든 문둥병의 세력이 떠날 것이다.…… 그래서 나는 잠으로부터 깨어나서 거룩하신 사도님들의 충고를 따랐으며…… 축복받으신 실베스터께서는 나에게 일정 기간의 참회를 부과하셨으며, 연못을 축복하신 다음에 나는 3번 담금으로써 깨끗함을 입었다. 그리고 내가 연못의 바다에 있을 때에 하늘로부터 손이 내려와서 나를 만지는 것을 보았다. 나는 물로부터 씻음을 입고서 일어났으며, 문둥병의 더러움으로부터 일어났다.

---

1. Henry Bettenson, *Documents of the Christian Church*, New York & London : Oxford University Press, 1960, 8th. edition, p. 137.

따라서 내가 지금까지 섬겨 왔던 국가의 모든 신들은 마귀이며 사람의 손으로 만든 조작이었다.…… 그리고 우리 제국의 권능은 지상적인 것에 불과하였으므로 거룩하신 로마 교회를 존경하고 섬겨야 한다고 선언하며, 거룩하신 베드로의 신성한 교구는 우리 제국과 지상적인 왕좌 위에 높이 들려서 영광을 받아 마땅하다고 선언한다. 우리는 그에게 제국의 권한과 영광스러운 위엄과 힘과 명예를 드리며, 또한 우리는 그가 안디옥, 알렉산드리아, 콘스탄티노플, 그리고 예루살렘과 더 나아가서 이 세상의 모든 하나님의 교회를 다스린다고 선언한다. 그리고 현재적으로 로마를 주재하시는 사제께서 가장 높으시며 전세계의 모든 사제들의 우두머리이시다.……

거룩하신 사도님께, 나의 주인이시며 가장 축복받으신 베드로와 바울에게, 그리고 이분들을 통해서 축복받으신 우리의 아버지이시며, 지고하신 사제이시며, 로마의 우주적인 교황이신 실베스터에게, 그리고 그분의 뒤를 이어서 베드로좌에 앉으시는 모든 계승자들에게 우리는 황실의 라테란 궁전과 왕관과 주교관을 수여한다. 그리고 동시에 황제의 목도리(stole), 보라빛 미사복(robe)과 분홍빛 겉옷(tunic)과 황실의 모든 예복을 드리며, 또한 황제의 기병대에 속한 모든 사령관들까지 드린다.…… 우리는 또한 거룩한 로마교회의 성직자들은 황실의 장교라고 선언한다.

이에 따라서 짐의 제국과 정부의 힘은 동방 지역으로 옮겨져서 비잔티움 지역의 가장 좋은 자리에 우리의 이름으로 도시를 세우며 제국도 거기에 세워져야 한다고 선언한다.……[2]

이 문서가 의도하는 뜻은 명백하다. 제국에 대한 교회의 우위권, 그리고 로마교회의 우주적 우위권을 주장하자는 것이었다. 그러나 교회의 위치를 확고히 하기 위해서는 또 다른 교리적 힘이 필요하였다. 그래서 영적인 힘과 세속적인 힘을 이분법적으로 구별해서 세속의 힘을 영적인 힘에 굴복시켜 버렸다. 이러한 일을 감당한 문서가 거짓-이시도로의 교령집이었다.

---

2. 위의 책, pp. 137-142.

## 2. 거짓-이시도르의 교령집

이시도르(St. Isidore : 560-636)는 스페인 출생으로서 세빌리아 지방의 감독이었다. 그는 아리우스 신앙을 가진 고트족에 의해서 스페인이 점령당하자, 야만적인 유행을 막고 동시에 아리우스주의를 반대해서 가톨릭 정통신앙을 고수하려는 목적으로 학문을 발전시켰다. 그의 학문의 방법은 백과사전적인 자료수집이었으며, 그 당시의 거의 모든 부분에 걸친 방대한 지식을 습득해서 정리하였다. 그는 이러한 배경에서 소위 말하는 거짓 교령집을 저술하였을 것으로 본다.

그가 집필한 거짓-이시도르의 교령집(Pseudo-Isidorian Decretals)은 교권의 옹호를 위해서 교황의 교령을 편찬한 것이었는데, 그 가운데에서 상당수가 거짓이었다.[3] 성직자는 신적으로 제정된, 성스럽게 구별된, 침범할 수 없는 직분자로서 구약시대의 제사장처럼 하나님과 인간 사이를 중재한다. 따라서 성직자는 '하나님의 가족'(familiares Dei)이며 '영적인 가족'(spirituales)이다. 반면에 평신도는 '세속적인 가족'(carnales)이다. 그러므로 성직자에게 죄를 짓는 것은 하나님에게 죄를 짓는 것이며, 성직자의 잘못은 하나님께서 치리하시는 것으로 세속의 재판정에서 논의할 사항이 아니다. 이러한 성직자의 권위의 원천은 교황권으로서 베드로좌(cathedra Petri)는 모든 권위의 원천이다. 교황은 모든 논쟁의 최종적인 심판자이며 교황에 대해서는 어느 누구도 불평할 수 없다. 그래서 교황은 우주적 치리권(episcopus universalis)을 갖는다.[4]

---

3. 이 교령집은 3부분으로 되어 있다. 첫 번째 부분은 디오니시우스의 모음집에서 발췌한 50개의 사도적 교회법을 정리한 다음에, 로마의 감독 클레멘트로부터 멜키아데스에 이르기까지 발표되었다고 여겨지는 60개의 거짓 교령을 싣고 있다. 두 번째 부분에서는 콘스탄틴 증여문서를 싣고 있으며, 세 번째 부분에서는 교황 실베스터로부터 그레고리 2세에 이르기까지 발표된 교령을 싣고 있는데, 그 가운데에서 35개가 거짓이었다.

4. Phillip Schaff, *History of the Christian Church*, Vol. Ⅳ, Grand Rapids:Eerdmans, 1910. pp. 269-270.

이상과 같은 교권과 황제권의 마찰은 끊임없이 지속되었으며, 주교의 임명을 둘러싼 서임권 논쟁은 1122년 9월 교황 칼리스투스 2세(Calistus Ⅱ)와 황제 헨리 5세(Henry Ⅴ) 사이에 체결된 웜스 합의(Concordat of Worms)에 의해서 일단락되었다. 독일내의 수도원장과 주교는 황제의 임석 아래 성직매매(Simony)와 여타의 폭력을 배제한 가운데에서 선출케 하였다. 선출에 문제가 발생할 때에는 대주교와 지방의 주교들이 협력해서 해결케 하였다. 그리고 선출된 주교는 왕관에 따른 홀을 황제로부터 수여받아서 주교권을 행사할 수 있다.

이렇게 확보되어 가는 교황권의 절정은 이노센트 3세(Innocent Ⅲ)가 1198년에 발표한 "달과 태양"[5]이라는 교서에서

> 창조자께서는 하늘의 궁창에 두 개의 발광체를 만드셨다.…… 이와 동일하게 우주적 교회의 궁창에도 두 개의 권위를 두셨는데 큰 것은 영혼을 다스리고, 작은 것은 육체를 다스리게 하였다. 그리고 이 권위는 교황의 권위이며 또한 황제의 권한이다. 더욱이 달은 태양으로부터 빛을 받으며, 실제에 있어서 크기와 질과 위치에 있어서 저급하듯이, 황제의 권한은 교황의 권위로부터 위엄을 받는다.

라고 선언하였다. 이렇게 함으로써 교권의 우위성을 말한 인노센트 3세는 1202년에 황제의 선출에 논란이 개입될 경우에는 로마의 교황권이 개입할 수 있음을 정당화시켰다. 인노센트의 뒤를 이은 보니페이스 8세(Boniface Ⅷ)는 교황권의 확대를 이룬 사람이었다. 보니페이스는 1296년 교서 "성직자가 평신도에게"(*Clericis Laicos*)를 발표해서 전쟁을 위한 세금을 성직자에게 부과할 수 없다고 선언하였다. 이 교서는 영국의 에드워드 1세(Edward Ⅰ) 뿐만 아니라, 프랑스의 필립 4세(Phillip Ⅳ)까지 자극하였다. 필립 4세는 프랑스로부터 돈이 외국으로 나가는 것을 봉쇄함으로써 결과적으로는 로마에 대한 프랑스의 헌금을 단절시키고 말았다. 이에 맞서서 보니페이스 8세는 1302년 11월 18일 "우남쌍탐"(*Unam*

---

5. Phillip Schaff, 위의 책, Vol. Ⅴ, pp. 158-159.

Sanctam)을 발표하였다.

> 우리는 신앙에 의해서 하나의 사도적이며 보편적인 교회가 있다고 믿을 수밖에 없다. 그리고 이 교회를 떠나서는 구원이 없으며, 또한 죄의 사면도 없다고 믿는다.…… 그리고 우리는 복음의 말씀에 따라서 교회는 두 개의 칼, 영적이며 세속적인 칼을 가진다고 배운다. 세속적인 칼은 교회에 의해서 사용될 수 있으며 영적인 칼은 교회가 사용한다. 영적인 칼은 사제가 사용하며 세속적인 칼은 사제의 허락과 뜻에 따라서 세속의 왕과 주권자가 사용할 수 있다.…… 세속적인 칼은 영적인 칼의 권위 아래 있다.…… 더 나아가서 우리는 모든 인간적 피조물들은 로마의 교황권에 굴복하는 것이 구원에 있어서 필수적이라고 명시하고 규정하고 선언한다.[6]

우남쌍탐은 교황권 확보를 위해서 성경을 자의적으로 해석한 억지였다. 이상과 같은 교황권의 우위 주장은 클레르보의 버나드(Bernard of Clairsvaux)와 토마스 아퀴나스(Thomas Aquinas)가 적극적으로 지원하였다. 버나드는 "고찰에 관하여"(De Consideratione)에서 교황 유제니우스 3세(Eugenius Ⅲ)에게 자신에 관하여, 자신 아래에 있는 사람에 관하여, 주변에 있는 사람에 관하여, 그리고 위에 있는 존재에 관하여 생각할 것을 권고하였다.

교황 자신에 대해서 고찰해 볼 때에 교황은 다스림보다는 선지자로서, 그리고 권한을 나타내기 보다는 교회를 다스리기 위해서 교황좌에 오른 것이다. 교황은 종으로서 자신을 보일 때에 가장 위대한 존재이다. 주교로서 교황은 사도들의 후계자이며 주교들의 최고위자이다. 교황은 아벨, 아브라함, 멜기세덱, 모세, 아론, 사무엘, 그리고 베드로의 반열에 서 있다. 교황에게 열쇠가 있다. 교황 이외의 다른 교직자들은 한 무리의 양떼를 돌보지만, 교황은 모든 양의 목자이며 목자들의 목자이다. 교황은 주

---

6. Henry Bettenson, 위의 책, pp. 161-163. 이에 자극을 받은 필립 4세는 교황청을 유린하였으며, 보니페이스 8세는 감금되었다가 몇 주일 지나서 죽고 말았다.

교까지 퇴위시킬 수 있으며 하늘나라로부터 쫓아낼 수 있다.

교황 아래에는 교회가 있으며 복음이 선포되어야 할 모든 사람이 있다. 교황의 주변에는 추기경과 모든 교황청 가신이 있다. 여기에서는 욕심과 야망을 업신여기며, 재판청원에 관한 시끄러운 소리를 잠잠케 하며, 고위직 성직자를 선출한다. 로마인들은 교황을 부추겨서 자신들이 원하는 것을 얻으려 한다. 거짓 신앙심을 추구하려는 사람들은 위선자로 간주한다. 버나드는 교황에게 두 개의 칼을 부여하면서 영적인 칼을 가진 교황은 눈짓으로 세속의 칼을 칼집에서 뽑도록 명령한다고 하면서도, 교황은 베드로의 소박함과 가난을 이어받아서 아무런 보석도 가지지 않으며, 호위자도 없으며, 백마를 타지도 않는다고 하였다.[7]

토마스 아퀴나스도 교황권 옹호에 적극적이었다. 그는 신학총론(Summa Theologica), 제왕의 규범(Rule of Princes), 희랍인들의 오류(The Errors of Greeks), 그리고 이교도를 반대하여(Contra Gentiles) 등에서 피력하였다. 제2차 리용회의에서 동·서 로마교회의 분열의 치료를 미루게 되었을 때에 희랍인들의 오류를 지적하면서 교황에게 전적인 권한이 있으며, 로마교회에게 순종하는 것이 그리스도에게 순종하는 올바른 도리이다. 교황은 왕이며 제사장으로서 베드로와 그의 후계자로부터 권위를 받는다[8]고 하였다. 아퀴나스는 이보다 더 나아가서 교황의 무오(infallibility)를 주장하였다.

13세기의 시작으로부터 교회는 궁창으로, 교황은 태양이며, 황제는 달, 주교는 별, 성직자는 낮이며 평신도는 밤으로 비유하기 시작하였으며 이러한 생각은 하이스터바하의 카이사(Caesar of Heisterbach)에 의해서 정리되었다.[9]

이렇게 평신도와 성직자를 차별하였던 사상은 후기 중세에 들어서면서

---

7. Phillip Schaff, *History of the Christian Church*, Vol. V : The Middle Ages, pp. 777−779.
8. 위의 책.
9. 위의 책.

더욱 가속화되어서 평신도들은 아무리 선을 행한다 할지라도 자신의 죄를 속죄할 수 없으며, 더욱이 구원을 얻을 수 없는 것처럼 여겼던 것이다. 이러한 상황에서 평신도들을 사제의 압박에서 해방시키고 평신도의 권한을 회복시켜 준 사상이 종교개혁자 루터의 만인사제직 이론이었다.

## 3. 7성례전 이론과 교황권 확보

토마스 아퀴나스는 성례전이란 "성스러운 징표로서 사람을 성화시키는 것"이라고 규정하였다. 보나벤투라는 "치료약으로서 신적으로 제정한 감각적인 징표로써, 이 감각적인 징표에 의해서 신적인 능력이 신비하게 나타나는 행위이다."라고 하였다. 이상과 같은 성례전이 여러 가지의 모습으로 행해져 오다가 롬바르드(Peter Lombard)에 의해서 7성례전으로 집약되었으며, 1439년 플로렌스회의에서 유제니우스 4세(Eugenius Ⅳ)에 의해서 교리적으로 확정되었다.

세례를 통해서 새롭게 태어나며, 견진에 의해서 성장하며, 성체성사를 통해서 영양을 공급받으며, 참회에 의해서 일상생활의 죄씻음을 받으며, 종유를 통해서 사함받지 못한 나머지 죄를 씻는다. 결혼에 의해서 인간 증식의 과정을 성별시키고, 임직에 의해서 영적 지도자의 권한을 강화시켜 준다.[10]

세례(Baptism)의 질료는 물이고 형상은 아버지와 아들과 성령의 이름으로 세례를 주노라는 말씀이다. 세례는 과거의 죄를 파괴시키고 선을 좋아하게 만들고, 현세욕을 자제하게 하고, 영적인 특성을 수여해서 습관이 되게 한다. 세례의 효과는 모든 원죄와 현세적인 죄를 사면시키고, 동시에 그 죄로 인해서 발생한 모든 처벌을 사면시킨다고 선언하였다.[11]

견진(Confirmation)은 그리스도께서 제정하셨다고 하였을 뿐 별다른 이론이 없었으나, 오로지 주교에 의해서만 집행된다고 규정하였다. 견진

---

10. Reinhold Seeberg, 위의 책, p. 125.
11. Reinhold Seeberg, 위의 책, p. 129.

의 효과는 성령과 능력의 수여에 있다.[12]

성체성사(Eucharist)는 사제의 봉헌에 의해서 성물이 실제적으로 그리스도의 몸으로 변화된다고 선언하였다. 즉, 사제의 선언이 끝남과 동시에 즉시로 변화되는데, 그리스도의 참된 피와 살이 임재하며, 그것도 그리스도의 영과 신성이 동시에 임재한다. 따라서 빵과 포도주는 그대로 유지될지라도 성찬으로 변하였기 때문에 개와 쥐가 그것을 먹었다고 할지라도 그리스도의 본질이 그 짐승들 안에 남아 있다는 결론을 내릴 수밖에 없었다. 그리고 그리스도의 몸은 비록 하늘에 한정적으로 계시지만, 본질로서 주의 만찬을 집행하는 모든 곳에 계실 수 있다고 보았다. 성체성사의 효력은 영적인 생활을 강화시켜 주고, 은총을 수여해 주고, 가벼운 죄의 사면에 있다. 그렇지만 성체성사는 그리스도의 희생이며 동시에 성찬이기 때문에, 그 효력은 현세적인 참여자에게 효력이 있을 뿐만 아니라 연옥에 있는 영혼에게도 효력이 있다고 선언하였다. 이렇게 해서 개인미사와 성체축제 같은 부패의 이론적 배경이 되기도 하였다.[13]

참회(Penance : repentance)도 일종의 죄사면의 기능을 갖는다. 세례에서 원죄를 사면시키고 성체성사에서 가벼운 죄를 사면시켰다면, 참회는 무거운 죄(죽음에 이르는 죄)를 쫓아낸다. 참회의 첫 번째 과정은 완전한 양심의 가책 혹은 회개(contritio)이다. 완전한 양심의 가책은 은총을 받을 수 있는 성향으로 준비되는 것이었다. 그렇지만 점차적으로 자신이 죄의 용서라는 은총을 받을 수 있을 만하게 완전하게 회개하였는가라는 질문을 하게 되었다. 이러한 문제를 해결하기 위해서 나온 이론이 불완전한 양심의 가책 혹은 회개(attritio)이다. 이것은 하나님을 사랑하기보다는 지옥의 형벌에 대한 두려움에서 비롯되는 회개이기 때문에 불완전하다.[14]

---

12. Reinhold Seeberg, 위의 책, p. 130-131.
13. Reinhold Seeberg, 위의 책, pp. 131-135.
14. 그렇지만 자신의 죄를 완전하게 찾아서 회개한 사람이 없기 때문에 중세인들은 일평생을 죄의 속박에서 벗어나지 못했으며, 결국에는 연옥에 갈 수밖에 없다는 결론에 스스로 도달하였다. 따라서 연옥에서의 고통을 감소시킬 수 있는 기쁜소

이상과 같은 두 종류의 양심의 가책에 의해서 죄를 찾으면 고백으로 넘어간다.[15]

고백(Oral confession)은 사제에게 구두로 행한다. 그렇게 되면 사제는 죄의 사면(Absolution)을 선포한다. 구두고백은 하나님의 은총의 주입에 의해서 죽음에 이르는 무거운 죄를 제거시킨다.

죄사면까지의 과정을 후기 유명론 신학의 대표자라고 할 수 있는 가브리엘 비엘(Gabriel Biel)의 이론으로서 정리해 본다. 죄사면은 은총의 주입(infusion of grace)에 죄의 파괴로 이루어지지만, 먼저 죄인 쪽에서 이러한 은총을 받을 수 있는 준비를 해야 한다. 물론 하나님께서는 독자적으로 하실 수 있으시지만, 인간으로부터 '최선을 다할 것'(facere quod in se est)을 요구하신다. 인간이 최선을 다할 때에, 즉 자신이 지은 죄에 대한 증오가 일어나고 자신이 지은 죄에 대한 역겨움이 일어나서 더이상 죄를 지었다는 생각조차 없어지게 되면 불완전한 회개(attritio)의 단계에 이른다. 이 상태에서 죄를 고백하고 용서를 받으면, 불완전한 회개가 완전한 회개(contritio)로 변하게 된다.

죄사면 이후에도 죄인에 대한 현세적인 처벌이 남아 있기 때문에 이 부분은 보속행위(satisfactio operum)에 의해서 이루어진다. 보속행위는 금식, 기도, 구제 등등이지만, 자신이 고백했던 내용과 일치될 만큼 현세에서 충분하게 행위로써 보상하지 못하면 연옥에서 그 대가를 치뤄야 한다. 그리고 면죄부는 또다시 타당성을 갖는다.

종유(Extreme Unction)는 아직까지도 남아 있는 가벼운 죄를 임종시에 제거시켜 준다. 질료는 사제의 축성을 받은 올리브 기름으로서 죽어가는 사람의 눈, 귀, 코, 입, 손, 발, 무릎에 발라 준다. 종유의 효과는 영혼의 치유와 몸의 치유에 있다.[16] 임직(Ordination)은 7종류의 성례전

---

식은 죽은 자를 위한 개인미사, 면죄부의 구매, 그리고 각종 보속행위였다. 여기에서 중세교회의 부패는 정당화되었던 것이다.

15. Reinhold Seeberg. 위의 책. pp. 135-140.
16. Reinhold Seeberg. 위의 책. pp. 140-142.

의 집행을 자격있는 사람에게 구별하는 것이다. 임직된 사람은 영적인 특권을 가지며 자신에게 맡겨진 성례전을 집행할 수 있게 된다. 결혼(Marriage)은 남녀의 결합과 자녀양육 그리고 음란의 예방에 있다. 결혼은 그리스도와 교회의 연합을 상징하는 징표이다. 결혼의 축복은 자녀의 생산과 상호 충실성에 있다.

　이상과 같은 7성례전은 중세인들의 신앙생활 지도에 있어서 필수불가결의 중요성을 지녔지만 중세인들을 교회의 사제의 포로가 되게 하였다. 즉, 갓 태어난 어린아이가 유아세례를 받는 일로부터 시작해서 결혼과 임종에 이르기까지 사제의 중재라는 이름으로 일생 70년을 포로로 하였다. 따라서 중세인들에게 영적인 해방을 주기 위해서는 사제의 중재를 무너뜨려야 했으며, 이러한 해방은 평신도의 사제적 기능을 강조하는 만인제사장직 이론으로 가능하였다. 더 나아가서 7성례전은 세례를 통해서 원죄는 사면하였으나, 일평생 동안 자신의 죄를 완전하게 보속하지 못했다는 죄책감만 더해 주었으며, 결국에는 연옥을 정당화시켰던 것이다. 뿐만 아니라, 일평생 동안 죄사면을 완전하게 얻을 수 없다는 죄책감만 더해줌으로써 영적으로 해방시키기보다는 죄의 종으로 가두는 결과를 가져왔을 뿐이었다. 이러한 때에 죄의 사면은 면죄부가 아닌 진정한 회개를 통해서 이루어지며, 하나님의 값없는 은총을 강조함으로써 행위에 의한 구원을 무너뜨릴 수 있었던 것이다. 결과적으로 7성례전의 영적인 해방과 치유는 교회에 복종시키는 영적인 쇠사슬이었다.

# 제8장
# 후기 유명론적 구원론

　중세 후반에 들어서면서 교회의 구원론은 후기 유명론에 따른 행위-구원론으로 변화되었으며, 긍정적인 인간 이해로부터 출발하였다. 중세의 인간 이해는 헤일즈의 알렉산더(Alexander of Hales)가 제창하였던 이론을 보나벤투라, 그리고 토마스 아퀴나스 등이 이어받아서 발전시켰다고 말할 수 있다.
　첫째는 인간을 원래적인 상태와 특별추가적 은총을 받은 상태로 구별한다. 사람이 태어난 본래적인 윤리적 상태를 원의(*justitia originalis*) 혹은 본래적 은총(*donum naturalis*)을 수여받은 상태라고 보았다. 이 상태는 본래적인 능력이 그대로 손상을 받지 않은 모습으로 있으며, 현세욕이 없는 상태를 말한다. 사람으로 하여금 육체에 관한 지식, 관조, 그리고 불멸 등을 알 수 있게 해 주었다. 보나벤투라에 의하면 이 은총은 자아, 하나님, 그리고 이 세상에 대해서 인식할 수 있는 지적인 조명을 가져다 준다고 하였다. 여기에 첨가해서 특별추가 은총(*donum superadditum*)이 주어진다. 즉, 은총을 받을 수 있도록 도와 주는 은총(*gratia gratium faciens*)이 주어진다. 하나님의 내주 혹은 사랑의 주입이 이루어짐으로써 자신의 감정을 하나님의 사랑과 일치시킬 수 있게 된다. 이러한 특별추가적 은총은 사람이 태어날 때부터 주어지는 것이 아니므로, 사람은 이 은총을 받기에 합당한 공로를 쌓아야 한다. 그러므로 사람은 계속적으로 공로를 쌓아야 한다는 결론에 이르게 된다.

둘째는 인간의 타락에 관한 이론이었다. 원죄란 원의의 결핍이다. 그 결과로 인해서 현세욕에 사로잡히게 되었다. 인간의 영혼은 타락으로 인해서 무지, 악, 연약함, 현세욕 등에 사로잡혀 있기 때문에 원래적인 질서를 상실하고서 혼돈된 상태로 있다. 그러나 선한 본성을 완전하게 박탈당하지는 않았으므로 선을 향한 본래적인 성향은 남아 있는 것이다. 이러한 면에서 부분타락을 말하고 있다. 사람은 죄로 인해서 3중적인 손실을 가져왔다. 즉, 영혼의 더렵혀짐과 본래적인 선의 상실과 처벌이었다.[1]

이렇게 타락한 상태에 있는 인간의 구원을 위해서는 은총이 필요하였다. 은총에 대한 이해는 개신교와 너무나도 달랐다. 중세의 인간 이해는 위에서 살펴본 대로 대전제로서 타락으로 인한 인간 본성의 완전 상실을 말하지 않았다. 자연인은 병든 환자이다. 어느 정도는 움직일 수 있으나, 건강한 사람처럼 온전하게 움직이기 위해서는 약을 필요로 하였다. 이러한 약을 은총이라고 한다. 은총이란 병자가 약을 먹는 것과 같았다. 이러한 의미에서 인간에 의한 자기 충족적인 구속은 말하지 않았다. 그러나 인간이 구원을 얻게 되기 위해서는 최초의 동자(Prime Mover)이신 하나님의 움직이심이 있어야 한다. 그리고 인간은 최초의 동자이신 하나님의 움직이심에 의해서 인간의 최종적인 목표로 되돌려져야 한다. 여기에서 그리스도의 위치는 약화될 수밖에 없다.

은총이란 무엇인가? 그것은 하나님의 값없는 움직이심이고 또한 이러한 움직이심에 따른 결과이다. 하나님의 움직이심, 그것이 바로 은총의 주입(infusion of grace)이다. 하나님에 의해서 인간의 영혼 안에 은총이

---

1. Thomas Aquinas, *On Nature and Grace:Selections from the Summa Theologica of Thomas Aquinas*, Philadelphia : The Westminster Press, 1954, p. 149.

내적인 성향으로 주입되어서 초자연적인 본성으로 남게 된다. 이렇게 해서 인간은 선행을 행할 수 있게 되며, 점차적으로 하나님을 닮아 가며, 하나님을 기쁘시게 할 수 있게 된다. 그런데 여기에서 중세는 오렌지회의 이래로 은총이 교회의 성례전을 통해서, 특별히 세례와 성찬을 통해서 전달된다는 제도적 장치를 강화시켰다.

그렇다면 은총을 받기 위해서 사람 쪽에서는 무엇을 해야 하는가? 사람이 하나님의 은총을 자유의지를 통해서 수용하지만, 이 자유의지는 하나님께서 하나님에게로 향하게 돌려 주실 때에 한해서 하나님에게로 향하게 된다. 그러므로 은총의 수용은 하나님에 의해서 움직여진 인간의 자유의지에 있다. 하나님의 움직이심에 의해서 인간의 도덕적 성향이 은총을 받을 수 있도록 준비된다. 따라서 은총이란 하나님께서 사람을 준비되도록 움직이신다는 면에서는 하나님의 독자적인 활동적인 은총(operating grace)이지만, 결과적으로 볼 때에는 사람이 하나님의 은총에 동의해서 움직여야 하므로 협동적인 은총(co-operating grace)이다. 여기에서 중세는 하나님의 활동적인 은총보다는 인간의 협동적인 은총을 강조함으로써 공로를 정당화시켰다고 말할 수 있다.

의인은 무엇인가? 사람이 의롭게 되기 위해서는 첫째로 은총이 주입되고 동시에 사람의 의지가 이것을 받으려고 움직여져야 한다. 둘째로 이렇게 해서 움직이게 된 사람의 영혼은 믿음을 획득하게 된다. 여기에서 말하는 믿음이란 하나님께서 그리스도의 신비를 통해서 사람을 의롭게 하시는 분이라고 믿는 것을 말한다. 셋째로 사람이 믿음으로 자신의 죄를 깨닫고서 하나님에게로 향하게 된다. 그러면 넷째로 죄의 사면이 뒤따른다. 그러나 이 상태는 죄가 사면되어서 하나님께서 죄인을 의롭다고 인정하실 뿐이다. 그러므로 아직까지도 구원의 확신은 없는 상태라고 할 수 있다.

사람의 구원은 언제 완성되는가? 사람이 의롭다고 인정되는 것은 하나님의 은총의 주입에 의해서 이루어진 것이지, 사람이 하나님과 개인적으로 만나는 사귐에 의해서 이루어지지는 않는다. 사람으로서는 믿음도 마음대로 가지는 것이 아니기 때문에 사람으로서 가질 수 있는 것은 사랑과 선행이다. 완전한 믿음은 사랑(fides caritate formata)에 있다. 그런데 이 사랑은 사람이 하나님의 계명을 지키는 데 있다. 따라서 사람이 믿음을 완성시키려면 하나님의 계명을 끊임없이 지켜야 하기 때문에 공로(merit)는 타당성을 갖는다.

공로는 무엇인가? 공로와 은총은 상호관계에 있다. 하나님의 은총은 인간의 공로에 따라서 주어지고, 은총이 주어지면 인간은 더 많은 공로를 쌓을 수 있다. 즉, 인간의 공로는 하나님의 은총에 의해서 증진된다. 그러므로 하나님의 은총과 인간의 공로는 상호 협동적인 관계에 있다. 이러한 의미에서 은총과 공로는 다같이 하나님의 은총이라고 말할 수 있다. 사람의 공로가 쌓이면 보상으로서 영생을 획득하게 된다. 그런데 토마스 아퀴나스와 여타의 신학자에 의해서 사람은 일치하는 공로(meritum de congruo)에 의해서 다른 사람의 구원까지 획득해 줄 수 있으며, 또한 자신의 구원에 필요한 이상의 공로를 획득할 수 있다고 하였다. 이것은 사람이 감각적 쾌락과 인간적인 명예를 멀리한 채 가난하게 수도자로서 살면 가능하다고 보았다. 여기에서 발달된 개념이 수도원적 삶이며, 남은 공로를 다른 사람을 위해서 중보기도해 줄 수 있다는 개념으로 발전하였다. 수도원적 공동체에서 다른 사람을 위해서 중보기도하면서 살아가는 이상이 곧바로 하늘나라의 삶이며, 그리스도를 본받아 가는 축복된 삶이다.

한마디로 말해서, 중세의 구원론적 이론은 하나님의 은총과 인간의 협동적인 공로에 의해서 짜여진 한 편의 드라마였다. 그러면서도 이 지상에서는 믿음의 완성을 얻을 수 없도록 만들어 놓은 함정이었다. 따라서 사람들은 자신의 구원을 위해서 수도원적 공동체에 수도사 서약을 해야 했으며, 다른 사람의 중보기도와 잉여의 공로를 돈으로 사야 했다. 여기에서 중세는 곧바로 돈으로 구원을 산다는 [면죄부]이론을 당연시하였으며, 또 다른 시모니를 저질렀던 것이다.

그리고 가장 중요한 문제는 예수 그리스도와 성령의 위치가 약화되었으며, 심지어는 없다고 말해야 할 것이다. 구원은 오로지 하나님의 움직이심과 인간의 협동적인 공로에 의해서만 가능하다고 말함으로써 사람의 위치는 높아지고 그리스도와 성령은 낮아지고 말았다. 이러한 상황에서 인간을 낮추고 그리스도와 성령의 제자리를 찾아 준 것이 종교개혁이었다.

# 제 9 장
# 신비주의의 등장

　중세 말기에 들어서서 정치와 종교는 부조리에 물들고 비정상으로 흘렀다. 성직이 돈으로 매매되고, 화려한 성당의 건축을 둘러싸고 끊임없는 잡음이 이어지고, 교인들에게는 진정한 회개와 그리스도와의 만남을 통해서 구원을 개인적으로 확신시켜 주기보다는 교회에 복종함으로써 구원을 얻는다는 객관적인 확인을 일삼았다. 이러한 상황에서 등장한 일반인들의 대안이 신비주의와 미신적이며 주술적인 신앙이었다. 신비주의는 중세의 제도권에 실망을 느낀 신앙인들을 중심으로 조용하게 형성된 운동으로서 자녀들에게 성경읽기와 묵상, 학교교육을 강조하였던 일종의 개혁운동의 소리없는 표출이었다. 종교개혁자 루터도 이러한 계열의 학교에서 학생 시절을 보냈던 것으로 전해진다.
　신비주의적 흐름은 중세 초기로부터 끊임없이 전해져 내려왔었다. 위-디오니시우스의 저서로부터, 요한 스코투스 에리게나, 클레르보의 버나드, 보나벤투라, 그리고 마이스터 에크하르트와 요한 타울러, 「독일신학」에 이르기까지 전해져 내려왔다. 이 가운데에서도 루터에게 직접-간접으로 영향을 끼친 신비주의 사상은 요한 타울러와 「독일신학」이었다.

첫째로 신비주의의 이상은 '신화된 인간'(homo-deificatus)에 있다. 인간의 목표와 참된 삶도 인간의 영혼 안에 태어나시고, 인간 안에서 의지하시고 활동하시는 하나님과 하나가 되는 데 있다. 이러한 '하나님의 탄생'을 통해서 하나님은 인간과 하나가 되시는데, 이것은 하나님께서 그리스도의 인간적 본성과 결합하셨다는 사실을 통해서 가능해진다. 그리고 이것은 "하나님 자신이 인간이 되시는 과정을 통해서 하나님 아닌 것이나 혹은 하나님으로부터 오지 않은 것이 더이상 존재하지 않게 될 때에, 즉 인간의 교만이 모두 사라지게 될 때에 가능하다." 하나님과의 연합은 하나님의 주도로써 이루어지는데, 피조된 영에게 비창조적인 하나님의 영에 의해서 초자연적으로 전달되어진다. 하나님이 인간을 철저하게 입음으로써 인간이 하나님의 신성을 주입받고, 하나님의 신성에 잠기며, 하나님과 하나님과의 통일성 안에서 모든 다양성을 잃게 된다.

이렇게 신비주의는 그리스도 안에서 하나님과 연합한 인간적 본성과 동일시함으로써 자신의 인간성을 완전하게 파괴시킨다. 하나님께서 인간을 입으신 것처럼 인간도 하나님을 입음으로써 인간으로부터 자유롭게 벗어날 수 있다. 이것을 신비주의자들은 떠남(departure)이라고 하였다. 떠남이란 자아를 벗어나는 것, 자아 혹은 개성이라고 부를 수 있는 것을 모두 포기하고서 선을 사랑하는 것이다. 하나님의 선하고 완벽한 그것을 사랑함으로써 '지옥에까지 버려지는 존재'(resignatio in infernum)가 되는 것이다. 따라서 신화된 인간은 저주를 받는다 해도 선과 완전을 가졌을 뿐만 아니라, 이것을 잃어버릴 때까지도 하나님의 뜻만 이루어지기를 바라는 것이다.

둘째로 신화에로의 길(하나님과의 연합의 실현)은 인간이 맡은 부분을 완수하였을 때에 성령께서 빛으로 오셔서 자연적인 빛을 조명해 주시고 초자연적인 덕, 즉 믿음과 소망과 사랑과 은총을 수여해 주심으로 이루어진다. 그러나 이러한 인간 쪽의 준비는 스콜라적인 '인간이 최선을 다한다'(facere quod in se est)가 아니고 '자아 포기', '떠남', '자아 분리' 등을 통해서 은총을 받을 준비를 한다. 그러므로 신비주의에서의 의(righteousness)는 자아포기, 즉 자신에 대해서 무(naught)가 됨으로써 이루어진다. 인간은 겸손과 순종을 통해서 자아, 개성, 나, 나를, 나의 것 등등의 모든 자기 것으로부터 벗어나서 마치 존재하지 않은 것처럼 되어야 한다. 따라서 신비주의에서는 의의 개념을 후기 유명론인 율법주의적 행위-의로 보지 않고 하나님과의 연합이라는 개념과 상호 일치적으로 사용하였다.

셋째로 신비주의에서는 죄를 어거스틴적 전통에 서서 불변적인 것으로부터 가변적인 것으로 돌아서 버린 것으로 보았다. 이렇게 해서 인간의 내면적 추구가 왜곡되고 하나님이 아닌 인간을 추구하게 될 뿐이었다. 이것은 인간 본성의 연약성, 질병, 현세욕 등등이다. 이로 인해서 인간은 철저하게 오염되어 있으므로 인간의 활동이나 의는 하나님 앞에서 공로적인 어떤 것도 가질 수 없다. 따라서 신비주의에서는 자아, 개성 등을 주장하는 것이 곧바로 죄이다.

넷째로 신비주의는 인간의 수동성을 말한다. 인간이 자아로부터 벗어나서 은총으로 돌아서는 것도 인간 안에서 활동하시는 하나님의 활동이다. 왜냐하면 은총을 수용하는 길은 인간적인 행위라기보다는 오히려 고난, 죽음, 자아-포기이기 때문이다. 따라서 인간이 의를 획득하는 것도 인간의 협동적인 활동으로 이루어지는 것이 아니라 전적으로 하나님의 활동이며, 인간은 다만 수동적으로 있을 뿐이다. 여기에 수동성이란 인간의 육체적인 고행이 아니라 자아-파괴(self-annihilation)이다. 이렇게 함으로써 영혼의 궁극적인 본질, 즉 하나님께서만 이룩하실 수 있는 순수한 본질이 됨으로써 하나님의 형상을 회복하게 된다.

후기 중세의 신비주의는 인간이 최선을 다하면 하나님께서 보상으로서 은총을 주신다는 행위-의를 극복하였다는 점에서 높이 칭찬할 만하다. 인간의 전적인 수동성은 루터의 은총의 전가라는 대전제와 일치하는 개념이었다. 그렇지만 하나님께서 개입함으로써 인간이 부정되고 무의식적인 변화가 일어난다고 하는 주장은 또 다른 자아 긍정이라고 말할 수 있다. 그리고 신과의 연합을 통해서 만물을 초월한다는 생각은 범신론적인 초월주의를 극복하지 못했다는 아쉬움을 남긴다.

루터는 여기에 머무르지 않고 말씀을 통해서 인간의 처참한 처지를 인식하고서, 오로지 하나님께 의존할 때에 그리스도의 의가 전가된다고 함으로써 신비주의를 극복할 수 있었다.

# 제3부
# 종교개혁

1. 마틴 루터의 사상
2. 요한 칼빈의 사상
3. 과격파 종교개혁

# 종교개혁

## 들어가는 말

　종교개혁은 신학적으로 살펴볼 때에 중세가 어거스틴의 은총-구원론을 행위-구원론으로 뒤집어놓은 것을 다시금 뒤집어서 은총-구원론으로 되돌려놓은 것이라고 말할 수 있다. 중세의 행위-구원론의 대표적인 상징이 면죄부였으며, 루터가 1517년 비텐베르크대학의 교회당에 면죄부를 반대하는 95개 논제를 못박음으로써 중세의 행위-구원론은 끝난 것이라고 말할 수 있다.
　중세의 구원론이 교회론과 연결되어 있었다면, 루터는 교회의 사슬에서 교인들을 해방시켜서 하나님과 직접적으로 연결시켜 놓았다. 그리고 중세교회의 주인이 교황으로 대표되는 성직자들이었으므로, 루터는 만인사제직 이론으로써 교인들을 사제의 중제로부터 해방시키고 자유를 누리게 하였다. 뿐만 아니라, 인간의 완전한 타락과 절대적인 무능을 말함으로써 행위-구원의 가능성을 뿌리부터 뽑아 버렸다. 또한 루터는 중세교회가 가지고 있던 각종 신비스러운 상징들과 제도를 파헤침으로써 교인들을 미신의 쇠사슬로부터 풀어 주었다.

그렇다면 루터가 제시하는 새로운 대안은 무엇인가? 그것은 전혀 새로운 것이 아니었다. 기독교의 원리로 되돌아가는 것이었다. 즉, 성경으로 되돌아가서 하나님께서 나에게 개인적으로 하시는 말씀을 직접적으로 듣는 것이다. 종교개혁의 두 원리는 이렇게 해서 형성되었다. 형식원리는 성경(*sola scriptura*)이었으며, 실질원리는 하나님의 은총(*sola gratia*)으로 죄인을 용서해 주시는 의인론이다. 그리고 이상의 사실은 믿음(*sola fide*)으로써 나의 것으로 받아들이는 것이다.

요한 칼빈도 루터가 이룩한 종교개혁의 원리에 충실하면서 성경을 중심으로 한 하나님의 은총론과 의인론을 강조하였다. 루터와 칼빈은 동일한 내용을 주장했으나 이들이 속하였던 상황과 시대적 차이로 인해서 표현에 있어서는 약간씩 차이가 있었다. 예를 든다면 하나님이 피조물과 가지는 관계를 루터는 하나님의 오른손이라고 말한 반면에 칼빈은 섭리라고 하였으며, 하나님의 구원의 선택을 루터는 숨어 계시는 하나님의 비밀이라고 표현한 반면에 칼빈은 예정이라고 하였다.

개혁이라는 새로운 변화는 사람들에게 자유를 허용하였으나, 이 자유를 지나치게 강조한 나머지 규범을 깨뜨리려는 과격으로 흐를 위험을 안고 있었다. 그리고 이러한 위험이 과격파 종교개혁이라는 이름으로 표현되었다. 초대교회의 원시 기독교 공산사회로의 복귀를 새로운 교회상으로 제시하면서 교회의 객관적인 질서를 무너뜨리면서, 말씀을 통하지 않은 하나님과의 신비적인 만남(합일)을 주장하는 사람들이 있었다. 재세례파, 신령주의자, 반-삼위일체주의자들은 이러한 입장에 있었다.

종교개혁은 단 한 번으로 끝나는 작업이 아니라 지속적으로 개혁이 이루어져야 하는 자정제였다. 교회의 역사는 매일같이 흐르고 있으며, 이 역사의 흐름을 맑게 씻어 주는 역할은 개혁이라는 청정제가 맡아야 한다.

# 제1장
마틴 루터의 사상

　종교개혁을 이끌어 가는 루터를 살펴볼 때에 그에게는 여러 가지 특징이 있었다. 첫째로 루터는 후기 중세의 유명론적 구원론에 입각해서 자신의 구원을 위해서 몸소 실천해 보았던 사람이다. 우리는 개혁이란 현실세계를 무시한 전혀 새로운 출발로 간주하여 왔으며, 동시에 개혁자는 현실세계를 벗어난 고고한 인물이어야 한다고 생각하기 쉽다. 그러나 개혁은 몸으로 부비면서 현실의 부조리와 불가능성을 체험한 사람만이 개혁을 부르짖을 수 있는 자격을 갖는다. 둘째로 루터는 개혁을 위한 개혁을 부르짖지 않았다. 그는 자신이 깨달은 복음을 외쳤으며, 그 외침에 옳다고 동조하는 사람이 점점 많아짐으로써 개혁자로 바뀌었을 뿐이다. 우리는 종종 개혁을 위한 개혁을 부르짖다가 오히려 교파의 분열을 초래한 사례를 많이 보았다. 셋째로 루터는 개혁자로 선두에 서서 점진적으로 하나씩 바꾸어 나갔다. 아무리 좋은 새로운 개혁이라 할지라도 너무나도 급격히 몰아닥치면 수용하는 쪽에서 혼선을 빚기 쉽다. 루터는 주위의 수도사들에게, 신학교 학생들과 교수들에게, 그리고 독일의 귀족들에게, 그리고 독일의 평신도들에게 단계적으로 자신의 깨달음을 알림으로써 폭넓은 대중적 지지를 획득하였으며 어느 한쪽으로 치우치지 않았던 것이다. 넷째로 루터는 자신의 주장을 개인적 자격으로 말하지 않고, 공청회나 회의나 토론장을 통해서 공개적으로 자신의 주장을 선포함으로써 공신력과 대중적 지지를 확보하였다. 다섯째로 루터는 영적 고뇌를 통한 중생의 체험을 한 사람으로서 어떠한 교리적, 신조적 우격다짐보다도 힘있게 대중들에게 말할 수 있었다. 다시 말해서 루터는 개인적 경건의 표상으로서, 비록 미련하다는 비평을 받을 정도로 자신의 영적 각성을 위해서 노력하는 사람이었다. 여섯째로 루터는 성경의 사람이었다. 루터의 신학과 이론은 그의 영적 고뇌와 깨달음, 그리고 여기에 대한 성경적 뒷받침이 든든하게 있음으로써 어떠한 도전에도 굴하지 않을 수 있었다. 이상의 여러 가지 특징들이 어울려서 루터의 개혁은 이루어졌다.

## 1. 개인적인 영적 깨달음

경건주의적 형제회 소속의 고등학교를 졸업한 루터는 에르푸르트 (Erfurt)대학에 입학해서 법과대학 강의를 수강할 수 있는 명예를 획득하였다. 어떠한 의미에서 위대한 신학자들은 인생의 전환기에서 자신들에게 다가온 행운을 과감하게 버리는 결단으로부터 탄생하는가 보다. 어거스틴이 로마의 황제문서 작성관이라는 직책, 대학의 교수, 그리고 돈 많은 상속녀와의 약혼을 버리고 고향땅에 돌아가서 수도원적 공동체를 이룩하려 하였던 결단은 루터가 법과대학을 버리고 수도원에 들어가서 영혼구원의 확신을 얻으려 하였던 결단과 동일하였을 것이다. 그리고 칼빈이 법과대학을 마쳤음에도 불구하고 인문주의자 모임에 남아서 새로운 도전을 시도한 것도 이와 같았으리라.

루터의 깨달음은 한마디로 말해서 후기 중세의 유명론적 구원론에 따라서 의로운 사람이 되려고 노력한 데서 출발한다. 루터는 의로운 사람이 되려고 하면 할수록 죄를 찾아서 고백하고, 보속행위를 행함으로써 구원을 얻으려 하면 할수록 하나님은 무서운 심판관으로 나타나며, 그리스도는 이러한 자신을 도와 줄 수 없는 무능한 구세주로 보이는 데서부터 출발하였다. 그러므로 그의 깨달음은 사람은 절대적으로 무능하므로 하나님의 무조건적인 은총으로서 주어진 예수 그리스도의 십자가의 대속적 죽으심을 힘입어서 의롭다고 인정된다는 것을 깨달았다. 그러므로 사람은 선한 행위로 의로운 사람으로 바뀌는 것이 아니라, 비록 죄인이라고 할지라도 의롭다고 인정받을 수 있다는 것이었다. 이것이 복음이었다. 왜냐하면 하나님은 의인을 불러서 의롭다고 인쳐 주시는 것이 아니라, 죄인을 불러서 의롭다고 인정해 주시기 때문이었다. 그러므로 교회에 다니는 것은 죄없는 의인이 되려는 데 있지 않고, 죄 많은 죄인이라는 사실을 인정하는 데 있었다.

이렇게 볼 때에 면죄부는 죄인이라는 철저한 인식과 예수 그리스도를 부르짖는 외침을 지워 버리는 최면제와 같았다. 이것은 중독으로서 시간이 지날수록 더 많이 복용해야만 하는 해로운 치료제였다. 면죄부는 중세인들에게 참평안을 주는 것이 아니라 죄를 회피하게 만드는 거짓 해독제였다. 루터가 지적한 면죄부의 해악성은 그의 95개 논제에 잘 나타나 있다.

첫째, 면죄부는 개인 미사와 함께 죽은 영혼에게 효력을 미칠 수 있다는 이론으로 발전해 있었다. 따라서 죽은 자를 위한 면죄부 구매라는 불확실한 사실이 자녀로서는 당연한 일이었으며, 교황의 호주머니를 불려 주는 굴러내리는 눈덩이와 같았다. 그래서 루터는 면죄부는 살아 있는 사람에게는 효력이 있으나 죽은 자에게는 효력이 없다고 선언하였던 것이다.

둘째, 면죄부는 하나님께 지은 영적인 죄까지 사면한다고 선언함으로써 교황에게 죄사면의 권한을 수여하였으며, 이 사실은 하나님이 지상에 시·공으로 임재해 계심을 말하게 되었다. 그러나 루터는 면죄부는 교회가 부과한 현세상적인 처벌에 대해서는 효과가 있으나, 하나님이 부과한 영적인 죄에 대해서는 사면의 효과가 없다고 선언하였다.

셋째, 면죄부는 그리스도의 무한한 공로, 성인들의 잉여공로를 보관한 교회의 보화라고 선언함으로써 교황이 열쇠의 권능으로서 이 보고의 문을 열고 원하는 사람에게 나누어 줄 수 있다고 하였다. 그러나 루터는 이것은 모두 다 허구에 찬 거짓 속임수이며, 교회의 진정한 보화는 하나님의 복음의 말씀과 하나님의 영광이라고 선언하였다.

넷째, 면죄부는 참회자의 진정한 회개를 통한 죄사면이라기보다는, 형식에 그친 구매행위(시모니)이며, 기독교의 참회제도의 의미를 약화시키는 매도행위라고 하였다. 따라서 면죄부 구매를 통한 죄사면의 확신을 말하게 되면 돈있는 사람은 천국에, 돈없는 사람은 지옥의 형벌을 면할 수 없다는 결론에 이르게 된다.

루터는 면죄부에 대한 공격과 더불어서 죽은 자를 위한 미사, 추도미사를 중단할 것을 촉구하였으며, 동시에 유럽에서 가장 돈을 많이 가진 교황이라면 자신의 호주머니를 털어서 교회당을 건축할 일이지, 왜 하필이면 가난한 신자의 호주머니를 털어 가느냐고 한탄하였다. 루터가 면죄부를 공격하면서 부르짖었던 목소리의 밑받침에는 인간의 죄인식, 인간의 무능성 인식, 그리고 예수 그리스도에 대한 절대적 의존 등등의 요소가 깔려 있었다. 그러므로 면죄부에 대한 루터의 공격은 구원에 있어서 인위적인 기만이 있어서는 안 된다는 철저한 자기 반성적인 외침이었다.

## 2. 삼대 논문에 나타난 주요 사상

중세의 구원론은 사제의 중재(mediation of priest)를 대원칙으로 하였다. 하나님의 은총이 사제가 집례하는 성례전을 통해서 전달되며, 참회자의 고백도 사제의 중재를 통해서 하나님께 전달되고, 사죄의 선언도 사제를 통해서 참회자에게 선포되었다. 사제는 중세제도에 의해서 하나님의 위치를 차지하였다. 중세인들은 사제의 영적인 노예였으며, 성례전이라는 쇠사슬에 묶여 있었다. 여기로부터의 해방은 사제와 평신도라는 이중적 구조를 무너뜨리고서 다같이 성직자로 동일시하는 것이었다. 이렇게 함으로써 중세인들은 해방을 누렸으며, 영적인 자유를 맛볼 수 있었다.

루터는 영적인 자유를 맛보게 한 다음에 독일의 국민들에게 중세교회, 특히 로마 교황청 중심의 재정적 착취로부터 경제적 자유를 누리게 함으로써 육적인 자유까지 얻게 하였다. 헌금의 이름으로 자행된 경제적 착취는 영적인 부담감으로 인해서 자발적인 헌금이라는 명목으로 독일인들의 호주머니를 털어 갔다. 그러므로 종교개혁은 영적인 자유와 육적인 자유를 동시에 선물하는 것이었다.

### a. 그리스도인의 자유

중세의 제도에 의한 사제의 중재는 루터의 표현을 빌리면 하나님과 인간 사이를 가로막는 담이었다. 사제는 고해성사에 의해서 참회자에게 보속행위를 부과하였으며, 보속행위는 공로로 간주되어서 하나님의 진노를 달래는 위로(propitiator)였다. 그러므로 그리스도인의 자유는 공로주의를 벗어나서 그리스도의 복음에만 전적으로 의존할 때 가능해질 수 있었다. 왜냐하면 공로는 인간의 행위이며, 행위는 또한 율법이며, 율법으로는 의롭다 함을 얻을 수 없기 때문이다. 인간 안에서 인간을 구원할 수 있는 요소가 있는 것이 아니라, 인간 밖에서 인간을 위해서 또 다른 의가 전가되어야 하는 것이다.

그렇다면 중세의 사제는 어떠한 위치에 있는가? 사제의 영적인 권위는 그리스도에게 있다고 하였지만, 사실에 있어서 그리스도의 제사장직은 아론과 우리 현대교회의 인간적인 제사장직처럼 법복이나 자세의 외적인 화려함에 있는 것이 아니다. 이것은 영적인 것으로 이루어진다. 일반 평신도들도 자신을 위해서 사제의 중재없이 하나님께 직접 기도할 수 있으며, 동시에 하나님 앞에 나아가는 다른 사람을 위해서 기도하고 거룩한 일들을 서로 가르칠 자격이 있다.

그리스도인의 사제의 권한은 그리스도에게 있으며, 그리스도를 믿는 사람은 누구를 막론하고 그리스도의 형제와 공동상속인과 동료 왕이 될 수 있을 뿐만 아니라 그리스도의 동료 제사장이 될 수 있다. 따라서 누구든지 믿는 마음으로 하나님의 현존 앞에 담대히 나아가서 아바 아버지여라고 부르고, 서로를 위하여 기도할 수 있으며, 또한 제사장들의 외적이고 가견적인 업무에서 행해지고 예시된 모든 것을 행할 수 있게 된다.[1]

---

1. Martin Luther, *The Freedom of a Christian*, 지원용 역, 「그리스도인의 자유」, 서울 : 컨콜디아사, 1983, pp. 17-46.

만인제사장직(priesthood of all believers) 이론은 사제의 중재를 무너뜨리고 그리스도인에게 자유를 주었다. 이것은 영적인 해방이며, 동시에 교회의 굴레로부터 벗어나는 육적인 해방이었다. 그러나 이것은 또 다른 문제점을 안고 있었는데, 거기에 대해서는 두 왕국 이론을 말할 때에 언급하기로 하겠다.

### b. 교회의 바벨론 포로

교회의 바벨론 포로도 또한 중세의 대원리인 사제의 중재라는 개념을 무너뜨리는 새로운 대안이었다. 성례전은 529년 오렌지회의 이후로 영혼의 초자연적인 생명을 탄생시키고 성장시키는 제도였으며, 이 예전을 집행할 수 있는 사제는 예수 그리스도의 희생을 매일같이 제단 위에 올려놓으며 인간의 죄를 용서할 수 있는 신비적인 힘을 지닌 존재였다. 그런데 이러한 사제는 하나님이 임재하신 성전의 깊숙한 성소를 3중적인 방어벽으로[2] 가로막고서 입구를 봉쇄하였다.

사제들은 평신도들과 다름없는 불완전한 인간이었으나 하나님의 은총을 전달하는 중재자라는 이론으로써 값없는 은총을 돈받고 파는 매매자로 전락했으며, 누구나 자유롭게 통행할 수 있는 은총의 문을 인색하게 폐쇄시켰다.[3] 이러한 막강한 힘은 사제의 손에 의해서 집례되는 성례전에 있었다.

그러므로 루터는 성례전의 오류를 지적함으로써 중세인들을 교회와 사제의 압박으로부터 해방시켜야 했다. 즉, 성례전은 세례와 성체성사, 그리고 고해성사만 인정할 수 있으며, 나머지는 교회가 인위적으로 만든 허구라고 하였다. 이 가운데에서도 루터는 고해성사를 강조하였다. 루터는 고해성사가 횡포와 탐욕에 내맡겨진 것이 아니라, 오히려 사악함과 해로

---

2. 루터는 「독일 기독교 귀족에게 보내는 글」에서 로마 교황청이 쌓아 놓은 3가지의 담에 대해서 언급하였는데, 첫째는 교회의 영적 권한, 둘째는 교황의 성서해석권, 셋째는 교황의 회의소집권이다.
3. Thomas Lindsay, *A History of the reformation*, 이형기, 차종순 역, 「종교개혁사」, 제1권, 서울 : 대한예수교장로회총회출판국, pp. 445-448.

운 가르침에 완전히 넘겨진 것으로 보면서 탐욕과 권세의 첫째가는 온상은 고백과 보상이라고[4] 하였다.

참회제도는 회개와 고백과 보상의 세 단계로 이루어져 있는데, 회개에 불완전한 회개(attritio)이론을 첨가함으로써 자신들도 알지 못하는 열쇠의 권능에 의해서 참회로 바뀌어졌으며, 사악한 자들과 불신자들에게 이 작은 참회를 허락함으로써 참회를 완전히 폐기해 버렸다고 하였다. 고백에 대해서 루터는 사적인 고백이 번뇌하는 양심에 대하여 비길 데 없는 좋은 치료제이기 때문에 이 제도를 폐기하는 것을 원치 않으나, 이 고백이 교황들의 독재와 강요에 지배를 받아 왔다는 사실을 싫어하였다. 그러므로 "나는 모든 사람이 자신의 뜻대로든지 또는 견책을 받은 이후로든지 사사로이 어떤 형제 앞에서든지 죄를 고백하고 용서를 구하여 자신의 태도를 고치면 그의 숨은 죄가 사함을 받는다는 것을 의심치 않는다."[5]라고 하였다.

보속행위에 대해서도 루터는 강력하게 반대하였다. 사제가 자신에게 부과해 준 기도를 한 마디 한 마디 중얼거리기만 하면 구원을 받은 상태에 있으며, 또한 자신들의 죄를 보상하고 있다고 생각하면서도 생활의 개선을 전혀 시도하지 않는다면 이 얼마나 해로운 일인가? 그러므로 루터는 초대교회처럼 보상을 마친 다음에 사죄를 선포해야 한다고 결론내렸다.

### c. 독일 크리스천 귀족에게 보내는 글

루터는 앞에서 말한 두 개의 논문에서 평신도들을 사제의 손아귀에서 해방시켰다고 한다면, 이제는 독일 국민을 로마의 통제로부터 해방시켜야 했다. 그러기 위해서 교황이 가지고 있는 3가지의 권한을 3가지의 벽으로 해석해서 무너뜨려야 했다. 3가지 벽이란 첫째로 교황의 영적 우위권, 둘째로 교황의 성경해석권, 셋째로 교황의 회의소집권이었다. 지금까지 교회는 이상의 3가지 교황의 권한에 눌려서 앞으로 나아가지 못하였

---

4. Martin Luther, *The Babylonian Captivity of the Church*, 지원용 역, 「교회의 바벨론 포로」, 서울 : 컨콜디아사, 1985, pp. 125-139.
5. 위의 책.

으나, 성경에는 침묵을 지킬 때가 있고 말할 때가 있다고 하였으며, 지금이 바로 그러한 시기라고 하였다. 지금은 진군의 나팔소리를 울릴 때가 된 것이다.

교황의 영적 우위권에 대해서는 만인제사장직 이론으로 대응하였다. 교황의 성경해석권에 대해서는 성경은 스스로 해석한다고 하면서 신앙에 근거해서 누구든지 성경을 해석할 수 있다고 맞섰다. 그리고 교황의 회의 소집권에 대해서는 성경적 근거가 전혀 없음을 상기시켰다. 그리고서 로마교도들은 이제까지 오랫동안 두려움으로 우리의 양심을 무기력하게 그리고 둔하게 만들어 왔다. 로마교도들도 우리와 마찬가지로 세속적인 칼의 지배 아래 있으며, 배움없이 권위만으로 성경을 해석할 권한을 가지지 못한다. 그리고 공의회를 저지하거나 전혀 제멋대로 제한하거나 속박하거나 또는 공의회의 자유를 빼앗을 권한이 없다고 결론내렸다.[6]

그리고 나서 루터는 지금까지 로마교회가 독일로부터 빼앗아 간 세금성 헌금의 목록과 기타 논의되어야 할 사항 27가지를 열거하면서 이것들을 자유로운 공의회에서 다루어서 폐지시켜야 한다고 주장하였다.

## 3. 루터와 성경

루터는 흔히 말하는 스콜라 신학자도 아니었으며, 조직신학 저서를 저술하려고 하지도 않았다. 그는 비텐베르크대학의 성경해석 교수였으며 일평생을 성경을 가까이하면서 살았다. 루터는 가톨릭교회가 성경을 계시와 회의와 교리와 교회법 등과 동일한 권위로 간주하는 것을 배격하였다. 구원에 필요한 모든 것은 성경에 있으며, 성경만이 유일한 무오의 권위를 갖는다.

성경은 사도들이 예수님의 구주되심을 선포하며, 성령께서 이를 확인해 준다. 따라서 성경의 적법한 근거는 사도적 전승이다. 성경의 핵심은

---

6. Martin Luther, *To the Christian Nobility of the German Nation*, 지원용 역, 「독일 기독교 귀족에게 보내는 글」, 서울 : 컨콜디아사, 1983, pp. 3-38.

그리스도이다. 이러한 성경은 스스로 증언한다. 로마 가톨릭교회에서는 교회가 정경을 제정하였기 때문에 교회의 권위가 성경의 권위보다 앞선다고 보았지만 루터의 견해는 달랐다. 즉, 그리스도는 성경의 핵심이고, 이 사실은 예배하는 공동체에서 말씀의 선포가 있을 때에 성령께서 내적으로 이를 증거해 주어야 가능하다. 그러므로 성경은 스스로를 증언하는 것이지, 외부적인 확인이나 검증을 받을 필요가 없다. 교회가 성경을 정경으로 결정한 것은 성경이 지닌 권위를 추인하는 데 불과하였다. 교회는 다만 성경이 하나님의 말씀이라고 인정할 뿐이다. 그렇지 않다면, 세례 요한이 예수님에 대해서 증언하였다고 해서 세례 요한이 예수보다 더 크다고 말할 수 있는가라는 질문을 던질 수밖에 없다. 그러므로 어느 누구도 성경을 인정해 줄 수 없으며, 다만 성경에 대해서 자신의 신앙을 고백하고, 증언하는 성경의 제자가 될 수밖에 없다.

모든 책은 저자의 영성에 의해서 해석함이 원칙이다. 이러한 의미에서 성경은 저자인 성령에 의해서 해석되어야 한다. 지금까지 로마 가톨릭교회는 교회의 교육적 기능에 성령의 약속이 주어진다고 가르치고 있으며, 열광주의자들은 성경을 떠나서 개인에게 성경해석의 특별한 은사가 주어진다고 보았다. 물론 성경은 성령의 감화를 받은 사람이 할 수 있지만, 이 성령은 성경 안에서만 주어질 수 있다. 그러므로 이 원리를 어기고 사람이나 어떠한 기관이 해석할 수 있다고 한다면 성경의 저자인 성령보다 그 위에 있다는 결론에 이르게 되며, 이것은 하나님을 부정하는 것이다. 그러므로 성경은 성경의 저자인 성령에 의해서 해석되어야 하며, 성령은 또한 성경을 통해서 알 수 있으므로 성경은 성경 스스로 해석한다(scriptura sui ipsius interpretes)는 결론에 이른다.

그렇다면 하나님의 말씀과 성령은 어떠한 관계에 있는가? 성령은 하나님의 말씀이 없으면 말씀하시지 않으며, 또한 성령은 말씀 안에서 그리고 말씀을 통해서 말씀하신다. 하나님은 말씀의 선포(외적인 말씀)가 없으면 성령을 주시지 않으신다. 열광주의자들의 주장처럼 개인적인 방을 찾아와서 비밀리에 성령을 주시지 않으신다. 성령은 예배하는 공동체에서 하나님의 말씀의 외적인 선포가 선행되고, 그것을 사람들이 귀로 듣고 마음으로 포착하게 되면 성령께서 오셔서 그 말씀을 붙들 수 있는 힘을 주신다(testimonium spiritus sancti internum). 그러므로 성령은 교리적인 가르침이나 개인적인 묵상을 통해서 주시는 것이 아니다. 이것은 루터가 로마 가톨릭과 열광주의자들을 반대하는 강한 주장이었다

### 4. 십자가 신학과 영광의 신학

루터 신학의 핵심 가운데 하나가 십자가의 신학(theologia crusis)이다. 십자가의 신학은 영광의 신학(theologia gloria)에 반대되는 개념으로서 로마 가톨릭교회의 인간적인 도덕주의, 신앙적인 지성주의를 반대하고서 그리스도의 고난을 통해서 인간을 구원하시는 하나님의 은총을 표현하는 또 다른 개념이었다. 그러므로 십자가의 신학은 숨어 계시는 하나님을 추구하지만, 영광의 신학은 인간을 나타내는 신학이었다.

영광의 신학의 근거는 로마서 1 : 19 이하인 반면에, 십자가의 신학은 출애굽기 38 : 34 이하였다. 영광의 신학은 하나님께서 인간에게 알 만한 것을 주셨지만, 인간은 이것을 왜곡되게 사용함으로써 하나님의 영광을 독차지하고서 인간의 행위와 업적을 나타내는 것이었다. 이것은 하나님에 대한 모독이고 공격이며, 하나님의 영광을 도둑질하는 것이다. 반면에 십자가의 신학은 하나님의 영광스러운 영광을 보려고 하였으나, 하나님의 등밖에 보여 주시지 않음을 인식하고서 십자가의 고통 가운데 계시하시는 하나님으로 만족하는 것이다. 영광의 신학은 화려한 건물과 화려한 제복, 예배의식을 통해서 하나님을 나타내려는 것인 반면에, 십자가의 신학은 그리스도의 고난 가운데에서 하나님을 아는 신학이다.

영광의 신학은 하나님이 계시다. 하나님이 창조주이시고 섭리자이시다 등등을 아는 신학이지만, 이것은 교리적 명제에 대한 동의에 불과하다. 그러나 십자가의 신학은 하나님이 누구이시며, 나와 무슨 관계에 계시며, 내가 어디에서 오며, 어디로 가는가를 아는 신학이다. 영광의 신학은 하나님의 왼편만을 아는 일반적 지식에 불과하지만, 십자가의 신학은 하나님의 오른편을 아는 특별지식이다. 영광의 신학은 인간의 노력으로 스스

로 죄를 해결할 수 있다고 보는 도덕주의이며 합리주의이다.

　루터는 이러한 영광의 신학을 추구하는 자들은 인간의 도덕적 업적과 공로를 우선적으로 내세우기 때문에 시편 100：3 에서 "그는 우리를 지으신 자시요 우리는 그의 것이니"라는 구절을 거꾸로 뒤바꾸어서 "우리가 우리를 지었으니 우리는 하나님의 것이 아니다."라고 말하는 것과 같다고 하였다. 그러므로 영광의 신학은 하나님께서 역으로 역사하시는 것을 뒤바꾸는 오류를 범한다고 하였다.

　하나님은 가장 높이 영광을 받으실 분이신데 가장 겸손하게 낮아지셨으며, 가장 의로우신 분이 죄인이 되셨으며, 하늘에 계시는 분이 지옥에까지 내려가셨으며, 승리의 주인이신데 패배를 당하셨으며, 생명이신데 죽음에까지 이르셨다.[7] 그러므로 모든 율법적 도덕주의는 불가능하다. 심지어 사람이 하나님의 성령의 도우심으로 율법을 완수한다고 하더라도 그것은 사람의 의와 무관한 것이다. 왜냐하면 성경에서 하나님께서 인간의 구원을 은총으로 이루어 주신다고 규정하였을 뿐, 인간의 율법적 도덕적 완성을 통하지 않는다고 말씀하셨기 때문이며, 동시에 사람으로서 율법을 완성해서 의롭다고 인정된 사람이 하나도 없었기 때문이다. 그러므로 사람이 하나님 앞에서 도덕주의를 내세워서 영광의 신학을 추구하는 것은 하나님의 영광을 도둑질하는 것이며, 이것만큼 하나님께 대한 모독이 없는 것이다.

　이처럼 영광의 신학을 추구하는 집단으로서는 로마 가톨릭, 이슬람, 유대교, 수도원운동, 그리고 신비주의자들의 운동까지 포함시키면서, 신비주의는 인간을 가장 크게 인정하기 때문에 영광의 신학의 가장 뚜렷한 형태라고 하였다.

---

　7. Paul Althaus, *The Theology of Luther*, Robert E. Schultz tran., Philadelphia : Fortress Press, 1966, pp. 119-120.

## 5. 복음과 율법

루터는 전통적인 방법에 따라서 구약을 율법으로, 신약을 복음으로 개괄적으로 말하지는 않았다. 구약과 신약은 다같이 복음과 율법을 포함하고 있으나, 구약은 대부분 율법이며 신약은 복음이라고 하였다. 그러나 루터가 발견한 것은 복음과 율법의 상반적 관계가 아닌, 상관적 관계라는 점이었다.

율법의 첫 번째 기능은 시민적(usus legis politicus) 기능이다. 자연법 안에 나타나 있는 일반적인 기능으로서 범죄를 예방하고 사회의 질서를 유지시켜 주고, 평화를 유지시켜 주는 시민적 기능을 말한다. 이 기능은 모든 종교나 사회에 다같이 있는 것으로서 십계명 가운데에서 5계명 이하에 나오는 내용들이다.

율법의 두 번째 기능은 영적(usus legis spirituales) 기능이다. 율법은 하나님께서 주신 선물로서 선하고, 거룩하고, 신령한 것이다. 사람이 타락하지 않았다면 율법도 사람을 하나님에게로 이끌어 주는 역할을 할 수 있었다. 그러나 타락 이후로 율법은 사람에게 죄인됨을 깨닫게 해 주며 하나님의 진노를 알게 해 준다. 루터의 표현을 빌리면, 율법은 하나님의 '아니오'로서 인간의 모든 행위를 무효로 만든다. 이렇게 될 때에 사람은 하나님의 '예'인 복음을 들을 수 있는 준비를 하게 된다. 복음은 사람으로 하여금 율법을 완성시켜서 율법으로부터 해방시켜 준다.

그렇지만 사람이 복음 안에서 하나님의 은혜의 말씀을 듣고 받아들였다고 하더라도 율법은 폐기되지 않는다. 사람은 의롭다고 인정을 받았다고 하더라도 아직까지는 죄인(simul justus et peccator)이기 때문에 율법이 끝까지 지켜 주어야 한다. 즉, 의롭다고 인정받기 이전처럼 사악한 상태에 있다고는 말할 수 없지만, 아직도 의로운 사람이 아니기 때문에 다시금 타락할 수 있는 가능성을 인정하면서 겸손하게 복음에 순종해야 한다. 이것을 의인의 보전 역할이라고 할 수 있으며, 루터가 말한 율법의 세 번째 기능이라고 말할 수 있다.

## 6. 인간의 타락과 구원

루터 신학의 핵심은 무엇인가? 신학자 에벨링은 "하나님은 의롭게 하시는 분이시며, 인간은 죄인이라는 인식이다." 즉 하나님 앞에서(coram Deo)의 인간 인식이라고 하였다.[8] 이러한 이유에서 루터는 의인의 교리가 무너지면 외형적으로 아무리 거룩하게 보인다고 할지라도 순전한 오류, 위선, 사악함, 우상숭배만 남을 것이다. 그러므로 이 교리가 무너지면 기독교의 여타의 교리도 무너진다[9]고 하였다.

루터는 사람을 영과 육으로 구별함과 동시에, 영을 속사람 육을 겉사람이라고 하였다.[10] 속사람은 겉사람을 규정하지만, 속사람은 또다시 하나님과의 관계에서 규정되어진다. 그렇다면 자연인은 스스로의 힘으로 하나님을 알 수 있으며, 자신의 죄악성을 알 수 있는가? 자연인은 자연법에 의해서 어느 정도 선을 행할 수 있으나 죄악성의 깊이와 실재를 알지 못한다. 사람은 하나님의 율법과 말씀 앞에서만 죄의 심각성을 알 수 있다. 루터는 인간을 너무나도 비극적으로 묘사하였기 때문에 선의 가능성을 전혀 남겨 놓지 않았으며, 구원을 위해서 인간이 위로 향할 수 있는 여지를 전혀 허락하지 않았다. 이러한 비극적인 인간 이해는 토마스 아퀴나스처럼 원죄를 원의(justitia originalis)의 상실이라고 보는 희망적인 견해[11]를 배격하는 것이었으며, 루터의 비극적 인간관은 어거스틴의 인간관

---

8. Gerard Ebeling, *Lutherstudien*. Band I(Tübingen : J. C. B. Mohr [Paulsiebeck], 1971), p. 265.
9. Luther's Work, Vol. 26 : *Lectures on Galatians*(1535), trans & ed. Jaroslav Pelikan(St. Louis : Concordia Publishing House, 1963), pp. 395-396.
10. 영에 속한 속사람은 영, 마음 혹은 이성, 애정, 느낌, 양심, 이성, 지성, 사고 등이며, 육에 속한 겉사람은 몸, 감각, 정욕, 욕망 등이라고 하였다.
11. 토마스 아퀴나스는 「신학총론」, Ia, IIae. Q. 82. A. 2.에서 "타락으로 원의를 상실하였다. 동시에 원죄로 인해서 특별추가적 은총(gratia superadditum)은 파괴되었으나, 일반적 은총(gratia naturam)은 파괴되지 않았다. 인간의 본성은 죄로 인해서 완전하게 부패하지 않았다. 인간의 본성은 타락으로

보다도 훨씬 더 비극적이라고 말할 수 있다. 이처럼 비극적으로 인간을 이해하는 이유는 의인에 있어서 인간의 공로를 전혀 배제하기 위함이며, 동시에 은총을 그만큼 높이고 찬양하기 위함이었다.

> 스콜라주의자들이 "인간의 자연적인 능력이 손상을 입지 않았다."라고 말하는 것은 끔찍스러운 신성모독이다. 만일 자연적인 능력이 손상을 입지 않았다면, 그리스도의 필요성이 어디에 있겠는가?[12]

따라서 인간은 선을 행할 수 있는 능력이 전혀 없으며, 자유의지를 가지지 못한다. 인간은 오로지 하나님의 진노 아래 놓여 있을 뿐이다. 여기에서 루터는 시편 51편 주석을 첨가시킨다. 사람은 하나님의 율법 앞에 서서 그리스도의 도움심이 없으면 하나님의 요구사항을 전혀 만족시킬 수 없음을 안다. 하나님의 비본래적 사역인 진노가 본래적 사역인 사랑에 의해서 완성되어지는 것이다.

죄악 속에서 자신의 죄악성마저도 알지 못하는 인간이 어떻게 하나님과의 관계를 회복하겠는가? 그것은 하나님께서 은혜로서 그리스도의 의를 인간에게 전가시켜서 가능케 하신다. 여기에서 중요한 개념이 외래적인 의(alien righteousness), 그리고 전가된 의(imputed righteousness)의 개념이다.

죄인에게 허락된 의는 자기 자신이 생산한 어떠한 의가 아니라, 예수 그리스에게 속한 외래적인 의이다. 루터는 여기에서 로마주의에서 가르치는 신인협동론적인 능동적 의를 배격하고서, 인간 밖에서 인간을 위해서 오는 그리스도의 의를 다만 받아들이는 수동적 의(justitia passiva)를 말하였다. 죄인된 사람은 믿음을 받아들이기 위해서 스스로 어떠한 조처도 취할 수 없다. 기도, 금식 등등의 모든 인간적 행위는 부정된다. 왜냐하면 믿음까지도 하나님의 은총이며, 사람의 일이 아닌 하나님의 일이기

---

인해서 3중적인 손실을 가져왔다. 즉, 영혼의 오염, 본성적인 선의 부패, 처벌의 빛이다."라고 하였다.

12. Luther's Work, Vol. 12, p. 308.

때문이다. 그러므로 사람이 의롭게 된다는 것은 인간의 죄악성에도 불구하고 인간을 의롭다고 인정해 주시는 것이다.

그렇다면 그리스도의 의는 어떻게 인간에게 오는가? 그것은 로마주의자들의 주장처럼 죄인이 그리스도의 의가 은총으로 주입되어서 선을 행할 수 있는 능력을 회복하는 것이 아니라, 죄인에게 그리스도의 의가 전가되는 것이다. 전가된 의(imputed righteousness)란 하나님께서 사람의 죄를 더이상 정죄의 대상으로 보지 않는다는 것을 말한다. 죄인들에게 그리스도의 무한한 공로의 옷을 입히시는 것이다. 이것은 하나님께서 죄인을 죄인의 모습 그대로 받아들이시고, 공로적인 행위를 통해서 성자로 만드시지 않는다는 것을 뜻한다. 따라서 전가된 의란 죄인을 단 한 번으로 영원히 의롭게 하시는 것이므로, 은총과 행위가 협동적으로 작용해서 점진적으로 죄인이 의인으로 성결케 되어 가는 과정을 말하는 것이 아니다.

그러므로 루터적인 의인은 의로운 사람이 되었다는 뜻이 아니라, 의로움을 향해 나아가는 움직임의 출발 단계에 있음을 말한다. 기독교의 삶은 의를 향해서 나아가는 순례의 길이며, 이 과정에서 하나님의 뜻을 행해야 한다. 하나님의 뜻을 행할 수 있는 길은 십계명 제1계명을 지키는 일이며, 그것은 첫째로 기도, 둘째로 감사, 셋째로 찬양, 넷째로 이웃 사랑을 통해서 이루어진다. 하나님은 내 이웃 안에서 나에게 현존하신다. 그러므로 우리는 하나님을 찾으러 하늘나라로 갈 것이 아니라 길거리에서, 문 밖에서 만나야 한다. 우리는 이웃에게 작은 예수(little Jesus)가 되어서 그리스도께서 나에게 행해 주신 것만큼 내 이웃에게 나도 그리스도가 되어 주어야 한다. 이러할 때마다 그리스도는 성육신하신다. 다섯째로 순종이다. 순종은 목적을 얻기 위한 수단이어서는 안 된다. 순수한 순종이란 무엇인가? 상급을 기대하는 순종이 아니며, 장차 올 세상에서 구원을 얻기위한 수단으로서의 순종도 아니다. 참된 순종은 이기적인 이유보다는 원하기 때문에 하는 것이며, 하늘나라와 지옥이 없다고 하더라도 순종하는 것이다. 그러므로 하나님께서는 순종에 대해서 보답을 주시겠지만, 보답을 바라고 순종하는 것은 참된 순종이 아니며, 따라서 원하는 보상까지 잃어버릴 것이라고 하였다.

# 제2장
# 요한 칼빈의 사상

　칼빈의 시대는 루터보다 한 세대 뒤였기 때문에 개신교의 사상과 신학을 정리하는 데 보다 역점을 두었다고 말할 수 있으며, 이러한 그의 강조는 성경을 강조하고 가르치기 위해서 편찬한 기독교 강요와 여타의 가르침에서 엿볼 수 있다. 루터는 불도저와 같이 기초 토목공사를 일구어 냈다고 한다면, 칼빈은 아름다운 집을 짓는 건축사라고 말할 수 있다. 토목과 건축이 하나로 있듯이 루터와 칼빈의 사상은 용어상 약간의 차이를 보일 뿐 기본적인 흐름에 있어서는 차이가 없었다. 물론 출발점과 전개에 있어서 약간의 상이성이 있다고 하더라도 그것은 종교개혁이라는 대전제 아래에서는 무시해 버릴 수 있었다.
　개혁교회 전통을 이어가는 쯔빙글리와 칼빈은 루터와는 다르게 출발하였다. 즉, 인문주의로 시작해서 복음주의로 끝마쳤다는 점이다. 따라서 이들은 좀더 자유스러운 분위기에서 시작을 전개했으면서도, 개혁을 성공적으로 마무리짓기 위해서는 개개인의 윤리를 강조해야 했다. 따라서 개혁교회는 윤리를 강조하는 율법주의적 경향이 있었으며, 이로 인해서 루터로부터 율법주의라는 비난까지 받기도 하였다. 루터파 교회의 개혁자들은 대부분 신학대학의 교수들이었으나, 개혁교회의 개혁자들은 목회자들이었다. 루터파 교회의 개혁자들은 교회와 사회를 분리시켰던 반면에, 개혁교회 개혁자들은 교회와 사회를 더불어서 하나로 생각하면서 개혁을 이끌었다.

이러한 차이점으로 인해서 개혁교회 지도자들은 쯔빙글리와 칼빈을 막론하고 시의회 의원들을 설득시켜서 개혁을 이끌어 가는 신정통치의 이념을 구현하려고 노력하였다. 특히 칼빈은 이러한 이념으로 인해서 강압적인 방법을 동원해서 반대자들을 처단하는 과감성을 보이기도 하였다.

## 1. 칼빈과 성경

칼빈은 기독교 강요의 저술 목적 가운데 하나를 평신도를 위한 성경의 안내서를 집필하는데 있다[1]고 하였다. 칼빈에게 있어서 성경은 정경에 속한 글들이었다. 칼빈도 루터와 같이 예배하는 공동체에서 외쳐지는 하나님의 말씀을 중요시하였다. 하나님의 말씀을 설교를 통해서 선포할 때에 성령께서 깨닫게 해 주신다. 따라서 루터파와 개혁교회를 막론하고, 성육신한 계시 예수 그리스도, 기록된 계시 성경, 선포된 계시 설교를 동일하게 보는 전통을 갖는다. 여기에 대해서 제2스위스 신조에서도 "하나님의 말씀, 곧 설교는 하나님의 말씀이다."[2]라고 선언하였다. 그러나 이 설교는 누구나 하는 것이 아니라, 부름받은 설교자가 교회 안에서 설교할 때라고 규정하였다. 이러한 점에서 루터의 만인제사장직 이론과 일치한다. 루터는 여기에 대해서 "성경은 교황, 주교 및 군주라고 당당하게 지금 불리고 또한 하나님의 말씀의 봉사에 따라 다른 사람을 섬기고 그리스도의 믿음과 크리스천의 자유를 가르쳐야 할 사람들에게 섬기는 자, 종, 청지기라는 명칭을 붙이기는 하나, 이런 칭호들을 특별히 구별하지는 않았다.

---

1. John Calvin, John T McNeill ed., *Institutes of the Christian Church*, Philadelphia:Westminster Press, 1977, pp. xxxix-xxxv.
2. John H. Leith, *Creeds of the Churches*, Atlanta:John Knox Press, 1963, p. 133.

비록 우리가 다같이 제사장들이기는 하나, 그렇다고 우리가 다 공적으로 봉사하거나 가르칠 수는 없다. 아무리 우리가 할 수 있다고 하더라도 그렇게 해서는 안 된다."[3]라고 가르쳤다.

성경의 저자는 친히 성령이시다. 그러므로 성경을 바르게 이해하려면 저자의 영성인 성령에 의해서 해석되어야 한다. 그리고 성령께서는 예배하는 공동체에서 목사의 설교를 통해서 말씀을 선포할 때에 이것이 하나님의 말씀이라고 내적으로 증거(testimonium spiritus sancti internum)해 준다. 이러한 점에서 루터와 칼빈은 동일한 선상에 서 있다. 또한 동시에 이러한 가르침은 신령주의자들이나 열광주의자들이 주장하는 것처럼 성령의 개인적인 계시를 반대하는 것이며, 로마주의의 교권주의적인 해석도 반대하는 것이다. 성경에서 문제가 되는 것은 교리가 아니라 하나님의 살아 있는 말씀이 문제이므로, 사람이 이성으로써 파악하려고 하지 말고 겸손하게 성경의 제자가 되어서 하나님의 말씀을 들으려고 해야 한다.[4]

여기에 대해서 칼빈은 "하나님은 매일같이 하늘로부터 우리에게 말씀하시지 않는다. 하나님은 성경을 통해서 그의 진리가 영원까지 전파 보전되기 위해서 오직 이 성경만 있기를 원하셨다. 존엄하신 분이 육신을 입고 이 땅에 오신 것처럼 오늘도 바로 이 책에서 우리와 더듬거리는 소리로 말씀하신다는 사실은 하나님의 낮아지심의 증거이다. 그러므로 사람이 성경을 이해하기 위해서는 하나님께서 인간에게 다가오심같이 인간도 성경으로 다가가야 한다. 너는 말씀에 와야 한다."라고 말했다.[5]

신약과 구약의 관계에 대해서도 루터와 칼빈은 동일한 의견이었다. 구약은 신약에 대한 약속으로서 성육신하실 그리스도에 대해서 암영으로서 불투명하게 말하였으며, 신약은 성육신하신 그리스도에 대해서 채색된

---

3. Martin Luther, *The Freedom of a Christian*, 지원용 역, 「크리스천의 자유」, 서울 : 컨콜디아사, 1990. p. 46.
4. John Calvin, 위의 책, 제1권, p. 72.
5. Wilhelm Niesel, *Der Theologie Calvins*, 이종성 역, 「칼빈의 신학」, 서울 : 대한기독교서회, 1979. pp. 22-23, 34.

그림으로써 명료하게 말하였다. 그러므로 신·구약은 다같이 그리스도에 대한 신앙을 일깨워 준다는 점에서 서로 일치한다.

## 2. 창조와 섭리

루터는 하나님의 창조 개념을 확대시켜서 피조된 만물의 보전과 구원까지를 창조의 계속으로 보았다. 특히 구원을 하나님의 창조의 개념으로 보면서 인간의 율법주의적인 공로에 의한 구원을 반대하였다. 이러한 점에서 루터는 구원론을 창조와 연결시켰다고 말할 수 있다. 그러나 칼빈은 하나님의 창조와 섭리를 그리스도 안에서 이해하려고 하였다. 따라서 루터는 하나님의 창조 안에서 그리스도를 은총으로 등장시켜서 구원을 말한 반면에, 칼빈은 그리스도 중심적인 은총론에서 하나님의 창조를 보려고 하였다. 그것은 루터가 로마 가톨릭이 은총을 인간의 율법적 공로에 대한 하나님의 보상으로 보았기 때문에 하나님의 주권성을 강조하기 위한 것이었다고 말할 수 있다. 이러한 점에서 루터는 종교개혁 제1세대로서 로마주의와 가장 밀접하게 맞싸워야 했던 전투적인 모습을 읽을 수 있으나, 칼빈은 종교개혁 제2세대로서 개신교의 특징인 은총론을 중심으로 출발하였기 때문에 그리스도 중심적인 하나님의 창조를 언급하였던 것으로 보인다.

루터는 하나님의 창조를 계속적 진행과정(on-going process of creation)이라고 하면서 섭리마저도 하나님의 창조의 계속으로 보았다. 그래서 목수가 집을 짓고서 떠난 것이 아니라 계속적으로 돌보는 것과 같다고 하였다. 그러므로 빌려온 개념이 하나님의 오른손이다. 즉, 만물은 하나님으로부터 벗어날 수 없으며, 하나님의 손안에 있으므로 하나님께 전적으로 맡기는 것이 가장 행복된 삶이다. 그러나 하나님의 손을 벗어나면 끔찍한 불행이다. 그러므로 사람은 언제든지 하나님 인식(*coram Deo*) 속에서 하나님과 동행하는 삶을 살아야 한다고 하였다.

여기에 반해서 칼빈은 섭리라는 개념을 빌려 왔다.[6] 칼빈은 피조자에 대한 창조자의 다양한 현존관계를 섭리라고 하였다. 칼빈이 섭리를 강조한 것은 에피쿠로스 철학과 소피스트들의 궤변철학, 스토아 철학과 이신론(理神論) 등을 반대하기 위함이었다. 즉, 철학에서 말하는 인간의 이성적 능력을 찬양하려는 시도나 운명론적인 숙명론에 빠져서 인간의 노력을 전혀 무시하는 것을 반대하기 위함이었다. 칼빈의 섭리 개념에는 첫째로 과거에도 우리를 지켜주신 하나님께서 미래에도 우리를 지켜 주실 것이라고 믿는 것이다. 둘째로 하나님은 만물을 지배하실 때에 어떠한 방법을 쓰기도 하시고, 쓰지 않으시기도 하신다는 것을 알게 한다. 셋째로 하나님께서 전인류를 보호하시되 특히 교회를 보호하신다는 것을 알게 하신다.

비록 루터는 하나님의 오른손이라는 개념으로 하나님 앞에서 그리고 칼빈은 섭리라는 개념으로 하나님의 현존을 말함으로써 하나님과 인간의 긴밀한 관계를 말하였지만, 이 개념은 다같이 하나님을 나의 창조주로, 나의 구세주로 인정하고서 두렵고 떨리는 마음으로 하나님께 전적으로 헌신하는 사람만이 이해할 수 있다고 덧붙였다.

## 3. 인간의 타락과 구원

인간의 타락과 부패에 대해서는 루터와 칼빈은 동일한 입장에 있었다. 로마 가톨릭적인 부분적 타락을 말하는 데 그치지 않고 인간의 전적, 완전 타락을 말하였다. 칼빈은 아담이 에덴동산에서 선악과를 따먹은 것은 억지로 혹은 본인도 모르는 사이에 그렇게 되어 버린 것이 아니라, 의식적으로 하나님의 명령에 위배되는 줄 알면서도 그렇게 한 행동이었다. 그러므로 범죄로 인한 상처는 인간 존재의 한 부분에만 미친 것이 아니라 육체와 영혼 전체에까지 미친 것이었다. 머리에서부터 발끝까지 존재 전체가 사악의 홍수에 침몰되고 말았다. 인간은 본성의 모든 부분에서 어떠한 완성도 찾아볼 수 없게 되었다.[7] 이러한 각도에서 칼빈은 루터처럼 모든 형태의 도덕주의자, 합리주의자, 자연주의자들을 반대하였다.

---

6. 로마 가톨릭에서는 예정까지도 섭리 속에 포함시켜서 언급하고 있다.
7. 이종성,「칼빈의 사상」, 서울 : 대한기독교서회, 1978, p. 116.

왜냐하면 아담의 범죄는 곧 나를 대표해서 범죄한 것이기 때문에, 아담의 범죄의 결과는 나에게까지 유전되어서 영향을 끼치고 있기 때문이다. 아담의 범죄는 인류를 대표한 범죄였다. 아담은 자기 자신이 한 개인이 아니요 전인류의 대표이다. 우리는 하나님의 뜻에 의해서 그의 안에 있다. 그의 태도가 우리의 태도요, 그의 행동이 우리의 행동이다. 그래서 우리 각자는 부모에게서 악덕과 부패를 물려받은 것이 아니다. 우리는 동시에 한 아담 안에서 부패되었다.[8] 이러한 타락의 상태는 실제적인 죄로써 현실적으로 나타나며, 그 결과로써 우리는 다같이 하나님의 진노 아래 놓여 있다. 이러한 상태로부터의 구원을 제2의 창조로 보았다는 점에서 루터의 의인관과 동일한 선상에 있다고 할 수 있다.

칼빈은 타락한 인간의 구원을 위해서 하나님께서 아들의 모습으로 우리에게 찾아오셔야 한다고 주장한 점에서 루터와 같은 해석에 있었다. 즉, 원죄는 피조물이 창조자로부터 소외되게 하였으며, 피조물은 스스로의 힘으로 창조자를 찾아갈 수조차도 없었다. 이러한 때에 진정한 참신은 피조물을 찾아서 스스로 내려오시는 분이셔야 한다. 그러나 신으로서 그리스도가 직접적으로 오신다면 인간으로서는 도저히 파악할 수 없으므로, 인간의 능력에 맞추시기 위해서 스스로 낮아지셔야 했다. 그러나 하나님이 인간을 입으신 비밀은 인간에게는 감추어져 있어야 한다. 왜냐하면, 만일 그렇지 않다면 인간의 멸망을 초래하기 때문이다. 그리고 이렇게 하나님께서 스스로 낮아지심으로 자신을 감추신 사실 자체가 은혜의 표현이다. 참하나님으로서 그리고 참사람으로서 이 땅에 오신 그리스도는 인간이 받아야 할 형벌을 대신해서 받으셨으며, 동시에 하나님에게 만족이 되심으로써 "신으로서만은 죽음을 당하지 않으시며, 인간으로서만은 그것을 극복할 수 없다. 그래서 그는 인성과 신성을 같이 지니셨다. 그리하여 그는 한편의 연약성을 우리의 죄의 보상을 위해서 죽음에 넘겨주었고, 다른 한편의 능력을 통해서 죽음과 싸워 우리를 승리에 도달케 한다."[9]고 하였다.

---

8. Wilhelm Niesel, 위의 책, pp. 78-79.
9. 위의 책, pp. 108-109.

칼빈과 루터의 동일점은 바로 인간의 구원을 위해서 그리스도의 중보적 사역을 강조한 점이다. 이것은 로마 가톨릭의 율법주의적 공로주의를 반대하는 것이었으며, 신령주의자들처럼 개인의 침묵적 기다림에서 신화되어 가는 것을 반대하는 것이었으며, 더 나아가서는 반−삼위일체론자들처럼 하나님의 절대적 사랑이 인간의 구원의 근거라고 함으로써 그리스도를 배제시키는 것을 반대하기 위함이었다.

칼빈은 루터보다는 그리스도의 중보적 사역을 더욱 구체적으로 강조하는 그리스도론을 전개시켰다. 즉, 그리스도의 사역은 3중적인데 첫째는 예언자로서, 둘째는 왕으로서, 셋째는 제사장으로서의 기능이다. 하나님께서는 구약의 예언자들을 통해서 자기의 말씀을 전하셨으나, 이 모든 날의 마지막에서는 아들을 통해서 말씀하신다. 그러므로 그리스도는 하나님의 말씀을 세상에 전하는 예언자였으며 예언을 완성하신 대예언자였다. 또한 그리스도는 지상적인 왕국의 왕이 아니라 영적인 왕으로 오셨다. 그리스도의 영적인 왕권은 교회를 통해서 그리고 신자들의 개인적인 삶을 통해서 나타난다. 마귀들은 끊임없이 침범해서 교회와 개인을 어지럽히려고 하지만 결코 무너뜨릴 수 없다. 따라서 우리도 그리스도의 왕권을 힘입어서 어두움의 세력들을 물리치고 승리의 노래를 부를 수 있는 것이다. 셋째로 대제사장으로서 그리스도는 죽음을 통해서 세계의 죄를 속하며 부활을 통해서 인간에게 의와 생명을 주셨다. 화목제물로서 그리스도는 죽으셨으며, 그의 죽으심은 순종이었다. 이렇게 함으로써 인간은 하나님께 화목제물을 드리지 않고 찬미의 제사를 드릴 수 있게 되었다.[10]

칼빈은 「기독교 강요」에서 중생과 의인의 이론을 전개하면서 로마주의자들의 율법주의적 공로사상을 무너뜨리는 데 그 주안점을 두었다. 즉, 인간의 진정한 회개는 의인의 근거로서 공로적인 행위와 무관하다는 것을 강조하였다. 그리고 참회를 통해서 새롭게 태어나면 사람은 일평생 동안 성화를 경험하게 된다. 사람은 성화를 거듭할수록 자기가 완전한 의에서 멀어져 있음을 느끼게 되고, 더욱더 하나님의 자비로운 은총에 의존하

---

10. Wilhelm Niesel, 위의 책, pp. 113−117. 이종성, 위의 책, pp. 123−126.

게 되어진다. 이렇게 되어질 때에 의롭다고 인정해 주시는 의인론이 성립된다.

의인이란 예수 그리스도가 죽기까지 순종을 통해서 얻으신 의에 우리가 참여한다는 것이며, 이렇게 해서 우리는 하나님의 면전에서 죄인이 아니라 의인으로 나타난다는 것이다. 하나님은 그리스도의 의의 전가로 인해서 그리스도 안에서 죄인된 사람을 보시며, 그 까닭에 죄인을 의롭다고 인정해 주신다. 그러므로 의인이란 진행적인 성장의 개념이 아니라, 하나님의 단회적인 선포적 개념이다. 즉, 죄를 용서해 주신다고 선포하심으로써 다시는 죄를 묻지 않으신다. 이러한 점에서 칼빈의 의인론은 루터의 의인론과 별로 다르지 않다. 인간 밖으로부터 오는 그리스도의 의의 전가로서 사람은 하나님으로부터 비록 의로운 사람이 아닌 죄인이라고 할지라도 의롭다고 인정을 받는다.

칼빈과 루터는 다같이 로마주의자들의 율법적 공로주의를 반대해서 인간으로서는 하나님앞에 죄없는 의로운 사람이 될 수 없으며, 다만 인간 밖에서(*extra nos*) 인간을 위해서(*pro nobis*) 오시는 그리스도의 의의 전가를 힘입을 때에만 의롭다고 보았다.

### 4. 예정론

종교개혁 교회의 특징은 하나님의 은총을 강조하는 데 있으며, 은총론은 자연히 예정론으로 이어질 수밖에 없었다. 타락한 인간으로부터 죄의 해결을 위한 인간 노력의 허구성, 그리스도의 의의 전가, 그리고 마지막으로 예정을 언급할 수밖에 없다. 그런데 루터는 하나님의 은총이 하나님의 주권적인 의지에 의해서 이루어지므로 사람으로서는 알 수 없다는 사실을 강조하면서 숨어 계시는 하나님(*Deus absconditus*)이라는 개념을 사용한 반면에, 칼빈은 이 개념을 예정이란 단어로 표현하면서 보다 더 구체적으로 사용하였다.

예정이란 어떠한 의미를 포함하고 있는가? 첫째로 인간의 한계성을 폭로하는 것이다. 죄인된 사람이 그리스도의 의의 전가를 힘입어서 의롭다고 인정받았다면, 그것은 전적으로 나의 의지와 무관한 것이다. 따라서 의롭다고 인정된 자는 하나님의 은총의 선택에 대해서 다만 감사를 드릴 수밖에 없다. 이러한 감사의 표현을 사람으로서는 예정이라는 단어를 사용할 수밖에 없다. 그래서 예정은 구원을 확신하는 자의 신앙고백적 표현인 것이다. 둘째로 예정은 원인적인 것이 아니라 결과적이라는 점이다. 만일 사람이 자신의 예정과 유기를 원인적으로 사전에 알 수 있다면 현실적인 면에서 교회의 기능이 필요하겠으며, 사회질서 유지가 가능하겠는가?라고 질문할 수 있다. 예정은 어느 누구도 알 수 없으며, 그리스도의 의의 전가를 힘입어서 의롭다고 인정된 다음에야 비로소 고백할 수 있는 결과적인 사항이다. 그러므로 예정은 구원을 체험하지 못한 사람들에 의해서 사변적으로 논란되어질 수 있는 대상이 아니다. 셋째로 예정은 구원에 대한 감사와 찬양이므로 인간의 감사를 불러일으킨다. 예정에 의해서 선택된 사람은 효과적인 부르심에 의해서 그리스도에게로 향하는 삶을 살아가게 되며, 따라서 매일매일의 삶 속에서 성화의 삶을 유지하게 된다. 그렇다고 해서 성화의 삶이 로마주의에서처럼 구원의 필수적 조건은 아니다. 다만 구원받은 자의 자의적인 감사의 표현이며, 그것도 최대한이 아니고 최소한이라고 느끼는 것이다. 이러한 성화의 삶은 찬양, 전도, 구제, 봉사 등등의 행위로 나타난다.

# 제 3 장
# 과격파 종교개혁

과격파(Radicals)는 초대교회로부터 항상 이어져 오던 신앙형태로서 한쪽을 지나치게 강조함으로써 신앙의 전체적인 조화를 잃어버린 사람들을 총칭하는 표현이었다. 종교개혁 시기에 일어났던 이러한 운동은 초대교회의 모습을 재현하자고 주창하였던 재세례파, 침묵적 기다림 가운데에서 인간을 초월하겠다는 신령주의자들, 그리고 합리적인 신앙에 기초해서 삼위일체를 부정하였던 반-삼위일체파가 있었다. 이들의 운동은 중세 때에는 종교개혁의 서슬 아래에서 잠잠하게 있다가 종교개혁 이후로 어느 정도 확보한 자유의 틈을 이용해서 밖으로 표출된 것이라고 볼 수 있다.

## 1. 재세례파

재세례파의 배경은 여러 갈래에서 생각해 볼 수 있으나, 첫째는 중세 때로부터 내려오던 초대교회 구현이었다. 둘째는 중세로부터 내려온 무교회적인 신비주의적 은사공동체의 꿈이었다. 셋째는 교회와 사회를 개혁하자고 부르짖던 중세 말기의 사회주의운동과 종교개혁 당시의 과격한 이론가들이었다. 넷째는 사회적 차별에 분노를 느낀 농민들의 소요와 이에 동조하는 불만세력들의 참여라고 할 수 있었다.

　재세례파의 신학적 이론적 배경은 여러 가지 면에서 고려해 보아야 할 사항들이다. 재세례파의 신학은 스위스 형제단에 속하는 미카엘 사틀러(Micael Sattler)가 1527년에 발표된 슐라이트하임 신앙고백(Schleitheim Confession)과 제3기 재세례파인 메노나이트파에서 발표한 1632년의 도르트레흐트 신앙고백(Dordrecht Confession)이다. 이들 신앙고백에서 천명하는 각종 신학적 선언들을 종합해 보면 크게 7가지 사항에 있어서 기존 종교개혁 교회를 반대하였는데, ① 세례 ② 출교 ③ 성찬 ④ 세상과 결별 ⑤ 교회의 목사 ⑥ 무기사용 ⑦ 맹세 등이었다.

> 첫째로, 세례에 대해서 분명하게 밝히기를, "세례는 회개와 삶의 개선을 알며, 자기들의 죄가 그리스도에 의하여 참으로 제거된 줄 믿는 사람과 또 예수 그리스도의 부활에서 살며 그와 같이 죽어서 같이 묻혀 그와 함께 부활하기를 바라고, 이러한 의의를 느껴서 우리에게 세례를 받고자 자발적으로 요청하는 모든 사람들에게 베풀어지는 것이다. 이것은 모든 유아세례를 배제한다. 유아세례는 교황의 최고 및 주요 치욕이다"라고 하였다.
>
> 둘째로, 출교에 대해서는 과오로 죄를 지은 사람에 대해서는 두 번까지 사적으로 충고한 다음에 마태복음 18장에 따라서 공개적으로 징계한 후에 출교시킨다고 하였다.
>
> 셋째로, 성찬에 대해서는 기념설적인 입장에서 해석하였으며, 성찬에 참여하기 앞서서 세례를 통해서 교회와 그리스도의 몸과 하나가 되어야 한다고 하였다.
>
> 넷째로, 세상과 짝하지 말 것을 요구하면서 모든 교황적인 것, 반-교황적인 것, 교회 예배들과 회의들과 교회출석, 술집, 국가의 일, 불신행위 등 등 세상에서 높이 평가되는 세상의 모든 명령들과 결별할 것을 말하였다. 더 나아가서 "우리는 비그리스도적이며 악마적인 폭력의 무기들, 즉 칼, 갑옷같은 것과 또 악한 자를 대항하지 말라는 그리스도의 말씀 때문에 친구들이나 원수에게 무기를 사용하지 않게 되는 것이 올바른 일이다."라고 하였다.

다섯째로, 교회의 목사에 대해서는 신앙 밖에 있는 사람들에 관하여 철저한 좋은 보고를 가진 사람이 되어야 한다. 또한 모든 일에서 그리스도의 몸이 세워지고 발전해서 비방자의 입을 막을 수 있도록 해야 한다. 만일 복음을 섬기는 목사가 징계를 받아야 할 때는 두세 사람의 증인이 있어야 하고 다른 사람들이 경고를 받도록 모든 사람들 앞에서 징계되어야 한다. 동시에 하나님의 어린 양들과 백성은 훼손되지 않도록 다른 목사로 대치되어야 한다.

여섯째로, 세속정부와 위정자에 대해서는 "그리스도인이 위정자로서 봉사하는 것은 합당하지 않다. 정부의 위정자는 육을 따르며, 그들의 집과 거주는 이 세상에 머물며, 그들의 시민권은 이 세상에 있고, 그들의 충돌과 전쟁의 무기는 육적이고 다만 육에 대항할 뿐이다."라고 하였다.

일곱째로, 맹세에 대해서는 어떤 이유에서든 금지되어야 한다고 하였다.[1]

메노나이트파에서 발표한 도르트레흐트 신앙고백은 슐라이트하임 신앙고백보다는 다소 부드러운 면이 있으나, 기본적인 맥락에서는 동일하다고 볼 수 있다. 이상과 같은 재세례파 신조의 특징들을 살펴볼 때에 몇 가지 지적하고 넘어가야 할 사항이 있다.

첫째로, 세례를 그리스도에 대한 자발적인 요청과 고백에 의한다고 규정한다면, 자발적으로 요청할 수 있는 연령을 확정시킬 수밖에 없으며, 자연히 유아세례를 거부하게 된다. 이러한 주장은 다시금 어거스틴과 펠라기우스의 논쟁을 재현하는 것이다. 유아세례를 반대하는 것은 갓 태어난 어린아이가 죄없이 태어난다는 대전제 아래에서 가능하다. 그렇지 않다면 유아시기에 사망한 어린아이의 구원을 어떻게 보장할 수 있겠는가? 그리고 자의적인 요청과 고백에 따라서 세례를 받아야 한다면 세례의 효력이 사람의 동의에 있는 것인지, 아니면 세례 그 자체에 있는지 물어야 할 것이다. 뿐만 아니라, 이러한 주장은 교회의 유구한 역사적 전통을 부정하는 처사이다. 교회는 250년 데시우스 황제의 박해로 인해서 배교한 자들의 재입교를 논의했으며, 그때에 재세례는 금지시키고 엄격한 참회제도를 확정시켰다. 그리고 황제 데오도시우스와 저스티니안 때로부터

---

1. 이장식 편, 「기독교 신조사」, 제2권, 서울 : 컨콜디아사, 1980, pp. 30-38.

법적으로 금지되어 왔었다.

둘째로, 이들은 기독교를 초대교회의 이상으로, 그것도 신약성경에 기록된 모습으로 구현하는 것이라고 주장하였다. 이것은 종교사회학적으로 분석해 볼 때, 모든 유기체는 성장해야 한다는 대원칙을 무너뜨리는 유아적 이해이다. 이상은 그대로 지켜나가되, 제도는 바뀌어야 한다. 이상과 제도를 상황을 무시한 채 그대로 고집하는 것은 비정상이다. 또한 신앙의 척도를 박해시의 순교에 두면서 절대적 평화주의를 고수하고 적군에게까지도 대항하지 말 것을 종용하였다면, 그것은 시민사회의 일원으로서의 자격을 스스로 포기하는 것이다. 그렇다면 고대 이스라엘의 백성들이 적국의 침입에 대항해서 전쟁에 참여한 사실을 어떻게 비성경적이라고 할 수 있겠는가?

셋째로, 비제도권적 개혁을 부르짖는 점이다. 교회도 하나의 조직이며 체제이기 때문에 공동체의 유지를 위해서는 조직이 필요한 것이다. 따라서 예루살렘 공동체도 조직을 부정하였다고 하지만, 예루살렘 공동체는 사도를 중심으로(행 2:42) 모이다가 집사를 정하였으며(행 6:1-6), 그리고 바울의 교회들은 복음전하는 자, 선지자, 목사, 교사, 집사(엡 4:12)로 정하였다. 우리는 흔히 제도를 탓하기 쉽지만, 제도가 나쁜 것이 아니라 제도를 통해서 개인적인 이익을 챙기는 사람들로 인해서 문제가 발생하는 것이다. 따라서 개혁은 제도를 고치거나 부정하는 데 있지 않고 제도를 운영하는 사람이 바뀌는 데 있는 것이며, 이러한 의미에서 루터가 개혁을 부르짖을 때에 기독교의 복음의 회복을 부르짖고 나중에 제도의 개혁을 부르짖은 것은 당연한 귀결이었다.

넷째로, 성경의 가르침을 충실하게 따르기 위해서 찬송도 부정하고, 여타의 교회적 가르침을 부정하였다. 그렇지만 예수님께서도 감람산으로 가실 때에 찬송하셨으며(마 26:30), 바울의 편지에 의하더라도 초대교회는 예배시에 찬송을 빠뜨리지 않았다(고전 14:26).

다섯째로, 이들은 기독교인의 기준을 회개와 죄사함의 확신, 그리고 거듭난 삶의 모범 등에 두었다. 이러한 기준은 중세의 객관적 구원확인에 따르는 명목적인 참회, 구원 등을 개혁하려는 좋은 주장이다. 그러나 이러한 사항들을 지나치게 강조하게 되면 회개와 죄사함의 확신, 삶의 모범 등이 구원받을 수 있는 자격에 일치하는지 아니면 부족하는지를 사람의 판단에 따라서 결정하지 않을 수 없게 된다. 이것은 다시금 중세 가톨릭에서 죄사함을 확인해 주는 참회제도를 반복하는 것이며, 사람이 하나님의 고유한 영역을 침해하는 것이 된다. 더 나아가서 이러한 기준은 형식으로 발전해서 누구든지 재세례파 공동체에서 원하는 기준대로 회개하고, 구원확신을 고백하면 진정으로 거듭난 사람이라고 말하게 된다. 이러한 모순은 모라비안 경건파에서 찾아볼 수 있었으며 요즈음의 구원파에서 찾아볼 수 있다.

여섯째로, 이들은 만인제사장직 이론을 강조하면서 교회와 사회의 구별을 강력하게 주장하였다. 따라서 개혁교회의 체제가 신정통치의 이념 구현을 최우선으로 했음을 감안할 때 재세례파의 첫 출발지가 독일이 아닌 스위스라는 사실은 납득이 간다. 그러나 과연 교회와 사회가 나뉠 수 있는가? 그리고 그렇게 나누는 것이 성경적이며 순수한 신앙처럼 보이는가? 그리고 국가의 공직을 타락으로 보면서 공직을 금하고 공동체적인 격리생활이 참신앙이라고 할 수 있는가? 신앙의 순수성은 깨끗하게 격리시켰다고 해서 유지되지 않는다. 우리는 사이비 집단내의 독재성, 부패성, 음란성을 시민사회에서보다도 더 농도 짙게 보아 왔다. 신앙의 순수성은 오염된 사회 속에서 더욱더 지켜질 수 있다. 어둡기 때문에 빛은 밝게 빛나는 것이다. 그래서 예수님께서 등불을 켜서 말 아래 두지 않고 등경 위에 두라고 하셨다.

일곱째로, 재세례파는 구성원적 성분으로 볼 때에 종말론적인 은사주의를 내포하고 있다. 구성원 가운데 상당수가 사회의 저급층에 속하는 사람들로서 종말론적 그리움을 가지고 있었으며, 특히 종교개혁과 더불어서 천년왕국설을 강하게 신봉하였던 것이다. 이러한 배경에서 지상천국 건설이라는 대의명분은 집단체의 건설의 명분을 부여하는 데 부족함이 없었다. 하늘나라를 지상에 건설하려는 시한부적 종말예언운동은 몬타누스운동 이후로 끊임없이 지속되어 온 운동으로서 반—사회적인 소외계층의 거부운동이었다. 이들의 종말론적 기대는 가진 자에 대한 보상심리적 요소가 작용하기 때문에 비폭력 평화주의는 무너지고 무력을 정당화시킬 수 있었다. 일단 무력화되면 그 운동은 생명력을 잃는다.

여덟째로, 재세례파는 평화주의를 회복함으로써 존속하였다. 이들은 그 당시 사회로부터 버림받은 우크라이나 지방으로 도피해서 집단 공동체를 이루면서 살았다. 그러나 이들의 주장은 삼위일체에 대한 부정, 동정녀 탄생 부인, 맹세를 위시한 각종 서원 거부 …… 등등의 문제점을 안고 있었다.

재세례파는 무엇이었는가? 종교개혁 주류에 속하지 못한 일부 사람들의 한맺힌 외침이었다. 이들이 요구하는 회개와 구원확신, 유아세례 반대, 그리고 재세례는 자신들의 우월성과 정당성에 대한 표출이었다. 그리고 초대교회 형태의 공동체 건설이념은 기성교회에 대한 도전이었던 것이다. 성경에 입각한 회중제도 채택, 형제사랑, 세속정부의 거부, 맹세거부 등등은 동조자를 불러들이는 매력적인 출입구였다. 이러한 운동은 제도권을 거부하는 사람들에 의해서 끊임없이 지속될 것이다.

## 2. 여타의 과격 개혁자들

재세례파는 로마 가톨릭을 옛 제도권으로 그리고 루터파와 개혁교회를 다같이 새로운 제도권으로 부정하였다고 한다면, 이러한 흐름을 추구하던 또 다른 움직임이 있었다. 이러한 움직임은 신령주의자(Spiritualists),[2] 그리고 반-삼위일체론자(Anti-trinitarians)[3]에게서 찾을 수 있다. 이들이 지니는 특징은 비슷하지만 신령주의자들은 영적인 면을 강조한 반면에, 반-삼위일체론자들은 합리적인 면을 강조하였다는 차이가

---

2. 신령주의자는 독일계열에서는 대표자 스벵크펠트(Caspar Schwenkfeld : 1489-1561)와 그의 제자이며 완성자인 프랑크(Sebastian Frank : 1499-1542)가 있다. 그리고 스페인 계열에서는 전통적으로 내려오던 '조명자' 운동을 이어받았던 발데스(Juan de Valdez : 1490-1541)가 있다.
3. 반-삼위일체론자들은 세르베투스(Michael Servetus)와 소치니 일가(Lelio sozzini and Fautu Sozzini)를 말할 수 있다.

있을 뿐이다.

신령주의자들은 종교개혁자들이 로마 가톨릭의 교권 중심주의에서 성경의 권위를 되찾아 와서 개혁교회의 기초를 성경에 둔 것을 허물어뜨렸던 사람들이다. 이들은 성경을 개관적인 권위로 인정하면서도, 성경의 해석에 있어서는 주관적인 면만을 강조하였다. 이들은 성경이 하나님의 영감으로 쓰여졌다는 개혁자들의 대명제를 받아들였으나, 그렇기 때문에 성경의 해석도 성경의 기록자인 영감에 의존해야 한다고 주장하였다. 이러한 면에서 이들은 루터의 성경해석 대원칙을 반대하였다. 성경은 성경 스스로 해석하며, 성경은 스스로 비평자라는 대원칙을 벗어나서 성령의 직접적인 계시, 즉 신적인 불꽃(divine spark)을 주장하였다. 이러한 면에서 신령주의자들은 현대신학에까지 이어지는 내재주의와 주관주의의 선구자였으며, 성경해석학적 자유주의의 선구자적 역할을 하였다고 말할 수 있다.

또한 이들은 예배하는 공동체에서 선포된 하나님의 말씀을 성령의 내적인 조명을 통해서 하나님이 나에게 들려 주시는 하나님의 말씀으로 받아들인다는 개혁적 전통을 무시하고서, 개인적인 묵상을 통해서 내면의 빛을 받음으로써 하나님과 직접 교제할 수 있다고 하는 신비주의적 흐름에 빠지고 말았다. 그들은 이러한 내면의 빛을 받기 위해서 나름대로의 명상의 자세, 방법, 시기 등을 정한 또 다른 교리에 빠졌던 것이다.

이들의 또 다른 문제점은 하나님과의 직접적인 만남을 통한 계시로써 성경을 해석한다고 주장함으로써 예수 그리스도의 자리를 상실하였다는 점이다. 성경의 주된 저자로서의 예수 그리스도를 제외시키고 인간 안에 내재하시는 하나님의 영을 주장함으로써 그리스도의 자리를 빼앗아 버린 것이다.

삼위일체를 반대하는 사람들의 문제점도 여기에 있었다. 이들에게는 유일신 하나님은 계셨으나 삼위일체 하나님은 계시지 않았다. 이들은 근대 일위일체론자(Unitarians)들의 선구자적 역할을 하였으며, 이들이 제시하는 이론은 정통교회의 삼위일체사상과 위배되었다. 이들의 출발점은 언제나 유일신 하나님에게 있었기 때문에 그리스도의 자리는 없었다.

파우스투스 소치니가 기초한 내용을 토대로 해서 작성된 "라코비안 요리문답"(Racovian Catechism)[4]은 반−삼위일체론자들의 사상을 총집결한 것으로 판단된다. 이들의 주장은 다음과 같다.

첫째, 성경은 유일한 진리의 근원이다.
둘째, 구원의 길은 하나님에 대한 지식과 성스러운 삶이다.
셋째, 만물의 지존자이신 하나님을 아는 지식이 가장 중요하다.
넷째, 그리스도는 인간을 뛰어넘는 놀라운 삶을 보여 주신 분으로서 부활로서 신적인 능력을 부여받았다.
다섯째, 그리스도는 선지자적 기능을 감당하였다.
여섯째, 그리스도는 왕으로서의 기능을 감당한다.
일곱째, 그리스도는 제사장으로서의 기능을 감당한다.
여덟째, 교회는 구원의 교리를 옹호하고 선언하는 자들의 모임체이다.

이상의 내용에서 보여 준 대로 이들에게 있어서 삼위일체 하나님은 거부하고, 전능하신 하나님 한 분만을 인정하였다. 따라서 구원도 예수 그리스도의 대속적 죽으심에 의한 의인에 있는 것이 아니라 하나님의 사랑하심에 있었다. 더 나아가서 그리스도는 인간으로서 신적인 능력을 부여받았다고 하는 또 다른 아리우스주의(Arianism)를 말하였다. 신앙의 의미도 구원의 지식에 대한 동의에 불과하였으므로 삼위일체 하나님과의 인격적 만남은 없었다. 따라서 이들은 구원을 인간의 도덕적인 삶에 둠으로써 다시금 후기 중세의 유명론으로 되돌아가고 말았다.

이들로부터 근대신학에 이르기까지 역사적 예수 탐구에 대한 움직임이 시작되었으며, 하나님으로부터 출발하는 신론 중심적 구원론이 기독론 중심적 구원론을 대치하기 시작하였다. 따라서 신앙과 구원을 구원에 대한 지식과 도덕적 삶에 둠으로써 신앙으로 도덕과 윤리로 전락시키는 도덕주의가 만연하게 되었다.

---

4. 라코비안 요리문답은 1605년 폴란드에서 출판되었으며, 독일어와 라틴어로 번역되었다.

신령주의자들과 반-삼위일체론자들은 자유주의 신학의 기초라 할 수 있는 요소를 가지고 있었다. 성경을 인정하면서도 성경의 절대적 권위를 인정하지 않은 점, 신학의 기초를 그리스도의 대속적 죽으심에 두지 않고 아버지 하나님의 사랑에 둔 점, 신앙을 삼위일체 하나님에 대한 투신으로 보지 않고 기독교적 진리에 대한 동의로 본 점, 하나님과 인간의 내재적 만남을 주장한 점, 그리고 구원을 인간의 윤리적 행위에 근거한 점 등등에서 이들은 근대 자유주의 신학의 선구자적 역할을 하였다고 말할 수 있다.

# 제4부
# 근대교회

1. 문예부흥과 근대의 시작
2. 개신교 정통주의시대
3. 개인적 경건을 강조하는 목소리들
4. 가톨릭의 새로운 정립
5. 20세기 개신교의 신앙선언
6. 개신교의 선교와 교회일치운동

# 근대교회

## 들어가는 말

종교개혁은 서양 기독교 역사뿐만 아니라 일반 역사에도 엄청난 변화를 가져다 주었다. 정치적으로는 중세의 봉건제도가 무너지고 근대 시민 사회가 등장하였다. 예술과 문학에서는 인간이 회복되었다. 지성사에서는 인간의 이성이 회복되어서 지금까지의 맹목적인 신앙에서 비판적이며 합리적인 신앙이 등장하게 되었다. 동시에 신학의 시녀 역할만 하였던 철학이 독립해서 신앙과 신학을 비판하였다. 뿐만 아니라, 자연과학의 발달로써 전통적으로 믿어져 왔던 맹신에서 벗어나게 되었다.

이러한 대변화 가운데에서 로마 가톨릭교회와 개신교도 다같이 제 위치를 파악하고 지키지 않을 수 없었다. 이러한 보수적 과업이 양측에서 진행되었는데, 가톨릭에서는 전통의 재확인을 통해서, 그리고 개신교에서는 자신들의 입장을 교리적으로 표명하는 데에서 이루어졌다. 신학은 자연적으로 새시대의 변화에 따라서 이성적이며 합리적인 방향으로 흘렀으며, 광범위한 신조를 작성 발표하기에 이르렀다. 신조는 신앙을 알기 쉽고 분명하게 표현해야 했으므로 자연히 합리적인 방법을 택하게 되었으며, 따라서 신앙의 합리화가 도입되었다. 우리는 이 시기를 개신교 스콜라주의시대 혹은 개신교 신조주의시대라고 부른다.

종교개혁운동을 유지시키기 위한 교육적 그리고 신앙선언적, 변증적 입장에서 시작한 신조화운동은 개혁자들의 신앙보다는 신학을 더욱 중요시하였으므로, 이에 대한 반발운동이 한쪽에서 일어났다. 이들은 개혁자들의 신앙으로 되돌아가려는 의도에서 조용하게 경건운동을 일으켰으며, 조직적 교회생활보다는 공동체적인 이상향을 건설하려고 하였다.

그렇지만 일단 불이 붙기 시작한 이성적 운동은 철학과 자연과학의 발달과 함께 계몽주의로 발전하였다. 개신교 스콜라주의시대를 깨뜨리고서 신앙에 대한 비판을 가하기 시작하였으며, 철학과 신학은 손을 잡고서 걸었다. 이 시기에는 문학과 음악도 한몫 거들었으며, 신앙의 합리화는 가속화되었다.

그러다가 경건주의의 반발과 함께 신대륙에서 일어난 신앙부흥운동은 다시금 개혁자들의 신앙으로 되돌아가자고 외쳤으며, 결국 해외선교운동으로 번져나갔던 것이다. 이러한 역사적 흐름 속에서 우리는 신학과 철학의 상호관계, 신학과 신앙의 상호 반복적 흐름을 되새겨 보려고 한다.

# 제1장
# 문예부흥과 근대의 시작

　중세는 토지를 근간으로 하는 봉건 귀족사회였다. 십자군전쟁 이후로 가내수공업의 발달로 인해서 바닷가와 강 하구에 새로운 도시가 생겨남으로써 농업기조적인 봉건사회는 서서히 물러나기 시작하였다. 가내수공업은 도시민(bourgoise)들이 맡아서 일구어 갔었다. 이들 도시민들의 출신은 중세 봉건주의시대에 농노로서 혹은 하층민들로서 억눌림을 받았던 사람들이었다. 다시 말해서 중세의 구원제도에 따라서 많은 돈을 들여서 면죄부를 사거나, 순례를 행하거나, 죽은 자를 위한 기도나 미사마저 드릴 수 없었던 사람들이었다. 이들에게 있어서 완전 면죄부를 약속한 십자군전쟁은 매력이었다. 십자군전쟁에 참여하였던 이들은 비로소 문명사회를 접하게 되었다. 이들은 아시아의 문명과 문물을 유럽으로 소개하였으며, 농사가 아닌 가내수공업에 의해서 생산된 재화를 조직적으로 판매함으로써 새로운 계층으로 급상승하였다.

　이들은 종래의 왕, 교회, 귀족, 농민 등으로 이어지는 봉건제도를 가내수공업을 통해서 얻은 재력으로써 탈피하였다. 도시민들은 유럽의 봉건 귀족에 맞먹는 막대한 재력을 지니고서 새로운 문화를 건설하였다. 이들은 그 옛날 영주들의 화려한 궁전과 저택을 잊지 않았다. 따라서 이들은 제일 먼저 도시에 성곽을 두르고 자신들도 성(burg)안에 사는 사람(burger)이 되었으며, 일명 부르조와(bourgoise), 즉 도시민이 되었다. 이들은 종래의 봉건국가와 교회의 통치에 반대하는 새로운 계층구조를 이룩하였다. 도시의 건설은 봉건 귀족사회에 어떠한 변화를 일으켰는가?

첫째, 많은 사람이 도시에 모여 살게 됨으로써 농산물과 공산품에 대한 수요가 급증하고, 더 많은 노동력이 필요하게 되었다. 이렇게 해서 농민들은 귀족들에게 유리한 입장에서 흥정할 수 있게 되었으며, 귀족들은 새로운 상품을 도시로부터 구입하기 위해서 도시민들로부터 자금을 빌리는 사태까지 발생함으로써 귀족의 약화와 도시민과 농민의 발전을 가져왔다. 둘째, 절대군주는 도시에서 얻어지는 돈으로 군대를 무장시키고 행정을 원활하게 수행하게 됨으로써 도시민의 위치가 부상하였다.

이렇게 해서 도시민들은 유럽사회에서 상당한 세력을 확보하였으며, 왕에게 고문 역할을 하는 대표자를 선발하도록 요구하였다. 왕은 재력있는 도시민들을 보좌관으로 선출함으로써 대중과 가까워졌으나, 교회와 귀족들은 못마땅하게 여겼다. 그렇지만 이러한 대표자들은 점점 발전하여서 결국에는 평민들이 참여하는 국회를 형성하게 되었다. 국회는 유럽 전역에서 다양한 이름으로 불려졌으나,[1] 동일한 역할을 감당하였다. 국회는 강력한 힘을 갖고서 왕권을 도전하였으며, 1215년 드디어 영국에서는 대헌장(*Magna Carta*)에 존(John)왕 마저도 서명하지 않을 수 없었다. 왕은 국회의 승인없이 어떠한 세금도 부과하지 않는다. 그리고 정당한 재판없이 자유인을 체포, 처벌할 수 없다는 내용이었다. 여기에 그치지 않고 대헌장은 교회의 자유와 교직자의 자유로운 선출권을 주장하였다. 이렇게 시민사회가 대두함으로써 영국에서는 1351년에 발표된 '공급법'(Statue of Provisors)[2]과 1353년에 발표된 '사전 보호법'(Statue of

---

1. 영국에서는 국회를 Parliament, 독일에서는 Diet, 프랑스에서는 Esates General이라는 이름으로 각각 불렀다.
2. 이 법은 지금까지 영국내의 고위 성직자를 로마의 교황이 임명하고 공급한 데 반대하면서, 영국인들에 의한 성직자의 선출과 공급을 말하였다.

Praemunire)[3]으로 로마의 교황권이 영국에 미치는 것을 막을 수 있었다. 이러한 시민사회의 대두는 신성로마제국에서는 지금까지의 합스부르크 왕가의 세습에 의한 왕위계승을 무너뜨리고, 1356년에는 7명의 황제선출권을 가진 제후를 선발해서 이들로 하여금 황제를 선출케 하기에 이르렀던 것이다.

도시민들의 힘은 여기에 그치지 않았다. 이들이 이룩한 힘은 가내수공업의 생산과 판매를 원활히 하는 데서 이룩될 수 있었다. 그렇기 때문에 이들은 상품의 질을 높이기 위해서 선생과 제자의 관계를 명확히 구별해서 가르쳤으며, 생산된 제품이 경쟁에 의해서 값이 떨어지는 것을 방지하기 위해서 길드(Guilds)를 조직하였다. 더 나아가서 길드는 제품의 판매와 운송 도중의 강탈을 방지하기 위해서 서로 협정을 체결하기에 이르렀다. 각 도시국가마다 세율을 동일하게 부과하고, 동시에 상품의 재고 방지와 적기 공급을 위해서 보세창고까지 운영하는 등, 각 도시는 상호 협정을 체결하였다. 이러한 협정 가운데에서 가장 강력한 동맹이 한자동맹(Hanseatic League)이었다.

도시민들의 급격한 지위향상은 여기에 그치지 않았다. 이들은 지리적인 발견과 항로의 발견으로 인해서 해외무역에서 막대한 돈을 벌어들였다. 해외의 무역과 광산업으로부터 벌어들인 막대한 돈은 맨 먼저 거대한 저택 건설과 호화스러운 치장에 쓰여졌다. 이들의 이상은 로마의 황제가 기거하였던 궁전과 맞먹는 저택이었다. 정원과 분수가 있으며, 발코니와 연회장을 갖춘 대규모 저택이었다. 실제로 이러한 저택은 유럽의 봉건귀족의 궁전보다도 화려하였다. 이러한 저택에서 연일 각종 연회를 개최하였다.

재력은 두 번째로 학문을 부흥발전시키는 데 쓰여졌다. 각 도시마다 대학을 건설함으로써[4] 자신들의 무식함을 보상받고 동시에 미래를 약속

---

3. 이 법은 영국인들이 교황에게 직접 항소함으로써 영국교회의 수장의 권위가 흔들리는 것을 방지하기 위해서 사전에 조치를 취하는 법이다.
4. 1348년에 보헤미안대학, 1384년에 비엔나대학, 1386년에 하이델베르크대학, 1388년에 쾰른대학, 1392년에 에르푸르트대학, 1460년에 바젤대학, 1477년에

받았다. 각 대학에서는 지금까지 가르쳐 왔던 신학과 동시에 근대 자연과학적 학문도 가르쳤다. 신학의 시녀 역할을 하였던 연역법적인 철학이 독립하고서 귀납법에 근거한 자연과학적 학문으로 발돋음하였다. 인문주의는 점차적으로 눈을 뜨기 시작하였다. 희랍과 라틴의 고전들이 인쇄되고 읽혀졌다. 이들은 전통적인 학문이나 예술을 반대하였다. 독일의 인문주의자 무티아누스(Mutianus)는 "나는 그리스도의 옷이나 수염을 경외하지 않는다. 나는 옷이나 수염을 갖지 않은 참된 살아 계신 하나님을 경외한다."[5]고 하였다.

동시에 문학과 예술은 전통적인 신 중심에서 벗어나서 인간을 노래하고 인간의 업적을 찬양하였다. 2~3일씩 교회가 신자들의 교화 목적으로 진행시켰던 의무적인 성극관람은 차츰 풍자적인 성격으로 바뀌기 시작하였으며, 문학에서는 교회와 사제의 부정과 부패를 고발하는 내용으로 가득 차기 시작하였다. 지금까지 교회가 권위를 높이기 위해서 거짓으로 조작하였던 문서들의 허구성을 문헌비평으로 밝혀 내기 시작하였다. 예술은 지금까지 성경의 내용을 중심으로 한 성화였으나, 이제는 인물 중심으로 바뀌기 시작하였다. 얼굴을 신체의 절반 정도 차지하게 그렸던 그림에서 사람을 8등신으로 구분해서 그렸다. 그것도 사람의 나체상을 그림으로써 인간의 아름다움을 표현하였다. 건축에 있어서는 중세의 고딕식 건축이 야만족(고트)의 건축양식이라고 거부하면서 희랍의 건축양식을 다시금 도입해서 로마적 요소를 첨가시켰다. 이러한 건축의 대표가 성 베드로성당이라고 말할 수 있다.

자연과학에서는 코페르니쿠스적인 대변혁이 일어나서 전통적인 학문적 방법에 제동을 걸었다. 나침판과 화약, 그리고 인쇄술은 중세의 신 중심적 세계관에서 근대의 세계관으로 옮겨가는 커다란 발견이었다. 이제는 자연을 더이상 신비한 경외의 대상으로 보지 않고 물리적이며 수학적인

---

튀빙겐과 마인쯔대학, 1502년에 비텐베르크대학 등이 설립되었다.

5. Thomas Lindsay, *A History of Reformation*, 차종순, 이형기 역, 「종교개혁사」, 제1권, 서울 : 대한예수교장로회총회출판국, p. 81.

법칙에 의해서 해명될 수 있는 객관으로 바꾸었다. 자연은 수학이라는 문자로 기록될 수 있으며, 이러한 문자의 해석은 인간의 이성에 의해서 가능하다고 믿었다. 그리고 이성은 실험과 관찰이라는 방법을 통해서 자연을 탐구하였다. 이러한 새로운 변화는 갈릴레이 갈릴레오로부터 시작해서 뉴튼에 이르기까지 인류역사에 대변혁을 가져다 주었다.

 종교개혁 이후의 기독교는 이상과 같은 도전 가운데에서 개신교 정통주의(Protestant Othodoxy)로 발전하였다. 정통주의는 한편으로는 종교개혁자들의 신앙을 이어가고, 다른 한편으로는 신학을 이어가야 했었다. 그러면서도 동시에 자연과학의 도전을 막아야 했었다.

# 제 2 장
# 개신교 정통주의시대

　어거스틴의 말년에 이르러서 그의 은총론에 대한 반대가 일어났으며, 그가 죽은 다음에 그의 은총론에 대한 해석이 분분하게 나뉘었다가 결국에는 529년 오렌지회의에서 어거스틴의 본래적인 은총론으로부터 벗어나고 말았던 것처럼, 개혁자 루터의 생전에 그의 구원론에 대한 반대가 있었으며, 그가 죽은 다음에는 그의 주장과 반대되게 해석하는 경향이 있었다. 이러한 흐름은 칼빈에게서도 마찬가지였다. 개혁자의 뒤를 이은 제2세대 개혁자들은 개혁자의 사상을 이어가기 위해서 일정한 틀을 필요로 하였다. 그래서 개혁자들의 사상을 자신들이 이해하는 틀 안에서 이해하기 시작하였는데, 그것이 바로 아리스토텔레스였다. 또한 정통주의는 가톨릭의 강력한 반대에 부딪혀서 나름대로의 선언적-변증적 자세를 취하지 않을 수 없었다. 뿐만 아니라, 개신교는 추종자들에 대한 교육적 입장에서 자신들의 신앙의 내용을 간략하게 재구성해야 할 필요성을 느꼈다. 이러한 입장에서 정통주의는 나름대로 신조를 만들어서 발표하였다. 우리는 이 시대를 개신교 신조시대라고 부르기도 하는 것이다.
　이러한 과정을 거치는 동안에 개혁자들의 본래적인 신앙과 사상으로부터 멀어져 나간 것은 사실이다. 그러나 철학의 도전을 받았던 신학은 시대적 변천과 요구를 무시할 수 없었으므로 신학에 철학이 재도입되게 되었으며, 이렇게 해서 당시대 사람들에게 개혁자들을 소개할 수 있었다고 이해해야 할 것이다.

## 1. 루터파 정통주의의 신학

루터와 함께 비텐베르크 교수로 재직하였던 멜랑히톤(Phillip Melanchton)은 인문주의적 입장에서 출발한 신학자였다. 그는 1518년부터 비텐베르크에서 인문주의적 전통에 따라서 희랍어를 가르쳤으나, 루터에게 매료되어서 성경과 신학연구에 몰두하였다. 루터는 1521년 웜스 의회에 출두하면서 비텐베르크를 멜랑히톤에게 맡겼었다. 루터는 개신교가 탄생되던 1529년 제2차 스파이어회의에 참석하지 못하였다. 뿐만 아니라 1530년 아우크스부르크에서 개최된 가톨릭과 개신교의 최종적인 회의에도 루터는 참석하지 못하고 멜랑히톤이 참석하였다. 이 회의에서 루터파의 신학을 발표하게 되었는데, 그 신앙의 원문을 멜랑히톤이 작성하였던 것이다. 그러므로 자연히 루터파의 신학은 멜랑히톤적인 사고를 많이 반영하게 되었으며, 루터파내에서도 루터파와 멜랑히톤파가 나누일 정도였다.

루터는 1529년 마부르크 대담(Marburg Colloquy)에서 공재설을 강조하였으며, 다음 해인 1530년의 아우크스부르크 신앙고백에서 이것을 다시금 확인했었다. 그럼에도 불구하고 멜랑히톤은 쯔빙글리의 영적 임재설을 더욱 타당성있는 이론으로 보았다. 이 점에 있어서 멜랑히톤은 루터와 전적으로 일치하지 않았으므로, 심지어는 그를 가리켜서 비밀리에 들어온 칼빈주의자(Crypto-Calvinist)라고 부를 정도였다.

신성로마제국의 황제 찰스 5세는 1548년 전투에서 승리하고서 루터파를 굴복시키는 데 성공하였다. 찰스 5세는 로마 가톨릭측과 루터측을 화해시킴으로써 제국의 평안을 유지하기 위해서 로마 가톨릭주의자와 루터주의자가 공동으로 작성한 "라이프찌히 휴전"(Leipzig Interim)에 서명하도록 강요하였으며, 멜랑히톤은 이에 굴복하고 말았다. 이로 인해서 루터파 진영으로부터 강력한 반대에 부딪쳤으며, 멜랑히톤은 자신이 서명한 것은 기독교의 비본질적인(adiaphora)것, 즉 무관심거리라고 말함으로써 결과적으로는 루터파내에서 비본질 논쟁을 일으키고 말았다.

루터파내에서 일어난 또 다른 논쟁은 반-율법주의(antinomian) 논쟁으로 루터의 동료였던 요한 아그리콜라(John Agricola)에 의해서 일어났었다. 1528년 아그리콜라는 멜랑히톤이 작성한 '방문자 지침'(Instruction for Visitors)이 율법주의에 빠질 위험이 있다고 하면서 은혜를 강조하였다. 그러나 루터의 중재로 인해서 두 사람이 화해함으로써 조용하게 끝났다.[1] 그로부터 9년 뒤인 1537년에 비텐베르크를 다시금 찾아온 아그리콜라는 명백한 반-율법주의자로 변했다. 그는 "복음의 선포에 있어서 율법은 아무런 기능도 하지 못한다. 율법은 법정에서나 필요하다. 모세는 교수형에 처해야 한다. 참회개는 복음을 듣는 데서 나오므로 율법을 통해서는 회개할 수 없다……"[2] 등등으로 주장하는 연속기획물을 인쇄해서 배포하였다. 루터는 아그리콜라를 반대하지 않을 수 없었으며, 결국 아그리콜라가 자신의 입장을 취소하는 것으로 끝을 맺었다. 그렇지만 이러한 반-율법주의는 루터의 의인론을 오해하는 데서 일어날 수 있었으므로, 1577년의 협화신조에서는 이렇게 규정하였다.

협화신조 제6항에서 "율법은 신자들이 중생한 뒤에도 아직까지 육체에 속해 살기 때문에 신자들의 전반적인 삶을 다스리고 모범을 제시해 줄 수 있는 명확한 규범이다.…… 이에 따라서 우리는 지금까지 앞에서 설명한 대로 기독교인들과 진정한 신자에게는 율법을 촉구해서는 안 되고, 오로지 불신자, 비기독교인과 회개치 않은 자들에게만 촉구해야 옳다고 주장하는 그릇된 가르침은 참경건과 기독교인의 훈련을 파괴시킬 수 있는 위험스러운 사상으로 정죄한다."고 덧붙였다.

또 다른 한 편에서는 선행의 필요성에 관한 논란이 지속되었으므로 루

---

1. 이로 인해서 아그리콜라는 비텐베르크 대학을 떠나게 되었다.
2. Justo L. Gonzales, *A History of Christian Thought*, Vol. Ⅲ, 이형기, 차종순 역, 「기독교 사상사」 Ⅲ, 서울 : 대한예수교장로회총회출판국, 1988, pp. 154-155.

터파는 선행의 필요성을 부인하는 신조를 말하지 않을 수 없었다. "이에 따라서 우리는 선행은 구원에 필요하다고 가르치는 일체의 구어체나 문어체 형식의 신앙형식을 배격하고 정죄한다. 이와 비슷하게 선행이 없이는 지금까지 어느 누구도 구원받은 일이 없다고 가르치는 것도 정죄하고 배격한다. 또한 선행이 없으면 구원이 불가능하다고 가르치는 것도 배격한다. 우리는 또한 선행이 구원에 침해를 끼친다고 하는 대담한 선언은 기독교인의 훈련을 방해하고 와해시킬 위험이 있으므로 배격하고 정죄한다."[3]

이렇게 인간의 행위를 구원에 있어서 불필요한 것으로 배격하였기 때문에 자연히 신인협동론 논쟁(synergistic controversy)도[4] 마무리지어질 수 있었다. 1555년 필립주의자인 요한 페핀저(John Pfeffinger)는 "자유의지에 관한 제언"(*Proposition on Free Will*)에서 멜랑히톤의 주장을 근거로 해서 회개에 있어서는 말씀, 성령, 그리고 의지가 동시적으로 작용해야 한다고 말하면서, 어떤 사람은 신앙의 부르심에 즉각적으로 응답하고, 다른 사람은 응답하지 않는 것은 자유의지에 기인한다고 말하였다.

협화신조는 이 문제에 있어서 개혁자 루터에 충실하였다. 신조 제2항 자유의지를 다루는 부분에서, "인간의 의지는 하나님을 등지고 떠나 있을 뿐만 아니라 하나님의 원수가 되어 버렸기 때문에 그러한 인간은 오로지 악을 의지할 뿐이며 동시에 하나님에 반대될 뿐이다."라고 선언하였다. 그러므로 인간이 의지적으로 하나님에게로 향할 수 없다. 이제는 하나님께서 인간의 의지를 되돌려 놓으셔야 할 뿐이다. 결론은 간단하였다. 회심에는 단 두 개의 효과적인 원인이 있을 뿐이다. 즉, 성령과 하나님의 말씀이므로 인간의 의지는 제3자적인 원인으로서 동시에 발생한다고 말할 수 없다.[5]

루터와 쯔빙글리의 생전에 이 두 사람은 성찬에 관한 이론으로 인해서

---

3. 위의 책, p. 169.
4. 멜랑히톤을 추종하는 필립주의자들이 비텐베르크에서 힘을 얻게 되자, 엄격한 루터주의를 주장하는 사람들이 비텐베르크를 떠나서 예나대학을 세웠다.
5. 위의 책, pp. 171-173.

갈라서고 말았으며, 정통주의시대에서도 역시 이 문제에 있어서는 의견을 달리하였다. 1529년 헤세의 필립이 주선한 마부르크 대담(Marburg Colloquy)에서 두 개혁자는 14개 조항에 이르기까지 합의하였으나, 15번째 조항인 성찬에 관한 의견에서 갈라서고 말았다. 문제의 핵심은 '이것은 내 몸이니'(This is my body)라는 구절의 해석에 있었다. 루터의 기본적인 하나님 이해는 하나님의 보편적인 편재사상이었다. 따라서 그는 이 구절의 해석에 있어서 문법적이었다. 즉, 동사인 '이다'는 주어(이것은)와 주격보어(내 몸이다)를 연결짓는 계사로 보았다. 그러므로 주어와 주격보어는 동일하였다. 동시에 하나님은 우주에 편재하시기 때문에 얼마든지 가능한 일이었다. 여기에 대해서 쯔빙글리는 동사 '이다'를 상징적으로 해석하는 것이 옳다고 보았다. 따라서 주어(이것은)는 보어(내 몸이다)를 상징한다(signifies)고 보았다.

협화신조는 여기에 대해서 단호하였다. 제7항에서 "문제는 거룩한 성만찬에 있어서 우리 주 예수 그리스도의 참된 피와 살이 참으로 그리고 본질적으로 임재하느냐?"이다. 협화신조는 쯔빙글리와 칼빈을 다같이 반대하였다. 쯔빙글리는 우준한 성찬주의자이며, 칼빈은 간교한 성찬주의자라고 말하면서, "칼빈주의자들은 아주 그럴듯하게 우리들의 언어를 사용하면서 참되시며, 본질적인, 살아 있는 그리스도의 몸과 피가 거룩한 성만찬에 참으로 임재하신다고 주장하고 있으나, 이러한 임재는 믿음에 의해서 영적으로 이루어진다고 강조한다. 이러한 그럴듯한 개념을 빌려 쓰고 있으나 이들은 실제적으로 쯔빙글리가 주장하는 대로 성만찬은 빵과 포도주에 불과하며 우리는 이것을 입으로 받을 뿐이라고 생각하는 것과 같다."고 반박하였다.

이렇게 쯔빙글리와 칼빈의 성찬 이론을 다같이 반대하면서, 협화신조는 빵과 포도주 안에 그리스도의 살과 피가 참으로 임재하며, 분배되어 있으며, 수용되어 있어서 신자나 불신자가 다같이 참여할 수 있다고 선언하였다.[6]

---

6. 위의 책, pp. 176-177.

루터파 정통주의는 여기에서 끝나지 않았다. 협화신조에서 루터파의 통일을 꾀한 다음부터 개혁자의 신앙과 신학을 철저하게 고수하기 위해서 개혁자를 넘어서 갔다. 이러한 모습은 성경의 영감설을 해석하는 부분에서 가장 두드러지게 나타나 있다. 개혁자 루터는 성경이 하나님의 영감으로 쓰여진 책이라고 주장하고서 성경의 해석은 성경 스스로 해석한다와 성령의 내적 조명에 의한다는 두 가지 원칙을 강조하였다.

정통주의 신학자들은 여기에 머무르지 않았다. 성경이 영감으로 쓰여졌다고 한다면 성경에 대한 맹신과 신비주의에 빠질 위험이 있었으므로, 성경본문의 글자 하나하나에 이르기까지 하나님의 영감이 작용하였다고 하는 문자적 영감설(literal inspiration of the Bible)을 주장하였다. 그렇기 때문에 성경은 완전하다고 하는 완전영감설(plenary inspiration theory)이 나왔다. 이렇게 성경은 글자 하나에 이르기까지 하나님의 영감이 완전하게 작용해서 쓰여졌다면, 성경의 최초의 기록자는 인위적인 생각이나 지식을 첨부시킬 수 없었으며, 다만 하나님의 말씀을 받아서 쓰는 기계에 불과하였다는 기계구술설(mechanical dictation theory)이 등장하였다. 이 정도면 성경의 영감성과 완전성을 주장하기에 충분하였다. 그러나 한발 더 나아가서 성경의 저자인 성령께서는 기록자에게 무엇을 쓸 것이며, 언제 쓸 것인가라는 명령과 더불어서 성경의 글자 하나에 이르기까지 직접 기록하셨기 때문에 성경의 글자상의 오류가 있다고 하더라도 그것은 하나님의 인도하심과 뜻에 따른 것이라는 축자적 영감설(verbal inspiration theory)을 주장하기에 이르렀다.

정통주의는 이렇게 해서 또다시 틀에 갇히게 되었으며, 스스로 만든 틀에서 벗어나는 모든 이론을 배척하기에 이르렀다. 물론 이렇게 되기까지는 개혁자의 뜻을 충실하게 이어가자는 좋은 의도가 지배적이었겠지만, 다른 한편으로 볼 때에는 자연과학과 철학의 도전을 받아서 기존 질서에 도전하는 세력들을 물리치기 위한 자체 방어를 튼튼히 하는 것이라고 말할 수 있다.

## 2. 칼빈과 정통주의의 신학

초대교회로부터 신조의 장은 언제나 박해받는 상황에서 삼위일체 하나님에 대한 신앙의 고백과 더불어서 자신들의 입장을 대변하고, 추종자들을 가르치는 데 있었다. 신조운동은 이렇게 신앙고백과 변증과 교육적 기능을 담당해 왔었다. 스위스의 개혁자들도 마찬가지였다. 쯔빙글리는 1531년 47세의 나이로 일찍 세상을 떠나고, 그의 빈자리를 한 세대 뒤인 (25년) 칼빈이 이었다. 칼빈이 또다시 1564년 54세의 나이로 죽자, 그의 뒤를 이어서 정통주의로 돌입하였다.

칼빈의 주된 신학사상은 하나님의 주권이었으며, 자연히 은총과 예정을 주장하기에 이르렀다. 칼빈의 사상을 이어받은 제2스위스 신앙고백에서는 예정에 관하여 "사람은 하나님의 은혜로 택하심을 받았으며, 그것은 그리스도 안에서 이루어진다."고 선언한 다음에, 자신의 예정이나 유기에 대해서는 묻지 말고, 복음설교가 이해되어지고, 수용되어 신앙되고, 우리가 믿음으로 그리스도 안에 있다는 사실이 틀림없이 믿어질 경우, 우리가 택함을 받은 것이 확실하기 때문에 이 문제에 대해서 더이상 언급하지 말고, 그리스도를 안경으로 삼아서 흔들리지 않는 참신앙생활을 유지하자고 말하였다.[7] 웨스트민스터 신앙고백에서도 "이와 같이 하나님의 효과적 부르심은 예지된 인간의 공로에 의하지 않고 오직 하나님의 무조건적이고 특별한 은혜에서 온 것이다."[8]라고 밝혔다.

그러나 칼빈보다 한 세대 뒤였던 신학자들은 칼빈의 은총과 예정론은 잘못하면 숙명론에 빠질 위험에 있었다고 보았던 사람들이 있었다. 그의 동료이며 제자인 베자(Theodore Beza : 1519-1605)와 베어미글리(Peter Martyr Vermigli : 1499-1562), 제롬 잔키(Jerome Zanchi : 1516-1590) 등은 아리스토텔레스를 공부한 인문주의자들이었다. 이들은 예정론을 인간의 죄론, 은총론, 그리스도론, 그리고 하나님의 예정론으로 이어지는

---

7. 이형기, 「신앙고백서」, 서울 : 대한예수교장로회총회출판국, 1991, pp. 140-143.
8. 위의 책, pp. 260-261.

타락 후 예정(infralapsarianism)에서 벗어나서, 예정을 신론으로부터 출발하였다. 즉, 하나님의 전지(omniscence) 혹은 하나님의 신의(decree) 안에 예정을 포함시키는 타락 전 예정(suprelapsarianism)을 주장하였다. 이렇게 해서 자연히 칼빈의 후예들 가운데에는 타락 전 예정을 말하는 예지예정론자들과 타락 후 예정을 말하는 예정예지론자들로 나뉘게 되었다.

이들의 대결은 네덜란드에서 일어났다. 라이덴 출생의 야코부스 아르미니우스(Jacobus Arminius : 1560-1609)는 제네바의 베자 아래에서 공부하였으며, 이탈리아 등을 두루 여행한 암스테르담에서 인기있는 목회자였다. 1603년에는 라이덴대학의 교수로 재직하였으며, 성경해석과 논쟁에 남다른 재능을 가졌다. 그가 죽자 그의 동료들이[9] 그의 사상을 이어받았다. 여기에 분노를 느끼는 사람이 있었다. 고마루스(Franciscus Gomarus : 1563-1641)는 대학의 동료교수로서 아르미니우스에 대해서 불만을 가지고 있었는데, 아르미니우스주의자들을 교직에서 축출해야 한다고 주장하였다. 여기에 대해서 46명의 목회자들이 항의서(Remonstance)를 제출하였으며, 아르미니우스주의자들도 동조하였다. 이렇게 해서 항의자들은 아르미니우스주의자와 동일한 의미로 사용되기에 이르렀던 것이다.

항의자들은 1618년에 5개 조항으로 된 신조를 발표하였으며, 이것이 발단이 되어서 1618-1619년까지의 도르트대회(The Synod of Dort)를 회집하였던 것이다. 항의자들의 주장은 다음과 같았다 :

> 첫째, 하나님께서는 이 세상의 기초를 놓기 이전부터 아들 예수 그리스도 안에서 영원하고 불변한 목적에 따라서 죄에 빠진 인간들 가운데에서, 그리스도 안에서, 그리스도로 인해서, 그리스도로 말미암아서 구원하시기로 결정하셨다.…… 그리고 복종하지 않고 믿지 않는 자들은 죄와 진노 아래 버려 두셔서 그리스도로부터 멀어진 이방인이 되도록 정죄하셨다.

---

9. 아르미니우스의 교수직은 그와 의견을 같이하였던 시몬 에피스코피우스(Simon Episcopius)가 이었다. 이외에도 림보르크(Limborch), 그로티우스(Hugo Grotius), 오이텐보가르트(John Uytenbogaart) 등이 있었다.

둘째, 이에 따라서 예수 그리스도는 온 세상의 구세주로서 각 사람과 모든 사람을 위해서 죽으심으로써 죄의 사면과 화해를 획득하셨다. 그럼에도 불구하고 믿는 자가 아니면 이 죄의 사면에 참여할 수 없다.

셋째, 사람은 배교와 죄의 상태에 머물러 있는 한에는 스스로의 힘으로 구원의 은총을 가지지 못하며, 자유의지로서도 불가능하며, 무엇보다도 구원의 믿음을 가지지 못한다. 그러나 성령으로 말미암아서 그리스도 안에서 하나님의 은혜로 인해서 다시금 태어나고 새롭게 되면, 그의 이해력과 사랑과 의지와 모든 지적 기능이 거듭나게 됨으로써 하나님의 말씀에 따라서 참으로 선하게 생각하고, 의지하고 또한 선한 것을 수행할 수 있게 된다.

넷째, 이 하나님의 은총은 모든 선의 시작이며, 진행이며 마지막이다. 따라서 중생한 사람이라 할지라도 선행적인 은총이 깨우쳐 주고, 동행하고, 협력하지 않으면, 선을 생각하거나 수행할 수 없으며, 악의 유혹을 견디어 낼 수도 없다.…… 그리고 행동의 양상을 볼 때에 은총은 불가항력적인 것이 아니다(not irresistible). 왜냐하면 성경에서도 성령을 거역한 사람에 대해서 많이 기록하였기 때문이다.

다섯째, 참된 믿음으로 그리스도에게 접붙임된 사람은 생명을 수여하시는 성령에 참여하는 자가 되며, 사탄과 죄와 세상과 자신의 육체를 이기고 언제나 승리할 수 있는 능력을 풍성하게 받는다.

이상의 주장은 하나님의 절대적이며 주권적인 신의(decree)에 의한 선택을 말하기보다는 인간의 선행을 미리 예견하시는 데 기인하였다. 뿐만 아니라, 하나님의 은총에 대해서 사람이 거부할 수 있으며, 동시에 사람의 능력으로 사단과 세상을 이길 수 있다고 하는 등 인간의 의지적 능력을 높게 평가함으로써 결과적으로는 하나님의 주권을 떨어뜨렸다.

도르트대회는 엄격한 칼빈주의자들과 아르미니우스주의자들이 모여서 칼빈의 예정론에 관해서 논의하였던 사건이었다. 이 대회에는 스위스, 베르멘, 헤세, 팔라티네이트, 영국, 스코틀랜드 등지에서 온 외국인 대표 28명과 네덜란드 교회대표 102명, 그리고 아르미니우스파 대표 13명이 참석하였다.

이 대회의 핵심은 하나님의 예정에 관한 것으로서 타락전 예정론과 타락후 예정론의 대결이었다. 타락전 예정은 정리하면 다음과 같은 내용이다. 하나님의 구원의 신의는 타락의 선행조건으로서 인간이 죄를 짓게 하는 의지가 필수적이다. 왜냐하면 인간이 죄를 짓지 않으면 하나님께서 구원하실 수 없기 때문이다. 그러므로 하나님이 뜻하시는 인간의 구원은 성취면에서 보면 인간이 죄를 지어야 가능하다. 타락은 구원의 필수적 선행조건이다. 동시에 구원에 있어서도 타락한 인간이 선을 행하는 것을 미리 보시고서 인간을 구원하시기로 결정하시는 것이다. 타락 후 예정은 인간의 타락은 하나님의 미리 정하심이 아니라 허락하심에 불과하다고 본다. 하나님의 구원의 신의는 인간이 모두 죄 가운데서 태어나기 때문에 당연한 것으로 여긴다. 그러므로 하나님의 선택과 유기는 인간의 타락이나 선행과는 무관하게 하나님께서 주권적으로 결정하신다고 보았다.

결과적으로 아르미니우스주의자들은 정죄당하였으며, 아르미니우스주의를 표방하는 자들은 강단에서 축출되었으며, 네덜란드 교회에서 성찬을 받았다는 증명서를 받아야 했다. 이 대회의에서 채택한 신조는 항거자들의 5개 조항에 반대해서 이렇게 선언하였다.

제1교리 : 거룩한 예정에 관하여
모든 사람은 아담 안에서 죄를 범하고 저주 아래 있으며, 영원한 죽음을 받게 되었다(제1조). 그러나 하나님께서는 사랑으로써 독생자를 보내셨음을 사람들이 믿게 되도록 원하는 사람에게, 원하는 때에, 기쁜 복음의 소식을 전해 주신다(제3조). 그러나 불신앙과 또 다른 죄의 원인과 죄과는 결코 하나님 안에 있지 않고 사람에게 있다(제5조). 이 선택은 하나님의 불변의 목적이다. 하나님은 창조 이전에 주권적인 선한 뜻에 따라서 은혜로 어느 수의 사람들을 선택하셨다(제7조). 이 선택은 예견하신 신앙, 신앙의 복종, 성결, 혹은 앞서야 할 필수요건으로서의 사람에게 있는 다른 좋은 자질이나 성정, 혹은 선택이 의존할 어떤 원인과 조건에 근거한 것이 아니다(제9조).

제2교리 : 그리스도의 죽음과 인간의 구원
하나님은 극히 자비로우실 뿐만 아니라 가장 정의로우시다. 그러므로 하나님의 정의에 대한 배상이 없는 한 우리는 거기서 피할 길이 없다(제1조). 하나님은 무한한 자비로써 당신의 정의에 대한 배상을 치르도록 그의 외아들을 담보로써 주셨다(제2조). 이 복음으로 부름을 받았으면서도 회개하지 않고 죽어 가는 사람은 전적으로 자신의 책임이다. 그러나 진실되게 믿고 죄와 파멸로부터 구원을 받는 사람은 자신의 공로에 의하지 않고 하나님의 은혜에 의한다.

제3, 4 교리 : 인간의 타락과 회심 및 그 방법

인간은 본래 하나님의 형상을 따라서 지어졌으나, 타락한 시조로 말미암아서 타락한 자손으로 태어났다(제1, 2조). 인간의 타락은 모방이 아니라 하나님의 정당한 심판의 결과로써 사악한 성질을 그 부모로부터 받았다. 따라서 인간은 죄 가운데서 잉태되어 본래 진노의 자식들이며, 구원을 받을 어떤 선도 행할 수 없이 악으로 기울어져 죄에게 죽고 죄의 노예가 되었다(제3조). 인간은 타락 이후에도 자연의 빛의 편광이 남아 있으나, 그것으로는 도저히 구원에 관한 지식과 참된 회심으로 인도할 정도가 못 되며, 자연과 사회의 일에 있어서도 정당하게 쓸 수 없다(제4조). 하나님의 선민인 유대인에게 모세를 통해서 주신 율법도 구원의 은혜를 획득할 수 없다 (제5조). 그러므로 신앙은 하나님의 은사로 생각해야 하지만, 그것은 사람이 받고 싶으면 받고 싫으면 거절할 수 있도록 하나님이 제공하시기 때문이 아니다(제14조).

제5교리 : 성도의 견인에 관하여

하나님은 사람들을 구원하시지만, 그들이 이 세상에 있는 한 죄의 몸과 육신의 약함으로부터 완전히 구원받은 것은 아니다(제1조). 여기에서 매일 결점의 죄가 발생한다(제2조). 내재하는 남은 죄와 이 세상의 유혹 때문에 회심한 사람들도 자기 자신의 힘에 맡겨 놓으신 은혜의 상태에 머물러 있을 수 없을 것이다. 그러나 은혜를 주시는 하나님은 성실하시며 그들을 은혜 안에 깊이 머물게 해서 마지막까지 강력하게 붙들어 보존하실 것이다(제3조). 이렇게 그들이 신앙과 은혜에서 아주 탈락하는 일이 없고, 또 그들이 후퇴를 계속하되 멸망하는 일이 없는 것은 그들 자신의 공로나 힘의 결과가 아니고 하나님의 거저 주시는 자애의 결과이다(제8조). 선택된 자가 구원에 이르기까지 이렇게 보존되는 일, 또 그들이 신앙 안에서 끝까지 보존되는 일에 관하여 참된 신자들은 자기들의 신앙의 정도에 따라 확신을 스스로 얻을 수 있다(제9조). 그러나 이 확신은 하나님의 말씀 안에서 극히 풍부하게 표현하신 그 약속에 대한 신앙에서 생긴다(제10조).

이상과 같은 신조를 확정시킨 도르트대회는 항거자들을 교회로부터 축출시켰으며, 이 사상의 대표자로 활동하였던 반 올덴바메벨트(Van

Oldenbarnevelt)는 사형에 처했으며, 휴고 그로티우스(Hugo Grotius)에게는 종신형을 선고하였다. 아르미니우스주의를 신봉하는 교회에 다니는 평신도에게도 제재가 가해졌으며, 모든 학교의 선생들도 아르미니우스주의를 가르치지 않는다는 서명을 하여야 했다.

루터와 칼빈의 가르침은 다같이 정통주의의 옷을 입고서 후대에 전달되었으며, 이 옷은 딱딱한 갑옷처럼 다른 것을 허용하지 않았다. 정통주의의 도식화는 비록 선조의 가르침을 후대에 보전하고 후대에 전달하기에 편리한 도구였으나, 너무나도 굳어져 버린 나머지 폐쇄성을 벗어버리지 못했다. 정통주의에 대해서는 새롭게 출발한 철학과 개인적 경건에 대한 각성이 도전하였다.

# 제 3 장
# 개인적 경건을 강조하는 목소리들

　　종교개혁 이후로 개신교는 정통주의를 거치면서 나름대로의 체제를 정비하고 자리를 굳히게 되었다. 가톨릭에 대해서 자신있게 개혁자들의 신앙과 신학을 정립해서 이론적으로 체계적으로 대항할 수 있게 되었다. 그러나 정통주의는 개신교를 틀에 가두어 버렸다. 개혁자들의 정열과 신앙은 냉철한 이성적 날카로움에 식어 버리는 것 같았다. 뿐만 아니라 개신교를 추종하는 사람들마저도 개혁의 감격과 흥분은 사라지고 또다시 개신교라는 제도 속에서 기득권을 누리고 개인생활에서 신앙인의 모습을 잃어 가기 시작하였다. 이러한 즈음에 제도적인 신앙을 거부하고 개인의 영적 각성을 부르짖는 소리가 있었다. 이들은 종교개혁자들의 대원리였던 개인의 구원확신과 이를 보장해 주는 성경에로의 복귀를 부르짖었다. 이 운동은 멀리는 중세 후기부터 내려온 형제회에서 찾을 수 있으며, 가깝게는 영국의 청교도운동, 독일의 경건주의운동, 그리고 미국의 대각성 운동으로 나눌 수 있다.

## 1. 영국의 변화

영국은 종교개혁 기간 동안에 대륙의 개신교와 로마 가톨릭 사이에서 중간적인 위치를 견지하였다. 어느 한쪽으로도 기울어지지 않고 새로운 변화에 신축성있게 대처하였다. 즉, 신학적으로는 개신교의 원리를 받아들였으나, 체제와 의식으로는 가톨릭의 제도를 유지하였다. 영국은 이러한 이중성을 지니면서도 지리적인 이점과 헨리 8세와 엘리자베드 1세의 통치로 인해서 새로운 힘으로 부상함으로써 가능하였다. 영국교회의 입장은 '39개 신조'[1]에 잘 나타나 있다.

사도신조의 순서에 따라서 삼위일체 하나님에 대해서 고백한 후에(제1조), 아들과 성령에 대해서 언급하고 성경을 언급하였다(제6조). 여기에서 특이한 사항은 구약의 외경은 정경으로는 받아들이지 않지만, 참조는 한다고 밝혔다. 이러한 점에서 가톨릭의 비위를 건드리지 않으면서 동시에 개신교의 입장을 고수하려는 영국적 면모를 읽을 수 있다. 아담의 원죄가

---

1. 영국의 개혁은 헨리 8세의 결혼으로부터 시작하였다. 아직은 스페인의 속국으로 있던 영국으로서는 가톨릭을 완전히 떨쳐버릴 수 없었다. 그렇다고 새로운 변화에 대해서 모른 체 할 수도 없었다. 특히 헨리 8세는 추기경 월시(Wolsey)를 로마로 보내서 캐더린과의 결혼무효 허가를 얻어내고 동시에 앤과의 결혼의 합법성을 얻으려 하였다가 실패로 끝나자, 곧 이어서 월시를 처형하고 크랜머(Thomas Cranmer)를 추기경으로 임명하였다. 이어서 법령들을 발표하였다. 국왕을 영국교회의 머리로 하는 '수장법', 교황의 교서가 영국으로 들어오지 못하도록 금지하는 '교황의 교서 반입금지법', 로마의 교황에게 항소할 수 없도록 금지하는 '항소금지법' 등을 발표함으로써 로마로부터 멀어져 갔다. 새롭게 임명된 추기경 크랜머는 이러한 분위기에서 영국교회의 헌장이라고 부를 수 있는 1553년의 '42개 신조'를 개정해서 '39개 신조'를 기초하였다. 그는 1547년 헨리 8세가 죽은 다음에 에드워드 6세의 통치 기간 동안에 가장 유력한 정치·종교의 지도자로서, 이 기간 동안에 영국교회의 신학적 기초를 세웠던 개혁교회 계열의 신학자들을 대륙으로부터 초청하였다. 베어미글리(Peter Martyr Vermigli), 부처(Martin Bucer) 등이 기초한 에드워드 제1기도서, 제2기도서, 그가 기초하였던 39개 신조 등은 영국 교회를 이끄는 기본적인 신조였다.

후손들에게도 전달되어서 사람들은 자유의지를 상실하였으며 동시에 선을 행할 수 있는 능력도 상실하였다. 그러므로 오직 죄없으신 그리스도께서만 인간을 구원하실 수 있다(제9조-제15조).

교회에 대해서 개신교적인 입장을 분명히 하였다. 즉, 교회는 성도의 교제가 이루어지는 회중으로서 하나님의 말씀의 선포와 성례전의 집례가 이루어지는 곳이다. 그러므로 예루살렘, 알렉산드리아와 안디옥, 그리고 로마의 교회는 삶과 성례전의 집전에서 뿐만 아니라 신앙에 있어서까지도 오류를 범하였다고 선언하였다(제19조). 교회는 하나님의 기록된 말씀을 떠나서는 한 줄의 성경도 해석할 수 없으며, 교회는 하나님의 말씀의 증언자로서 그리고 보전자로서 권위를 가질 뿐이다(제20조).

총회의 소집은 국왕의 허락이 있어야 한다(제21조)고 선언한 점에서 영국교회의 특징이 잘 나타나 있다. 로마 가톨릭의 연옥 교리를 부정하였으며(제22조), 성례전은 주님께서 제정해 주신 세례와 성찬뿐이며, 견진, 고해, 임직, 결혼, 종유 등은 성례전으로 간주할 수 없다고 선언하였다(제25조).

평신도에게도 잔을 수여해야 한다는 이종성찬을 주장하였으며(제30조), 사제의 결혼은 성경에서 금하지 않았기 때문에 결혼이 허용되어야 한다(제32조). 그리고 교회의 전통은 국가, 시대, 그리고 사람들의 태도에 따라서 달라져야 한다고 주장하였다(제34조). 그리고 시민적 통치자의 권한은 성직자와 평신도를 포함한 모든 사람에게 미치며, 그것도 영적인 것이 아닌 순전한 현세적인 것에 국한된다(제36조). 그리고 영국내에서는 영국의 국왕이 최고의 권한을 가지기 때문에 로마의 주교는 영국의 경계내에서는 아무런 교구권을 가지지 못한다(제37조).

이상과 같은 영국교회의 39개 신조는 영국교회가 가지고 있었던 기존의 여러 신조가 총체적으로 결합된 것으로서 신학적인 면에서는 개혁교회적인 입장을 견지하면서, 로마적인 통치권과 신학을 배격하면서도 영국교회의 머리는 영국의 국왕이라는 새로운 입장을 분명히 밝혔다.

지금까지 살펴본 대로 하나의 전통을 수립해서 체제를 갖춘다는 것은 바람직한 일이지만, 시간이 지남에 따라서 생동감을 잃고서 딱딱하게 굳어져 위험이 내포되어 있는 것이다. 이러한 모순을 영국교회는 드러내기 시작하였다. 헨리 8세로부터 시작한 개혁은 갖가지 법을 지정함으로써 제약을 자아냈으며, 메리 여왕의 통치를 거치면서 또다시 혼돈을 빚어내기도 하였다. 이러한 상황에서 지도권의 확고한 태도를 요구하는 일반인들의 목소리가 개인적인 경건에 대한 각성과 함께 조용하게 그러면서도 힘있게 들려오기 시작하였다. 이러한 움직임들은 회중교회운동, 청교도운동, 퀘이커운동 등이었다.

흔히 청교도(Puritans)로 알려진 사람들은 1563년 12월에 있었던 의복논쟁(vesterian controversy)에서 칼빈적인 철저한 개혁을 부르짖었다가 배격을 당한 사람들에게 붙여 주었던 욕설이었다. 이들의 주장은 토마스 카트라이트(Thomas Cartwright)가 1572년에 익명으로 국회 앞으로 보냈던 2개의 권고문과 "영국교회에 아직까지 남아 있는 교황적인 악덕에 관한 견해"(A View of Popish Abuses yet Remaining in the English Church), 그리고 1603년 국왕 제임스 1세(James I)에게 보냈던 1,000명의 성직자들의 탄원서에 잘 나타나 있다.

이상의 문서들이 주장하는 내용은 크게 구별해서 첫째로 영국교회내에 남아 있는 가톨릭적인 요소를 배제시킬 것, 둘째로 유능한 성직자를 배출할 것, 셋째로 성찬을 신중하게 베풀 것, 넷째로 교회행정의 자유를 허락할 것 등이다.

첫째, 로마 가톨릭적인 잔재에 대해서는 이렇게 지적하였다.
1. 세례식에서 사용하는 십자가, 유아에게 묻는 질문, 견진 등은 모두 피상적이므로 제거되어야 한다.
2. 세례식을 여자가 집전해서는 안 된다.
3. 모자와 중백의를 강요하지 말라.
4. 성찬배수 이전에 문답을 실시하고 설교와 함께 베풀라.
5. 사제들의 다양한 명칭들, 사죄선언, 결혼식에서의 반지사용 등등을 정정하라.
6. 지루하고 긴 예배 시간을 단축하고 예배의 성가와 음악을 쉽게

바꾸라.
7. 주님의 날을 훼손하지 말고, 여타의 성자의 날을 강요하지 말라.
8. 교리를 통일시켜라.
9. 교황적인 견해를 더이상 가르치거나 옹호하지 말라.
10. 예수라는 이름 앞에서 무릎을 꿇도록 가르치지 말라.
11. 교회내에서는 정경에 속한 성경만 읽으라.

둘째, 성직자들에 대해서는 이렇게 지적하였다.
1. 이제부터는 유능하고 충분한 자격을 갖춘 자 이외에는 목회사역에 임하지 않도록 하라. 부지런히 말씀을 선포하고, 특히 주님의 날에 그렇게 할 수 있는 사람을 목회자로 세우라.
2. 목회직에 있는 사람으로서 말씀선포의 능력이 없는 사람은 제거시키거나, 아니면 이들을 위한 자선적 조치를 취해서 내보내라.
3. 비-상주 목회자를 더이상 허용하지 말라.
4. 에드워드 때에 발효된 사제의 결혼허가를 다시 부활시켜라.
5. 목회자들에게 국왕의 수장법에 서명하도록 강요하지 말라.

셋째, 교회생활과 급료에 대해서는 이렇게 지적하였다.
1. 주교가 주교좌를 비우기 때문에 어떤 사람이 교구 성직록을 가로채고, 성직록 토지를 가로채고, 사제관을 가로채고 있다.
2. 성직록을 이중, 삼중으로 가지고 있을 뿐만 아니라 성직 칭호도 이중, 삼중으로 가지고 있다.
3. 주교좌와 관계된 개인소유의 교회재산은 장기 임대료를 받아서 설교자의 급여로 충당하라.

넷째, 교회의 훈련에 관해서는 이렇게 지적하였다.
1. 훈련과 출교를 그리스도의 제정하심에 따라서 할 것.
2. 출교를 평신도, 법관, 관료의 이름으로 시키지 말 것.
3. 사소한 사건이나 12페니히 이하의 사건으로 출교시키지 말 것.

4. 담임목사의 동의가 없으면 출교시키지 말 것.
5. 관료들이 불합리한 요금을 부과하지 말 것.
6. 교황적인 규제법령을 개정할 것.
7. 오래 지속되는 교회재판을 개정할 것.
8. 직권상의 서약을 줄일 것이며, 결혼허가를 남발하지 말 것.

이상과 같은 요구는 자연히 청교도운동을 장로제도와 연결시켰으며, 더 나아가서 대륙의 칼빈주의와 연결시켰던 것이다. 이러한 장로제도를 벗어나서 회중의 권리를 더욱 강조한 것이 회중교회(Congregationalism)이다. 회중교회는 청교도의 정치와 맥을 같이하였으나, 청교도 제도는 회중을 대표하는 대의원으로서 장로를 선발해서 통치하는 대신에 회중 전체가 교회정치에 참여하는 제도이다. 회중교회는 일찍부터 영국 국교회로부터 떨어져 나가서 자체적인 개혁을 부르짖었기 때문에 분리주의자(Separatist)라고 불리기도 하였다. 이들은 일찍이 네덜란드로 건너갔다가 다시금 미국으로 건너가서 개척정신을 발휘하였던 것이다. 미국으로 건너간 회중교회는 청교도들과 손을 잡고서 1648년에 캠브리지 신앙선언(Cambridge Platform)을[2] 발표하였다.

제1장 : 교회-정치의 형식에 관하여.

> 교회-행정은 행정 자체에 속한 고유한 일과 여기에 따르는 필연적인 환경으로 이루어진다.…… 교회의 행정은 기록된 하나님의 말씀과 정확하게 일치하므로 어떠한 사람이나 관료나 교회나, 또는 이 지상에 있는 어떤 것에 의해서도 첨가되거나 감소되거나 바뀌지 않는다.…… 시간과 장소 그리고 질서와 예의 등 필연적인 상황은 사람들이 임의로 덧붙인

---

2. 회중교도들은 1648년 미국의 메사츄세츠 주의 캠브리지와 1658년 영국의 런던에서 회의를 갖고서 웨스트민스터 신앙고백을 채택하기로 하였으나, 장로교제도의 교회정치를 받아들이지 않았다. 미국의 뉴잉글랜드 지역에 세운 칼빈주의자들은 전통적인 칼빈주의와는 약간 차이를 보이면서 이 신앙선언으로 인해서 하나의 '통일된' 모습이 되었다.

것이라 할 수 있다.
### 제2장 : 가톨릭교회의 본성에 관하여.
가톨릭교회는 선택받고, 구속받고, 죄와 사망의 상태로부터 예수 그리스도 안에서 은혜와 구원으로 부름을 받은 사람들의 전체적인 모임을 말한다. 교회는 승리의 찬가를 부르거나 전투적이거나 둘 중의 하나이다. 승리의 찬가를 부르는 교회는 하늘나라에서 영광된 몸으로 있는 교회를 말하며, 전투적인 교회는 지상에서 원수와 싸우는 교회이다. …… 전투적 교회는 불가시적 교회와 가시적 교회로 나눌 수 있다. 불가시적 교회는 그리스도와 갖는 관계에서 그리고 가시적 교회는 특별한 교회의 일원으로서 고백하는 신앙에 의해서 규정된다. …… 회중적 교회는 그리스도의 제정하심에 따라서 전투적-가시적-교회의 일원이 되는데, 부르심에 의해서 하나의 몸으로 연합되어 있으며, 계약에 의해서 하나님을 향한 공적 예배와 상호간의 교화를 위해서 주 예수와 교제를 나누는 일단의 성도들로 구성되어 있다.
### 제3장 : 가시적 교회의 질과 양에 관하여.
장로는 모든 양떼가 아니라, 성령께서 감독자로 세우신 하나님의 특별한 양떼를 돌보아야 한다. …… 하나의 회중은 한 분 장로가 돌보아야 할 충분한 양이다. 그러므로 하나의 장소에 회집하는 회중이야말로 하나의 커다란 교회이다.
### 제6장 : 목사와 교사에 관하여.
교회의 관리자는 절대적으로 필요한 것은 아니지만, 주 예수께서 하늘로 승천하시면서 선물로서 주셨기 때문에 결코 가볍게 보아서는 안 된다. 그러므로 모든 성도들의 완벽함을 위해서 이 세상의 끝까지 지속되어야 한다.
### 제10장 : 교회와 노회의 권한에 관하여.
교회의 행정은 혼합된 행정이다. 교회의 머리이시며 왕이신 그리스도께서 행하시는 권한은 군주적(monarchy)이다. 교회의 형제애 혹은 몸의 권한은 민주주의(democracy)와 흡사하다. 당회와 노회에 허용된 권한은 독재적(aristocracy)이다.

이상과 같은 청교도주의와 회중교회의 연합신조에서 우리는 뚜렷한 특징을 볼 수 있다. 교회의 정치는 장로교 제도에 따른 대의원제를 채택한 반면에, 교회의 개념을 회중으로 결정함으로써 회중을 대의원보다 위에 두었다는 사항이다. 이 점에서 미국과 한국의 장로교회가 택하고 있는 교회정치의 큰 맥을 찾을 수 있다. 또한 목사와 장로를 동일하게 장로로 보고 있는데, 그것은 회중교회의 원칙을 받아들였기 때문이다. 더 나아가서 교회의 행정을 민주주의를 택하면서도 당회와 노회의 권한을 독재적으로 규정한 것은 자유 가운데에서 질서를 찾으려는 의도로 해석할 수 있다.

## 2. 독일의 변화

독일의 루터파 교회는 정통주의로 굳어져 가는 과정에서 각종 교리의 제정과 정부와의 밀착관계에서 생동감을 상실하고 교조주의에 빠지는 것 같았다. 여기에 덧붙여서 평신도들의 자유분방한 삶은 루터파 교회의 위상을 떨어뜨리기에 충분하였다. 개혁자들의 신앙은 사라지고, 신학과 자유분방함이 지배하게 되었다. 이러한 상황에서 조용하게 개인의 구원과 경건을 회복하려는 움직임이 성경탐구를 기초로 해서 서서히 일어나기 시작하였다. 이러한 움직임들이 중세로부터 내려온 신비주의적 내면세계의 추구, 청교도적인 정확한 신앙생활의 모범, 루터파 교회내의 개혁을 부르짖는 요구, 그리고 개인적 체험을 강조하는 교회의 성가 및 설교의 변화와 함께 일어났었다.

경건주의는 세 사람의 지도자를 중심으로 지속되었다. 이 운동의 창시자인 스페너(Phillip Jacob Spener : 1635-1705)는 프랑크푸르트의 수석 사제로 부임하여서 목회사역에 전념하다가, 신자들의 삶의 변화와 신앙 증진을 위해 경건자의 모임(*collegia pietatis*)을 마련하였다. 이 모임에서 스페너는 성경읽기와 신앙체험 등을 강조하면서 점차적으로 루터파 교회에 대한 개혁안을 부르짖기도 하였다. 이러한 그의 생각은 「경건한 소원」(*Pia Desideria*)이라는 책으로 엮어졌다. 이 책은 3부분으로 나누어져 있다.

제1부에서는 교회의 타락상에 관해서 개괄하였다. 세속정부의 지도자들은 하나님 나라를 발전시키라고 주신 홀과 지휘봉을 가지고서 남용하

고 있으며, 성직자들의 선한 제안을 거부하고 있다고 지적하였다. 성직계급들도 완전하게 타락하였음을 부인할 수 없다. "성직자들의 생활들은 세속적인 정신을 반영하고 있으며, 육체의 쾌락과 안목의 정욕과 교만한 행동을 특징으로 하고 있다. 그러므로 그들은 분명히 기독교의 으뜸가는 실천원리, 즉 자기부인을 하지 않는 사람들이다. 그들이 승진이나 한 교구에서 다른 교구로의 영전을 얼마나 간절히 추구하며, 온갖 종류의 권모술수에 몰두해 있는지 살펴보라!"[3] 성직자들의 생활과 교회정치를 이렇게 지적한 다음에 신학에 대해서는 이렇게 말하였다. "과거 루터가 정문으로 내던져 버린 스콜라 신학을 다시 뒷문으로 도입하였다." 신학이 이렇게 해서 다시금 인간적인 호기심이라는 풀과 나무와 짚으로 집을 지어서 그 안에서 금이나 은이나 보석을 찾을 수 없게 되었다. 평민들의 결점들에 대해서는 이렇게 지적하였다. 과도하게 음주함으로써 간음, 남색, 도적질, 토색하는 일이 빈번하게 발생하였다. 소송에 있어서도 자신들의 복수심과 불의의 도구로써 법정을 사용하고 있다. 또한 상업과 수공업에 있어서는 속임수나 교활하고 용의주도한 방법으로 이웃을 어렵게 한다. 뿐만 아니라 구제에는 관심을 두지 않는다.[4]

이와 같은 결점들로부터 불신앙, 위선, 불의, 사기, 음란, 수치스러운 행위, 분파주의, 증오, 투쟁, 잔인하고 극악무도한 전쟁 등등의 죄악이 발생하고 있다. 그러므로 이제부터라도 종교개혁이라는 복된 사역으로 되돌아가서 로마 가톨릭으로부터 인도하여 내시고 복된 자유를 누리게 하신 하나님께 감사하도록 하자고 선언하였다.

제2부에서는 교회의 회복에 대해서 이렇게 말하였다. 교회 안에 있는 범죄행위들을 제거하고, 범죄행위를 저지른 사람들을 책망하고 궁극적으로는 축출할 것이며, 참된 지체들이 풍성한 열매를 맺어야 한다. 이렇게 제안하고서 초대교회의 터툴리안과 오리겐 시대의 교회훈련을 말하였다.

---

3. Phillip Jacob Spener, *Pia Desideria*, 엄성옥 역, 「경건한 소원」, 서울 : 은성출판사, 1988, pp. 58-59.
4. 위의 책, pp. 75-88.

제3부에서는 교회의 회복에 대한 제안을 6가지로 제시하였다.
1. 성경읽기의 강조이다. 지금까지의 설교가 특정 본문을 읽고 해설하는 방법을 택하여 왔다. 그렇지만 ① 회중 전체가 설교본문을 알아야 하고 ② 성경대로 실천할 수 있어야 한다. 이렇게 되기 위해서는 첫째로 신약성경을 부지런히 읽을 것이며, 둘째로 공중예배 시간에 차례대로 성경을 읽으며, 셋째로 고대 사도시대의 교회모임들을 재도입한다. 이렇게 함으로써 설교를 듣는 것 뿐만 아니라 성경을 읽고, 묵상하고, 논의하도록 한다.
2. 루터의 만인사제직과 영적 사제직을 회복하는 것이다. 각 사람이 성경읽기와 사랑의 권면, 징계 등을 적절하게 행하면 놀라운 개혁이 있을 것이다.
3. 구주께서 가르쳐 주신 대로 제자의 표로써 사랑을 실천한다.
4. 불신자들이나 이단과의 논쟁에서 ① 그들을 위해서 기도하는 심정으로 임해야 한다. ② 선한 본을 보여 주고 그들을 성나게 하지 말아야 한다. ③ 그들의 범죄가 하나님의 말씀과 얼마나 상충되고, 그 처벌이 어떠한지 가르쳐 주어야 한다. ④ 불신자와 이단을 향한 진심에서 우러나오는 사랑의 실천이 추가되어야 한다. ⑤ 신조에 있어서 연합할 수 있다면 논쟁을 삼가하는 것이 좋다.
5. 목회자는 합당한 사람만이 부르심을 받으며, 부르심의 과정에서 하나님의 영광만을 생각해야 한다. 목회자의 교육은 신학교에서 이루어져야 하며, 신학교 교수들은 세상에 대해서는 죽은 자처럼 행동하고, 자신의 영광, 유익, 기쁨을 구하지 않고, 학문과 저서의 집필, 강의, 토론 등에 전념해야 한다. 반면에 신학생들은 경건생활에 전념해야 한다.
6. 신학생들이 목회에서 다루어야 할 일들을 실습해야 한다. 무식한 사람들에 대한 가르침, 병자위문, 설교연습 등등이다.

이상과 같은 스페너의 경건주의적 개혁이념은 제자인 프랑케(August Hermann Francke)에게 이어졌으며, 마지막으로는 진젠도르프(Nicholaus Ludwig von Zinzendorf)에게로 이어졌다.

경건주의의 특징은 하나님의 복음을 비기독교인들에게 전해야 한다는 자비의 동기에서 출발한 해외선교에 있었다. 프랑케는 할레(Halle)대학에 동양어학 연구소를 설치하고서 아시아의 언어를 훈련시켰다. 이렇게 해서 설립된 데니쉬-할레선교단(Dannish-Halle Mission)은 인도의 트랑케발에 선교사를 보내기도 하였다. 그러나 이들의 선교는 지나친 개인구원에 국한되어 있었기 때문에 인도사회로부터 환영받지 못하고 중단되기도 하였다. 그러나 이들의 선교는 아이슬랜드, 수리남, 모잠비크 등 해외의 외딴 곳에 이어졌으며, 근대 개신교 선교의 시작이었다는 점에서 중요하다.

경건주의의 3대 지도자인 진젠도르프는 모라비아에서 피신온 후스파들을 받아들여서 헤른후트파로 발전함으로써 독일 루터파로부터 배척을 받기에 이른다. 이 시기에 이르러서는 개인구원을 강조하는 중생파와 유사한 모습을 지니며, 나름대로 구원을 얻을 수 있는 도식에 빠지고 만다. 요한 웨슬리는 모라비아 중생파의 운동으로부터 구원의 확신을 얻었으나, 그들의 구원의 도식화에 반기를 들고서 감리교를 창설하였던 것이다.

경건주의는 신앙의 단계를 부인하고, 그리스도의 내재적 인식을 신앙으로 본다. 따라서 이들에게 있어서는 의인의 신앙도 없다. 신앙을 획득하는 방법으로써 그리스도를 기다리면서 잠잠하게 있는 것이다. 따라서 이들은 교회도 가지 않고, 교제도 없으며, 금식도 없으며, 개인적인 기도도 많이 할 필요가 없다고 하였다. 그리고 선행도 필요없다고 보았다.[5]

여기에서 경건주의의 문제점이 부각된다. 즉, 경건주의는 하나님의 내재적인 임재를 강조한 나머지 내재주의(immanentism)에 빠져서 주관주의(subjectivism)로 흐를 위험성을 안고 있다. 더 나아가서 이들은 하나님과의 임재를 침묵적인 묵상을 통해서 이루어진다고 봄으로써 정적주의

---

5. Justo L. Gonzalez, *A History of Christian Thought*, Vol. Ⅲ, 이형기, 차종순 역, 「기독교 사상사」, 제3권, 서울 : 대한예수교장로회총회출판국, 1988, pp. 403-404.

(quietism)와 신비주의(mysticism)에 빠질 위험성을 다분히 안고 있었으며, 실제적으로 이러한 위험성은 후대에 나타났었다. 더 나아가서 구원까지도 그리스도의 대속적인 죽으심을 통한 의인의 은총으로 보지 않고 성령의 내재로 봄으로써 그리스도 중심적인 구원론에서 벗어났었다. 더욱이 경건주의는 하나님의 은총의 전달체로서 교회, 그리고 구원의 확신을 증진시키는 만남과 교제의 장소로서의 교회의 역할을 부인하였다는 점에서 많은 문제점을 안고 있었다.

한마디로 말해서 경건주의는 루터파 교회가 외형적인 데 치중한 것을 비판하면서 개인적인 구원의 확신, 성경읽기와 가정예배의 강조, 해외선교의 중요성 등을 강조한 점에 있어서는 커다란 공헌을 하였으나, 교회와 신자의 사회성을 지나치게 부정함으로써 교회와 사회를 이원화시키고 말았다는 점에서 배척받기에 이르렀다. 여기에 덧붙여서 경건주의를 추종하는 일부 사람들 사이에서 유행하였던 신비적 정적주의는 천년왕국설적인 종말론과 연결되면서 배척을 받았다. 그리고 이들이 강조하는 성경읽기는 성경비평학적인 연구로 발전하여서 근대 성경비평학적 자유주의의 선구자가 되었다.

## 제4장

## 가톨릭의 새로운 정립

　종교개혁의 반동에 부딪힌 가톨릭교회는 로마를 중심으로 한 자체적인 개혁운동으로서 트렌트회의에서 전통적인 신조를 재확인하고, 예수회의 창설을 허용함으로써 개신교의 세력을 막아 보려고 하였다. 이러한 사이에 프랑스를 중심으로 한 갈리칸주의(Gallicanism), 페브로니우스주의(Febronianism), 조셉주의(Josephism), 얀센주의(Jansenism), 그리고 반-예수회운동(Anti-Jesuit Movement) 등이 퍼져나갔던 것이다.

### 1. 갈리칸주의

　갈리칸주의는 종교개혁 이후로 나타난 유럽의 국가주의가 국왕을 중심으로 독립을 꾀하는 과정에서 프랑스가 자체적인 가톨릭 신앙을 일으킨 것을 말한다. 갈리칸주의(Gallicanism)란 본래 프랑스를 고울(Gaul)이라고 부른 데서 유래한 명칭으로서 로마적인 가톨릭을 따르는 사람들을 '울트라몬타네스'(ultramontanes : 산 넘어 사람들)라고 경멸하였다. 프랑스에서 이러한 갈리카니즘이 발전한 배경은 아비뇽교황청 시절로부터 프랑스는 로마에 복종하기를 거절하였으며, 더 거슬러 올라가면 샤를마뉴로부터 내려온 자부심이라고 말할 수 있다. 1682년에 발표된 "갈리칸 선언"(Gallican Declaration)은 이렇게 말하였다.[1]

> 제1조 : ……우리는 하나님의 명령에 따라서 왕과 군주가 세속적인 문제에 있어서 교권에 예속되지 않는다고 선언한다. 그리고 왕과 군주는 교회의 머리의 권위에 의해서 퇴위되지 않는다.
> 제2조 : 사도 베드로와 그의 계승자들이 영적 문제에 관해서 가지고 있는 완전한 권한은 콘스탄스회의의 칙령에서 밝힌 대로 결코 남아 있지 않는다.
> 제3조 : 따라서 사도적 권한의 사용은 성령에 의해서 작성되고 범세계적인 목회자들에 의해서 재가(裁可)된 교회법에 따라서 규제를 받아야 마땅하다. 프랑스의 영토 안에서 그리고 교회에서 받아들인 규범과 관습과 헌장은 효력을 갖는다.
> 제4조 : 교황은 신앙의 문제에 있어서 가장 우선적인 권한을 가지며, 그의 칙령은 모든 교회와 낱낱의 개별 교회에 미치지만, 그렇다고 하더라도 교황의 결정은 교회의 동의가 없으면 불변적인 것이 아니다.
> 제5조 : 〔이상의 훈령은 모든 프랑스의 주교들과 교회들이 만장일치로 합의해서 보낸다.〕

갈리칸주의는 이상에서 살펴본 대로 프랑스와 프랑스교회가 로마교회로부터 독립된다고 선언하고 있다. 로마교회에 대한 도전은 유럽 전역에서 교황청의 권위를 옹호하기 위해서 창설된 예수회를 추방하는 운동과 맞물려서 진행되었다. 이와 비슷하게 국왕의 독립권을 옹호하였던 운동이 조셉주의(Josephism)이다. 영국의 국왕의 수장법과 비슷한 내용을 주장한 사람이 오스트리아의 황제 조셉 2세(Joseph II)였다. 그는 국가의 개혁에서 교회가 차지하는 역할을 감안한 나머지, 교회회의의 권한을 축소시키고, 수도원을 철폐하고, 성직자의 교육을 국가가 관장할 수 있는

---

1. Henry Bettenson, *Documents of the christian church*, New York & London : Oxford University Press, 1960, 8th edition, pp. 378-379.

새로운 교회를 창설하였다. 갈리칸주의와 조셉주의가 국가적 차원의 반로마적인 선언이었다고 한다면, 교회적 차원에서 주교의 권위를 강조하려는 운동이 페브로니우스주의이다.

페브로니우스주의(Febronianism)는 1763년에 발간된 「교회의 현상과 로마 교황의 합법적 권력」(*The State of the Church and the Legitimate Power of the Roman Pontiff*)이라는 제목의 책의 가명 저자 저스틴 페브로니우스(Justin Febronius)로부터 유래하였다. 이 책은 교회란 신자들의 공동체이므로 이들의 대표자인 주교가 교회를 통치해야 하며, 따라서 교회의 최종적인 권한은 로마의 교황이 아닌 주교에게 있다는 내용이었다. 이러한 주장은 유럽의 국가주의의 부흥과 함께 막대한 영지와 교구를 소유하고 있던 주교들로부터 환영을 받았다.

## 2. 얀센주의

유럽에서 일어난 근세 반로마적인 가톨릭운동 가운데에서 가장 두드러진 것이 얀센주의(Jansenism)라고 말할 수 있을 것이다. 종교개혁의 물결에 반대해서 로마 가톨릭은 어거스틴의 은총론을 제시하였는데, 어거스틴의 은총론을 있는 그대로 소개하지 않고 토마스 아퀴나스적인 은총론을 소개하였다. 로마 가톨릭은 예수회 소속의 신학자들을 통해서 개연성(probabilism)을 소개하였다. 따라서 사람은 아무리 미약하더라도 올바른 개연성만 가지고 있으면 도덕적으로 용납될 수 있다고 하였다. 이렇게 함으로써 도덕의 문란을 가져오게 되었다. 더 나아가서 예수회 소속의 몰리나(Ludwig Molina)는 중간적 지식(*scientia media*)을 주장하였는데, 이것은 펠라기우스적인 신인협동론에 불과하였다.

여기에 반대해서 어거스틴의 본래적인 은총론과 윤리를 강조하는 운동이 일어났었다. 이러한 움직임의 시작은 미카엘 바이우스(Michael Baius : 1513-1589)였다. 그는 루벵대학의 교수로서 어거스틴의 은총론을 강조하는 79개 논제(79 theses)를 발표함으로써 교황 피우스 5세에 의해서 정죄되었다. 바이우스의 사상은 교황의 정죄에도 불구하고 루벵대학을 중심으로 계속해서 번져나갔으며, 약 60년 뒤에 얀센(Cornelius Jansenius : 1585-1638)에 의해서 다시금 부활되었다.

얀센은 1640년에 「어거스틴」이라는 저서를 통해서 자신의 생각을 전개하였는데, 그의 주장은 다음과 같았다.[2]

1. 하나님께서 사람에게 의를 요구하시는 계명들은 사람들의 현재적인 능력으로는 불가능하다. 즉, 사람들에게는 이러한 의를 실천할 수 있는 은총이 부족하다.
2. 타락한 사람에게라도 내적인 은총이 결여되어 있지 않다.
3. 타락한 본성을 지닌 사람이 공로와 죄과를 수행함에 있어서 필연성으로부터의 자유보다는 강요로부터의 자유가 요구된다.
4. 반(semi)펠라기우스주의자들은 단 하나의 행동에 있어서, 심지어 신앙의 시작에 있어서까지도 선행적인 내적-은총의 필연성을 말한다. 이러므로 그들은 사람이 의지로써 은총을 순종하거나 거역할 수 있기를 바라기 때문에 이단이다.
5. 그리스도께서 모든 사람을 위해서 죽으시고 피흘리셨다고 말하는 것은 반(semi)펠라기우스주의자이다.

얀센은 어거스틴을 따라서 인간의 타락과 무능성, 은총의 불가항력성을 말하였으나 인간의 의지와 능력을 지나치게 부인한 나머지 신학적인 염세주의에 빠지기도 하였다. 얀센의 사상은 친구이며 협력자인 생-키프리안(Saint-Cyprian)에 의해서 포트-로얄(Port-Royal)의 수도원과 수녀원에서 크게 번성하였다. 생-키프리안이 죽고 그의 사상은 안톤 아르놀드(Antione Arnauld), 파스칼(Blais Pascal)에 의해서 계승되었다. 얀센주의는 파스칼에 의해서 번성하였으며, 프랑스의 지성인들은 이 시기에 얀센주의에 동조하면서 도덕적인 엄격주의에 흘러 있었다고 말할 수 있다. 파스칼은 "촌놈들의 편지"(provincial letters)를 보내서 교황청에서 아르놀드를 정죄한 것을 풍자적으로 묘사하기도 하였다.

지금까지 살펴본 갈리카니즘과 얀센주의는 종교개혁 이후로 교황이 세

---

2. Henry Bettenson, 위의 책, pp. 377-378.

력확장을 위해서 내세웠던 전통적인 신학을 반대하는 것이었으며, 더 나아가서 교황의 절대권을 옹호하였던 예수회를 배척하는 운동이었다. 이러한 운동은 정치적으로는 국가주의와 철학적으로는 계몽주의의 발달과 함께 가능하였다.

로마 가톨릭은 종교개혁 이후로 계속적으로 공격을 당하여 왔었다. 갈리카니즘을 위시한 국가주의, 철학에서의 도전, 산업혁명으로 이어지는 경제적 도전, 그리고 뉴튼 등의 자연과학적 도전으로 인해서 자체적인 방어를 튼튼히 하지 않을 수 없었다. 이러한 상황에서 나온 것이 각종 교서를 발표하고, 금서목록을 발표하였으며, 더 나아가서 1869-1870년의 제1차 바티칸회의와 2차 세계대전 이후 1962-1965년의 제2차 바티칸회의에서 자체적인 입장을 확고히 하였던 것이다.

## 3. 마리아 무흠잉태설

1854년 교황 피우스 9세(Pius Ⅸ)는 오랫동안 지속되어 온[3] 마리아 무흠잉태설(*The Doctrine of the Immaculate Conception*)을 마무리짓는 교서 "말로 표현할 수 없는 하나님"(*Ineffabilis Deus*)을 발표하였다.

> 거룩하고 나누일 수 없는 삼위일체의 영광을 위하여, 하나님의 어머니 동정녀의 영광과 장식을 위하여, 가톨릭 신앙의 고양과 기독교의 증진을 위하여 우리는 주 예수 그리스도의 권위로써 축복받으신 사도 베드로와 바울의 권위로써, 그리고 짐의 권위로써 전능하신 하나님의 특별하신 은총과 보호하심으로 말미암아서, 인류의 구세주이신 그리스도 예수의 공로를 감안하셔

---

3. 안셀름은 동정녀가 죄 가운데에서 태어났다고 했다(*Cur Deus Homo*, ii. 16). 버나드는 죄 가운데에서 잉태되었으나 출생 이전에 성화되었다고 주장했다(서신 174. 58). 도미니크파는 아퀴나스의 전통을 따라서 버나드와 동일한 의견을 주장하였다. 둔스 스코투스와 프란시스파는 죄없는 잉태를 주장하였다. 1483년에 교황 식스투스 4세는 마리아 무흠잉태설을 설교하는 사람들을 공경하는 사람은 이단이라는 교서를 발표하였다.

서 동정녀 마리아는 잉태의 첫 순간부터 원죄로부터 전혀 오염되지 않고 보전되었다고 선언하고, 공표하고, 결정한다. 그리고 이 교리는 하나님의 계시에 의해서 보여 주신 것이므로 모든 신자들에 의해서 확고하게, 그리고 흔들림 없이 믿어져야 할 것이다.

이 교리를 결정짓는 데 있어서 교회로부터 반대가 거의 없었으며, 회의에 참석했던 주교들도 대부분 찬성하였다. 그리고 특별위원회에서도 반대하지 않고 받아들였다. 이렇게 해서 스코투스 학파의 이론이 승리하였다. 이 교리는 곧바로 교황의 무오에 관한 교리로 확대되었으며, 교황이 교리를 결정짓는 데 있어서 역사적인 증거가 필요없이 독자적으로 발표할 수 있음을 말하게 되었다. 그러므로 교황의 무오설이 나오게 된 것이다.

### 4. 교황의 무오설

마리아 무흠잉태설을 교리로 확정지은 교황 피우스 9세는 1864년에 금서목록을 발표한 다음에, 1869년 제1차 바티칸회의의 소집을 명하였다. 피우스 9세는 트렌트회의에서 교회론이 크게 진전되지 못한 점을 지적하면서 교회론에 관한 교리를 만들어야 한다고 말하였으며, 이에 대해서는 반대하지 않았다. 그러나 피우스 9세가 뜻하는 교회론이 교황의 무오설(Infallibility of the Pope)이라는 데 대해서는 반대가 많았다. 반대의 이유로는 첫째로 시기적으로 적절하지 못하다. 둘째로 역사적으로 앞뒤가 맞지 않는다. 왜냐하면 동로마 교회내에서 단의지론 논쟁이 있었을 때에, 교황 호노리우스 1세(Honorius I)는 단의지론을 주장하였지만 그의 의견은 681년 콘스탄티노플에서 모인 제6차 에큐메니칼회의에서 정죄하였으며, 단의지론 지지자들에게 저주를 선포하기도 했었기 때문이다.

그러나 교황의 무오설을 주장하는 사람들은 반대의견을 무릎쓰고서 성경과 고대교회의 예를 들어서 관철시키고 말았다. 1870년 7월 18일 제1차 바티칸회의는 교황의 무오설을 통과시켰다.[4]

그러므로 기독교 신앙의 시작으로부터 물려받은 전통을 충실히 고수하면서, 우리 구세주 하나님께 영광을 돌리기 위해서, 가톨릭 신앙의 증진을 위해서, 기독교인들의 구원을 위해서 우리는 성스러운 회의의 동의를 얻어서 교황의 무오는 신적으로 제정된 교리임을 확인하고 가르치노라. 즉, 로마의 교황이 교황좌의 권한으로(ex cathedra) 말할 때에는, 다시 말해서 모든 기독교인의 목자로서 그리고 교사로서 직권을 가지고 행동할 때에는, 지상 권적인 사도의 권한에 의지해서 교회가 우주적으로 주장하여야 마땅한 신앙과 도덕에 관한 교리를 제정함이다. 교황은 이러한 권한을 성 베드로 안에서 자신에게 약속된 하나님의 도우심을 소유하며, 로마 교황은 구속주께서 그의 교회를 다스리기 위해서 신앙과 도덕에 관한 교리를 결정하는 데 수여하시는 무오를 소유하고 있다. 그러므로 로마 교황의 그와 같은 결정은 그 성질상 개혁될 수 없으며, 교회가 의견을 일치했다고 해서 개혁될 수도 없다.

이렇게 해서 교황은 로마교구의 주교가 아니라 우주적인 주교가 되었으며, 각 교구의 주교는 교황의 대리자에 불과하게 되었다. 그래서 선언하기를, "교황은 그리스도의 진정한 대리자이며, 전교회의 머리이며, 모든 기독교인의 아버지이며 교사이다.…… 교황이 갖는 이 권한은 일반 주교들이 갖는 평상적이고 직접적인 교회의 치리권보다도 훨씬 월등하다. 왜냐하면 주교들은 성령의 지명을 받아서 사도들의 자리를 계승하여 자신들에게 맡겨진 개별적인 양떼를 참된 목자로서 하나 하나씩 먹이고 다스리기 때문이다."라고 하였다.

## 5. 마리아 승천설

로마 가톨릭의 가장 최근의 교리는 마리아 승천설(The Assumption of the Virgin Mary)이다. 이 교리는 가장 혹독한 비판을 받았으면서도 마

---

4. Bernhard Lohse, *A Short History of Christian Doctrine*, 차종순 역, 「기독교 교리의 역사」, 서울 : 목양사, 1986, pp. 301-302.

리아 무흠잉태설이 확정되면서부터 이미 결정되었다고 말할 수 있다. 그럼에도 불구하고 교황은 조직적으로 기반을 조성해서 이 교리의 제정을 꾀했으며, 드디어 1950년 11월 1일 교황 피우스 12세(Pius XII)는 "가장 자애로우신 하나님"(munificentissimus Deus)이라는 교서를 통해서 발표하였다.[5]

> 그러므로 우리는 겸손하게 끊임없이 하나님께 기도한 뒤에 진리의 영에 비췸을 받고서, 동정녀 마리아에게 크고 특별한 사랑을 베푸신 전능하신 하나님의 영광을 위해서, 죄와 사망의 정복자이시며 영원한 세대에 걸쳐서 왕이신 아들의 영광을 위해서, 전교회의 기쁨과 환희를 위해서 우리 주 예수 그리스도의 권위에 입각해서, 축복받으신 사도 베드로와 바울의 권위에 입각해서, 그리고 우리 자신들의 권위에 입각해서 우리는 다음 사항이 신의 계시를 통해서 제정되는 교리라고 선언하며, 선포하며, 확정짓는다. 하나님의 무흠하신 어머니, 영원한 동정녀는 지상의 삶을 마치신 다음에 몸과 영으로써 하늘나라의 영광에 오르셨다.

이상과 같은 가톨릭의 입장은 지금까지 도전을 받을 때에 자체적인 개혁을 통해서 도전을 이겨내기보다는 언제나 각종 교서, 교리, 신학 등의 강화로써 방어를 든든히 하여 왔다. 종교개혁 이후로 트렌트회의와 예수회를 통해서 개신교의 반격을 이겨내려 하였으나 시대의 변화는 어찌할 수 없었다. 이러한 상황에서 마리아 무흠잉태설, 교황의 무오설이 나왔다고 말할 수 있다. 그리고 제2차 세계대전 이후로 사람들이 허무주의에 빠지고 신의 죽음을 부르짖게 되었을 때에 마리아 승천설로써 또다시 방어의 벽을 든든히 하였다. 그렇지만 가톨릭교회는 시대의 변화를 막아내지 못하고, 1962-1965년 사이에 제2차 바티칸회의를 개최해서 사회를 인정하게 되었던 것이다.

---

5. 위의 책, pp. 305-306.

# 제 5 장

# 20세기 개신교의 신앙선언

　종교개혁 이후 개신교는 각 교파별로 입장을 밝히는 신앙고백 및 신학선언을 하였다. 그러나 20세기에 들어서면서 두 번의 세계대전을 치르고 피식민지들의 독립이 이루어지면서 지금까지 억압받았던 지역의 교회들이 억압받던 상황에서 새로운 신앙을 고백하기에 이르렀다. 이러한 대표적인 신앙선언이 독일의 제3공화국 시절에 나온 바르멘 신앙선언(Barmen Declaration)이다.

　바르멘 선언은 독일의 히틀러 통치시대에 교회를 국가교회(Reich Kirche)로 전락시켜서 정치의 꼭두각시로 삼으려 할 때에 독일 복음주의 교회에 속한 성직자들과 평신도들이 신앙을 선언함으로써 독일의 통치자와 세계 교회에게 경고한 것이다. 이러한 선언이 있기까지 독일의 신학계에서는 일종의 시대적 선언을 쉬지 않았다. 바르트(Karl Barth), 고가르텐(Friedrich Gogarten), 투르나이젠(Eduard Thurneysen) 등은 "이 시대의 중앙에서"(Zwischen den Zeiten)라는 잡지를 펴내서 종교개혁자들의 개혁적 사명을 회복할 것을 촉구하였다. 이렇게 해서 1933년 1월 11일 21명의 목회자들이 독일 국가교회에 맞서는 고백교회를 창설하였다.

당시 교회의 역할을 묻는 수많은 질문에 대해서 이 운동의 지도자였던 한스 아스무센(Hans Asmussen)은 "양심을 바르게 하고 복음을 선포하는 것"이라고 답변하였다.

1933년 1월30일 히틀러는 독일의 국가평의회 의장이 되면서부터 교회의 반발을 막기 위해서 나치 정권에 동조하는 독일의 국가교회(Reichkirche)를 조직하였을 뿐만 아니라, 새로운 독일 복음주의 교회(Evangelical Church of the German Nation)의 헌장을 만들기도 하였다. 고백교회에 속하는 목회자들은 목회자 응급동맹(Pastor's Emergency League)을 결성해서 독일교회의 위험을 경고하고 히틀러와 면담하면서까지 경고하였으나, 끝내 거절되자 북독일의 바르멘에 모여서 신앙을 선언하기에 이른 것이다.

1934년 5월 29일부터 31일까지 열린 바르멘대회는 신앙고백을 뛰어넘는 담대한 언어구사로써 독일 기독교인들을 이단 그리고 우상숭배자로 규정하였다. 그러면서 교회와 국가의 주인은 예수님이시라는 예수님의 주권성을 다시 한번 강조하였다. 다시 말해서 바르멘 선언의 핵심은 우상숭배 죄(The sin of idolatry)와 예수님의 주권성(The Lordship of Jesus)에 있다.[1]

1. 예수 그리스도는 성경에서 우리에게 증언하는 대로 하나님의 한 분 말씀이라고 들어 왔으며, 우리의 삶과 죽음을 다 바쳐서 신뢰하고 복종해야 할 분이시다.
2. 예수 그리스도는 우리의 모든 죄를 용서해 주시는 하나님의 확신이시므로 이와 동등한 방법으로, 그리고 동등한 진지함으로써 그리스도는 우리의 삶을 전폭적으로 요구하시는 하나님의 능력있는 요구이시다. 그리스도를 통해서 우리에게는 하나님없는 이 세상의 속박으로부터 즐거운 구원이 임하여서 하나님의 피조물을 자유롭고 감사하는 마음으로 섬길 수 있게 해 준다.
3. 기독교인의 교회란 예수 그리스도가 말씀 안에서 주가 되시고 성령을 통

---

1. Bernhard Lohse, *A Short History of Christian Doctrine*, 차종순 역, 「기독교 교리의 역사」, 서울 : 목양사, 1986, pp. 332-339.

해서 성례가 되어 주시는 가운데 실제적으로 일하시는 형제들의 회중이다. 용서받은 죄인들로서 교회는 죄 많은 세상 가운데서 순종하는 만큼 신앙을 가지고, 질서가 있는 만큼 메시지를 가지고, 이 세상은 하나님의 소유물이며, 그리스도 안에서만 유일하게 평안을 찾기 원하는 삶이며, 그리스도의 나타나심을 기대하는 방향으로 증거함이 마땅하다.

4. 교회내의 다양한 직능은 일부 사람들이 다른 사람들을 지배하는 권한을 허락하기 위해서 있는 것이 아니다. 이와는 반대로 전교인들과 함께하는 가운데 맡겨진 사역을 감당하기 위함이다.

5. 성경은 교회가 아직까지 구속받지 못한 세상 안에 존재하고 있음을 말해 주지만, 국가는 하나님의 맡겨 주심에 따라서 정의와 평화를 제공할 의무를 지닌다고 말한다. 그리고 인간의 능력과 판단의 역량에 따라서 힘을 사용하거나 위협을 수단으로 해서(이 의무를 완성시킨다.) 교회는 하나님이 맡겨 주신 이 의무가 하나님 앞에서 우리에게 이득이 된다고 감사하며 공경하는 자세로 받아들인다. 교회는 하나님의 나라와 하나님의 명령과 의를 상기시켜 준다. 그리고 이에 따라서 지도자와 피지배자가 다같이 책임이 있음을 말해 준다. 교회는 하나님께서 만물을 보전하시는 말씀의 능력을 신뢰하며 복종한다.

6. 교회의 사명은 동시에 교회의 자유가 기반으로 하고 있는 토대인데, 그리스도를 대신해서 모든 사람들에게 하나님의 자유로운 은총의 메시지를 전달하는 데 있다. 그러므로 교회의 사명은 하나님의 말씀에 대한 사역과 설교와 성례를 통한 일 가운데 있다.

이상의 바르멘 선언에 대해서 기초자인 바르트의 신학에 불과하다느니, 혹은 개혁교회파, 루터파, 연합파의 3개 교파의 신앙선언이라는 등등의 비난이 없지도 않았으나, 이것은 분명히 훌륭한 교리적 선언이며, 시대적 상황에서 신앙을 고백해야 하는 교회의 입장을 올바르게 표현한 것이라고 말할 수 있다.

# 제 6 장
## 개신교의 선교와 교회일치운동

　독일 경건주의가 근대 개신교 선교의 시작이었다면, 개신교 선교의 확장은 영국에서 이루어졌다. 윌리엄 케리, 허드슨 테일러, 리빙스턴, 등 19세기의 선교사들이 선진 유럽국가들의 식민지 확보와 함께 피선교지에서 활동하였다. 또한 남북전쟁을 마무리 지은 미국도 19세기 후반으로부터 세계선교에 본격적으로 가담함으로써 전세계의 복음화는 가속화되었다. 그러나 선교는 단순하게 복음을 전하는 것으로 그치지 않고, 피선교지의 종교와 문화에 대한 이해, 사회적 정치적 상황에 대한 이해와 해석, 그리고 여러 선교단체들 간의 유대관계 등을 고려하지 않을 수 없었다. 피선교지에서의 선교활동은 자연적으로 선교를 하나의 통일된 운동으로 이끌어갈 수밖에 없게 하였으며, 주변의 상황도 그러하였다. 선교를 통한 교회일치운동의 뿌리는 크게 3가지이다. 첫째는 18-19세기의 복음주의 부흥운동이다. 둘째는 19세기로부터 확대된 근대 선교의 교회일치적 특성이다. 셋째는 19세기 말과 20세기 초의 개신교 선교지에서의 교회일치운동이다.
　첫째로 살펴볼 것은 복음주의 부흥운동이다. 영국의 요한 웨슬리 부흥운동, 미국의 조나단 에드워드에 이르기까지 그리스도에 대한 개인적 헌신을 강조하였으며, 교파나 국적을 초월했다. 뿐만 아니라 YMCA와 YWCA 등을 위시해서 세계기독학생연맹(WSCF) 등 초교파적인 선교활동이 일어났다. 이러한 단체를 이끌었던 주동인물들은 나중에 세계교회협의회의 핵심적인 지도자가 되었다.[2]

둘째는 근대선교운동이다. 선진 서구의 여러 나라들이 제3세계를 식민지화시키는 정책과 병행해서 근대 선교운동이 활발하게 전개된 것은 사실이지만,[3] 근대 개신교 선교는 엄청난 양적 성장을 가져왔다. 이렇게 해서 1980년에 이르러서는 피선교국이었던 제3세계의 기독교인이 선교국이었던 제1세계의 기독교인 숫자보다도 더 많게 되었다. 따라서 선교는 피선교국에서 교파를 초월한 교회일치운동으로 전개되어 갈 수밖에 없었다.

셋째는 19세기 말과 20세기 초의 선교운동이다. 피선교지에서의 성경번역과 보급, 찬송가 보급, 문서선교, 의료선교 등등은 자연히 교파를 초월해서 각 선교단체 상호간의 긴밀한 협력을 요청하였다. 이렇게 해서 인도에서는 1872년에 '전인도 선교사 총회'를 조직하였으며, 일본에서도 같은 해에 '전일본 선교사 총회'를 조직하였으며, 1877년에는 '전중국 선교사 총회'를 조직하였다. 특히 인도에서는 선교사 총회가 더욱 발전하여서 1875-1904년 사이에 모든 장로교가 하나로 통합하였으며, 1905-1908년 사이에 장로교와 회중교회가 하나로 통합하였다. 그리고 마지막으로 1947년에 이르러서는 성공회, 장로회, 회중교회, 감리교회가 하나로 통합되어서 남인도 교회를 창설하였다.

이상에서 살펴본 근대 선교의 3대 뿌리는 점차적으로 확대되어서 모든

---

2. 이러한 인물로는 John R. Mott, 그리고 Rutgers 등이다.
3. 예를 들어서 영국이 아편전쟁(1839-1842)을 일으켜서 중국으로부터 각종 권리를 빼앗는 남경조약을 맺었다. 중국의 5대 항구를 개항하고, 각종 이권을 영국에게 양여하는 데 있어서, 선교사들에게 대한 특별 보호조항도 포함되어 있었다. 그리고 중국 정부가 중국인 기독교 신자들에게 대해서도 특권을 부여할 것을 명시하였었다.

교회가 참여하는 전교회적인 운동으로 확산되었다. 첫째는 국제선교사협의회(International Missionary Council), 둘째는 삶과 노동(Life and Work), 셋째는 신앙과 직제(Faith and Order)였다. 이상의 3단체가 하나로 뭉쳐진 것이 '세계교회협의회'(World Council of Churches)이다.

1870년 제1차 국제선교사 총회가 모인 이래로 1900년 제4차 총회가 미국의 뉴욕에서 "제1차 국제 에큐메니칼 선교사협의회"로 모였으며, 이 협의회의 후속기관으로서 1910년 영국의 에딘버러에서 "국제선교사협의회"(International Missionary Council)로 발전하였다. 여기에서는 예수 그리스도는 우리의 구세주라는 복음의 외침과 함께 세속문화와 역사에 대한 연구가 곁들여지기 시작하였다.

그러나 예수께서는 인류의 영적인 구세주이실 뿐만 아니라 산업사회에서도 삶의 모든 영역에 이르기까지 구세주가 되셔야 했고, 기술산업사회에서 인간성을 상실당하고 있는 인간을 회복시켜야 했다. 또 인권, 노동, 성차별, 빈곤, 이데올로기, 등등의 모든 영역에 이르기까지 주님이 되셔야 했다. 이러한 필요성에 따라서 1925년 스톡홀름에서 제1차 '삶과 노동'(Life and Work) 대회를 갖고서 교회와 사회의 상관관계를 긴밀하게 논의하기 시작하였다.

선교의 급격한 확산으로 인해서 교회가 전세계적으로 퍼지기 시작하면서 교회내의 상호간의 갈등이 야기되었다. 특히 교파적 특성을 가진 선교는 오히려 장애가 되었다. 이렇게 해서 교파를 초월한 협동을 추구하게 되었다. 그래서 복음적 선교와 사회적 선교는 서로 같은 주님을 선교하는 것이라고 공감하고서 1927년 로잔협의회를 조직해서 예수 그리스도는 우리의 한 머리되심을 공포하였다. 교파를 초월해서 신앙과 예배를 통일시켜야 한다고 생각하면서 '신앙과 직제'(Faith and Order)를 조직하였다.

이렇게 3대 방향으로 추진되어 오던 선교운동이 1938년 우트레흐트대회에서 세계 교회를 하나로 통일시키려다가 제2차 세계대전으로 인해서 연기되었다. 그러나 전쟁 기간 동안에 부상병 치료 등등에서 교회의 하나됨을 더욱 간절히 느끼고서 전쟁이 끝난 1948년 암스테르담에서 국제선교사협의회를 중심으로 '세계교회협의회'(World Council of Churches)가

탄생되었다. 세계교회협의회는 1954년 제2차 에반스톤대회를 거치고, 1961년 제3차 뉴델리대회에서 신앙과 직제, 그리고 삶과 노동을 받아들임으로써 명실공히 세계교회협의회로 발전하였다. 이때로부터 1968년 제4차 웁살라대회, 1975년 제5차 나이로비대회, 1983년 제6차 벤쿠버대회, 1991년 제7차 대회에 이르고 있다.[4]

---

4. 차종순, 「교회사」, 서울 : 대한예수교장로회총회출판국, 1992. pp. 406-410.

저자 **차 종 순** 교수

전남대학교 문리과대학 철학과(B.A.) 장로회신학대학교 신대원(M.Div.)
미국 프린스톤신학대학 대학원(Th.M.) 계명대학교 대학원(Th.D.Cand.)
현재 호남신학대학교(역사신학) 교수

저서
교회사(1992, 한국장로교출판사) 교리사(1993, 한국장로교출판사)
양림교회 90년사(1994, 양림교회) 호남교회사 연구 제1집(1995, 호남교회사 연구소)

역서
기독교사상사 Ⅰ,Ⅱ,Ⅲ(1988, 한국장로교출판사) 종교개혁사 Ⅰ,Ⅱ,Ⅲ(1990, 한국장로교출판사) 어거스틴의 생애와 사상(1992, 한국장로교출판사) 장로교신조(1995, 한국장로교출판사) 기독교와 고전문화(1996, 한국장로교출판사) 어거스틴의 은총론 Ⅰ,Ⅱ,Ⅲ,Ⅳ(1996, 한국장로교출판사)

**6** | 신학연구도서시리즈

# 교 리 사

초판발행 · 1993년 9월 20일
5 쇄발행 · 2008년 3월 20일

기획/편찬 · 성서신학원협의회 · 신학교협의회
편 집 인 · 이상운 · 황승룡

저　　자 · 차 종 순
발 행 인 · 박 노 원
발 행 소 · **한국장로교출판사**
주　　소 · 110 – 470 | 서울특별시 종로구 연지동 135
　　　　　한국교회100주년기념관(별관)
전　　화 · (02)741 – 4381(~2) | (F)741 – 7886
홈페이지 · www.pckbook.co.kr
등록번호 · No. 1 – 84(1951. 8. 3.)

ISBN · 978 – 89 – 398 – 0006 – 9　　　　　　Printed in Korea

값 13,000원